Max Meyer

Köbi Siber

Abenteuer mit Dinosauriern

Claudia Wartmann Natürlich

Lektorat: Claudia Wartmann
Korrektorat: Anne Kittel
Fotos: Bildarchiv Familie Siber; Bildarchiv Sauriermuseum
Aathal; Hans-Jakob Siber; Urs Möckli; Thomas Bolliger;
Yolanda Schicker-Siber; Othmar Zeder u. a.
Umschlagfoto: Urs Möckli
Umschlagillustrationen: Ursina Bärtschi
Karte: René Kindlimann, MAD GmbH, Aathal
Umschlaggestaltung, Layout und Satz:
Ursi Anna Aeschbacher, Biel/Bienne
Druck: CPI books GmbH

© 2014
Verlag Wartmann Natürlich
CH-8102 Oberengstringen / Schweiz
www.wartmann-natuerlich.ch
Alle Rechte vorbehalten

ISBN 978-3-9524346-0-4

Inhalt

Kein Gras unter den Füssen – Ein Vorwort
von Köbi Siber 7

Vom Klassenstamm zur Biografie – Eine Einleitung
von Max Meyer 11

Geburtstagsfeier zwischen
Knochen und Klapperschlangen 13

Von Genen und Generationen 20

Der Seebub vom Zürichberg 26

Reif nach Montana 34

Zwischen Mineralien und Filmen 42

Vater mit Vollbart 49

Der Ruf der Riesenschildkröte 55

Die Fische vom Grünen Fluss 70

Wer sucht, der findet – vielleicht 83

Begegnungen der besonderen Art 99

Im Land der verborgenen Schätze 107

Wale aus der Wüste 123

Auf den Spuren des legendären Dinosaurierjägers
Barnum Brown 139

Dramatische Momente um einen sensationellen Fund ... 154

Peter in den Mühlen der Justiz 166

Die Dinosaurier kommen nach Aathal 174

Spektakuläre Funde, ein Streik und Skelette im Keller	184
Dem Rätsel auf der Spur	198
Dinosaurier auf Weltreise	206
Die Bombe platzt	216
Rosarote Fussspuren, ein Bajonett und eine überraschende Wende	229
Als Autodidakt unter Wissenschaftlern	242
Neue Lieben, neues Glück	252
Zwei Seelen in einer Brust	260
Plädoyer für ein respektvolles Miteinander – Ein Nachwort von Max Meyer	267
Personenverzeichnis	270
Zeittafel	276
Karte «Köbis Welt»	282

Kein Gras unter den Füssen

Ein Vorwort von Köbi Siber

In den 60er-Jahren war ich wieder einmal als Mineralieneinkäufer im Süden der Vereinigten Staaten unterwegs und hatte bei einem Lieferanten in Phoenix, Arizona, einen grösseren Einkauf getätigt. Diesen versandbereit zu machen, würde zwei bis drei Tage dauern. Diese Zeit wollte ich nicht untätig abwarten und entschied mich deshalb kurzerhand, die Städte Tucson und El Paso zu besuchen, um bei den dortigen Lieferanten weitere Mineralien einzukaufen. Bei meiner Rückkehr nach Phoenix begrüsste mich der Lieferant mit den Worten: «You don't let grass grow under your feet! – Sie lassen kein Gras unter Ihren Füssen wachsen!» Ich hörte diese Redewendung zum ersten Mal, aber irgendwie sass sie, auch wenn ich mir nicht sicher war, ob ich diese Bemerkung nun als Kompliment oder als Kritik auffassen sollte.

Wenn ich heute zurückblicke auf all die Jahre mit unzähligen Ausgrabungskampagnen, mit wochenlangen Aufenthalten in Wüsten oder wüstenähnlichen Gegenden, so befanden sich meine Fundplätze fast immer in vegetationslosen Gebieten. Hier wächst kein saftiges Gras, wie es normalerweise in der Umgebung meines Wohnorts im Zürcher Oberland das ganze Jahr den Boden bedeckt, wenn es nicht gerade geschneit hat. «Kein Gras unter den Füssen» beschreibt deshalb die Orte, an die ich mich begeben musste, um meine Chancen auf einen Fund zu erhöhen. Das sind die trockenen Gegenden der Welt, die ich tagelang durchstreifte, den Boden nach Anzeichen von Fossilien absuchend. Das sind die Gegenden, in denen ich mich manchmal nachts hinlegte, getrennt vom steinigen Boden nur durch eine Schaumstoffmatte und einen Schlafsack, und von Steinstrukturen träumte, die vor meinem geistigen Auge endlos vorbeiflitzten, während mein Hirn versuchte, den flüchtigen fossilen Schatz herauszupicken, bevor er aus dem Gesichtsfeld verschwand.

«Kein Gras unter den Füssen wachsen lassen» ist aber gewissermassen auch mein Lebensmotto. Es entspricht meinem rastlosen Naturell. Es muss immer etwas laufen. Ich kann es mir nicht leisten, meine Zeit zu vertrödeln, dazu ist sie zu kostbar. Es gibt zu viele spannende Dinge zu tun. Unsere Zeit auf dieser Erde ist beschränkt. Wenn man etwas erreichen will, so muss man es jetzt tun. Für mich ist es wichtig, etwas Lohnendes zu tun. Ich meine das nicht im monetären Sinne. Ich bin nicht an Geld interessiert, sondern nur an dem, was man mit Geld tun kann. Während der 68er-Bewegung bin ich einer geworden, der sich einen eigenen Weg sucht und sich nicht irgendeiner politischen oder religiösen Einheitsbewegung anschliesst. Ich suchte einen Platz, der für mich stimmte, einer, der irgendwo zwischen Kunst, Wissenschaft und Kommerz liegt. Ob so ein Punkt tatsächlich existiert, war mir lange nicht klar. Das hat mir oft Bauchweh verursacht – nicht nur bildlich gesprochen.

Bei meiner Suche nach diesem Schnittpunkt war mir klar, dass ich nicht ein Dokumentator oder Berichterstatter werden wollte. Ich bin ein Mann der Tat. Die Beurteilung der Tat überlasse ich gern anderen. So kann ich meine ganze Kraft und meinen vollen Einsatz darauf verwenden, Herausforderungen zu meistern. Und darauf kommt es an, wenn es gelingen soll, eine grosse Aufgabe zu lösen. Vor allem dann, wenn das Leben dir nur Tatkraft, Energie und eine gute Portion Vorstellungsvermögen mitgegeben hat und nicht die finanziellen Möglichkeiten, die Lösung einfach zu kaufen.

Ich bin ein rastloser Mensch, einer, der mit seinem Enthusiasmus die anderen ansteckt und alle auf ein gemeinsames Ziel hin lenkt. In dieser Situation fühle ich mich am wohlsten. Wir besteigen alle zusammen einen grossen Berg, auch ich kenne den Weg hinauf nicht. Ich habe nur eine Ahnung, wo er verlaufen könnte. Es macht mir Spass, den Weg zu suchen und Probleme zu lösen, die ich noch nie gelöst habe. Unterwegs zu sein auf unbekannten Pfaden ist für mich zur Normalität geworden. Ich spüre dann an einem Kribbeln, dass ich lebe und dass das Leben das Beste von mir abverlangt.

Dass ich mit dieser Einstellung zum Leben und zur Arbeit vieles erlebt habe, ist nicht weiter erstaunlich. Ich habe einen bunten Mix aus Freude und Ärger erlebt, wobei am Ende glücklicherweise immer die Freude überwog und der Ärger verflog. Meine Freude und meinen Ärger habe ich jeweils zum Ausdruck gebracht, habe sie der Familie und den Freunden geschildert oder auch mal einen Artikel in einer Fachzeitschrift veröffentlicht. Doch mehr als ein paar wenige Einzelereignisse konnte ich so nicht festhalten. Deshalb werde ich immer öfter gefragt, ob ich meine Erlebnisse denn nicht aufschreiben könnte. Ich muss gestehen, dass ich schon einen oder zwei Versuche unternommen habe, die Ereignisse in meinem Leben niederzuschreiben. Aber jedes Mal blieb das Projekt, wie einige andere auch, im Sand stecken. Warum? Um ehrlich zu sein, tue ich mich eher schwer damit, ein längeres Manuskript zu produzieren. In meinem Leben läuft einfach zu viel, das meine volle Aufmerksamkeit verlangt. Was also sollte ich tun? Ich brauchte Hilfe.

Die Hilfe kam von unerwarteter Seite. Seit ich vor ein paar Jahren ins offizielle Pensionsalter eingetreten bin, organisiert eine Mitschülerin der vierten bis sechsten Primarklasse, unsere unermüdliche Verena, einen monatlichen «Stamm». Wir treffen uns in einem Restaurant zum Abendessen unweit des Schulhauses, wo wir vor über 55 Jahren zur Schule gegangen sind, und tauschen Gedanken aus. Ich finde das eine grossartige Sache, und wenn ich hin und wieder Zeit finde und gerade in der Schweiz weile, nehme ich mit Vergnügen am «Stamm» teil. Ein anderer, der auch oft daran teilnimmt, ist der Max. Max hat einen ganz anderen Lebensweg eingeschlagen: erst Wirtschaftsstudium, dann Wirtschaftsverbandssekretär und jetzt Schriftsteller.

Da ich in dieser Runde von Senioren gelegentlich eine Anekdote aus meinem Leben zum Besten gab und der Max das Metier des Schriftstellers gefunden hatte, war schnell eins und eins kombiniert: Der Max fand sich unversehens in der Rolle des offiziellen Biografen des Gründers des Sauriermuseums Aathal. In den Jahren 2012 bis 2014 trafen Max und ich uns regelmässig bei mir im Büro, im Museum oder in meiner Wohnung, und ich begann, Max mein Leben zu erzählen, Kapitel für Kapitel. Es sind Geschichten, wie sie mir in Erinnerung geblieben sind. Erinnerungen sind bekanntlich selektiv. Vielleicht decken sich meine Erinnerungen nicht immer mit denen anderer Personen, die auch dabei gewesen sind. Es sind auch längst nicht alle Geschichten, die ich erlebt habe und die es wert wären, erzählt zu werden. Davon gibt es schlicht zu viele. Max und ich haben uns deshalb darauf geeinigt, uns auf die Geschichten zu beschränken, die für das Verständnis wichtig sind, wer ich heute bin und wie das Sauriermuseum Aathal zustande gekommen ist. Letztlich geht es in diesem Buch um die Frage: Wie kommt ein Mann aus dem Zürcher Oberland – das ja nicht unbedingt als Dinosauriergegend bekannt ist – dazu, in der Schweiz ein Dinosauriermuseum zu gründen, eines, das nicht nur lokale, sondern sogar internationale Beachtung findet?

Von diesem Werdegang handelt dieses Buch. Wer den Rest der pikanten Geschichten hören will, muss jeweils am letzten Donnerstag des Monats in die Stammbeiz der Klasse Kolb kommen und hoffen, dass vielleicht der Autor oder ich anwesend sind. Wenn einer der beiden Herren sich in Stimmung befindet, werden weitere Geschichten dargeboten und die aktuellsten Erlebnisse serviert.

Vom Klassenstamm zur Biografie

Eine Einleitung von Max Meyer

Köbi war mein Klassenkamerad von der vierten bis zur sechsten Primarschule. Ich erinnere mich an ihn als einen unauffälligen Schüler, der aktiv war, aufmerksam und geschickt an den Geräten auf dem Pausenplatz herumturnte. Er wurde von unserem gestrengen Lehrer nie blossgestellt wie andere unserer Kameraden. Nach der Primarschule trennten sich unsere Wege und wir verloren uns rund 50 Jahre aus den Augen. Bis eine Klassenkameradin uns alle ausfindig machte und monatliche Stammrunden ins Leben rief. Als wir an einer dieser Zusammenkünfte Köbis Ernennung zum Ehrendoktor der Universität Zürich feierten, schilderte Köbi, wie es dazu gekommen war. Ich war fasziniert von seinem ungewöhnlichen Lebensweg, der keineswegs geradlinig verlaufen, sondern geprägt ist von zahlreichen Umwegen, seltsamen Fügungen, überraschenden Erfolgen und mühsamen Rückschlägen. Köbi hat sich selbst und seine Träume in einer Weise verwirklichen können, wie es früheren Generationen nicht möglich war: Als «68er» liess er sich nicht durch einen vorgegebenen Rahmen einschränken, sondern suchte sich einen Weg «abseits der Hauptstrasse», wie er selber sagt. Kein Wunder also verspürte ich den Wunsch, in einer Biografie festzuhalten, wie aus dem schüchternen Bub, den ich damals gekannt hatte, ein Hippie, Abenteurer, Dinosauriergräber und schliesslich Gründer und Direktor eines weit über die Landesgrenzen bekannten Museums geworden war.

Über ein Jahr lang trafen Köbi und ich uns regelmässig in seiner Wohnung, seinem Büro oder in der Cafeteria seines Sauriermuseums. Ich protokollierte die Erzählungen seines abenteuerlichen Lebens und brachte sie anschliessend in eine strukturierte Form, wobei ich Köbis sachlichen, präzisen und relativ trockenen Erzählstil weitgehend beibehielt. Dies ermöglicht den

Leserinnen und Lesern einen authentischen Blick auf Köbi, seinen Werdegang und seine typische Art, Geschichten zu erzählen.

So offen und spannend Köbi von seinem beruflichen Leben erzählt, so zurückhaltend wird er, wenn es um private Dinge geht. Aus Rücksicht auf seine verschiedenen Lebenspartnerinnen und deren Kinder will er seine etwas komplizierten Familienverhältnisse nicht in allen Details in der Öffentlichkeit ausbreiten. Diesen Wunsch habe ich selbstverständlich respektiert und Privates auf ein für das Verständnis nötige Minimum reduziert.

Da Köbi ein bescheidener Mensch geblieben ist, widerstrebt es ihm, sich selbst und seine Fähigkeiten gebührend zu würdigen. Deshalb übernehmen dies im vorliegenden Buch andere für ihn: Erinnerungen und Aussagen von Personen aus seinem familiären und beruflichen Umkreis tragen bunte Mosaiksteinchen bei zu einem farbigen Bild einer faszinierenden Persönlichkeit. Ihnen allen, die mit ihren Schilderungen zu dieser Biografie beigetragen haben, gilt mein herzlicher Dank.

Ein grosses «Danke» gebührt auch den Personen, die dieses Buch möglich gemacht haben: Claudia Wartmann hat als Lektorin mit Hingabe und grossem Sachverstand das Manuskript bearbeitet und betreut; Anne Kittel hat den Text unter grammatikalischen und orthografischen Gesichtspunkten umsichtig korrigiert; Urs Möckli hat die Fotos aus einem schier unerschöpflichen Fundus gesichtet und ausgewählt; René Kindlimann hat die informative Karte mit Köbis Stationen gezeichnet; und Ursi Anna Aeschbacher hat das Buch sorgfältig gestaltet und für den Druck vorbereitet.

Geburtstagsfeier zwischen Knochen und Klapperschlangen

Köbi Siber hat nachgezählt: Von all seinen Geburtstagen hat er mindestens die Hälfte nicht gefeiert. «Ich war einfach zu beschäftigt und habe mein Älterwerden kaum bemerkt.» Zu seinem siebzigsten Geburtstag soll nun aber zum etwa fünfunddreissigsten Mal ein richtiges Fest stattfinden. «Noch vor wenigen Jahren habe ich Siebzigjährige für alt gehalten. Jetzt bin ich selber siebzig – aber eigentlich bin ich immer noch derselbe wie mit zwanzig und körperlich fit für weitere Forschungsunternehmungen.»

Das Geburtstagsfest soll in der Gegend stattfinden, in der Köbi Siber mit den Ausgrabungen zahlreicher Dinosaurierskelette seine grössten Erfolge gefeiert hat und in der auch in diesem Jahr eine Grabung läuft: im amerikanischen Bundesstaat Wyoming. Es ist also wieder einmal an der Zeit, die Koffer zu packen und ins Flugzeug zu steigen. In mehreren Etappen erreicht Köbi Denver, Colorado. Mit einem Kleinflugzeug reist er weiter, von Colorado nach Wyoming. Bald liegt die Millionenstadt Denver hinter ihm, und unter ihm erstrecken sich die endlosen Weiten von Wyoming – die Prärien mit ihren Gelb-, Beige- und Brauntönen. «Die anhaltende Trockenheit hat die Landschaft in eine Einöde verwandelt. Ich könnte ebenso gut über eine Mond- oder Marslandschaft fliegen.» Am Flughafen der Kleinstadt Worland wird Köbi von Thomas Bolliger abgeholt, seinem Stellvertreter, der in den vergangenen Wochen den ersten Teil der Grabung geleitet hat.

> *«Wenn Köbi mit dem Flugzeug in Wyoming ankommt, begrüsst ihn der Sicherheitschef schon von Weitem mit: ‹Hello, Kirby!›. Es ist erstaunlich, wie viele Leute er in den USA bestens kennt.» (Elizabeth Siber)*

Thomas Bolliger macht einen enttäuschten Eindruck. Die Erwartungen in die diesjährige Grabung sind hoch gewesen, ist man doch im Vorjahr auf interessante Anzeichen gestossen, von denen man hoffte, sie würden sich weiterverfolgen lassen und zu bedeutenden Funden führen. Doch mehr als einige wenige Knochen eines Langhalsdinosauriers sind bis jetzt nicht ausgegraben worden. Köbi fackelt nicht lange: «Jetzt müssen wir eben Gas geben, aufholen, mit grossem Geschütz auffahren. Wir brauchen einen Bagger, um die Grabungssaison zu retten.» Doch inmitten der Erntezeit dürfte es nicht einfach sein, den Rancher, auf dessen Ranch das Grabungsfeld liegt, davon zu überzeugen, dass er mit seinem Bagger helfen soll, alte Knochen auszugraben. Köbi sagt sich: «Fragen kann man ja immer.» Er schildert dem Rancher das Problem, und der bietet ihm ohne Zögern seine Unterstützung an. Köbi ist erleichtert: «Unsere Chancen, ein vollständiges Fossil zu finden, wird durch einen Bagger massiv erhöht. Allerdings muss mit einem Bagger sehr sorgfältig gearbeitet werden, um allfällige Knochen nicht zu zerstören.»

Inzwischen ist das zweite Grabungsteam vollständig eingetroffen, darunter auch Köbis jüngste Tochter, die 26-jährige Alicia. Sie studiert an einer Kunstschule in Philadelphia, wo sie auch das Fach Film belegt. Damit tritt sie in die Fussstapfen ihres Vaters, der einst selber Filmemacher war. Das frische Team sieht sich neugierig an dem «Dana-Quarry» genannten Grabungsort um (Quarry = Grabungsstelle, Steinbruch). Die Infrastruktur hat sich gegenüber früheren Jahren stark verbessert: Ein Campingbus dient als Unterkunft für Köbi und als Büro, ein zweiter Campingbus als Küche. Als stilles Örtchen steht dem Team ein «Outhouse» zur Verfügung. Eine selbstgebaute Einrichtung aus alten Telefonstangen und Wellblech spendet in den Pausen äusserst willkommenen Schatten. Trotzdem machen Hitze und die rudimentären Lebensbedingungen dem Team zu schaffen. Hinzu kommt die anstrengende Arbeit vom frühen Morgen bis zum späten Abend, unterbrochen durch kürzere Pausen und eine längere Mittagspause. Gegraben wird an allen Tagen, auch am Sonntag. Verständlich, dass bei diesem Rhythmus und unter diesen schwierigen Bedingungen einige der Grabenden an ihre Grenzen kommen. Köbi hat die Erfahrung gemacht, dass die Stimmung im Team einem bestimmten Muster folgt: «Im ersten Drittel der Grabung ist die Motivation gross. Alle glauben daran, dass wir etwas Tolles entdecken werden. Die freudige Erwartung lässt die strenge Arbeit, die schwieligen Hände, die glühende Hitze und die kalten Nächte vergessen. Nach etwa zwei Dritteln der vierwöchigen Grabungsphase setzt ein Gärungsprozess ein. Die Leute spüren die Anstrengung, die ungewohnte Haltung, die Schmerzen, die sich durch die harte Arbeit einstellen. Jetzt wird es streng, und das Ende des Tunnels ist noch nicht in Sicht. Das Aufatmen kommt dann kurz vor Schluss, wenn die Tage gezählt werden können, in denen es wieder zurück in die Zivilisation geht.»

Ausgerechnet an seiner «Geburtstagsgrabung» sinkt die Stimmung auf ein unerwartetes Tief. Zur bisherigen Ausbeute sind nur 35 Schwanzwirbel hinzugekommen. Von einem vollständigen Skelett fehlt jede Spur. Ein weniger erfahrener Gräber würde vielleicht ans Aufgeben denken. Aber Köbi weiss aus langjähriger Erfahrung, dass nur alle zwei bis drei Jahre mit einem brauchbaren Fund gerechnet werden kann. Doch während er die magere Ausbeute mit unternehmerischem Risikobewusstsein bewertet, schleicht sich bei seinem Team vorübergehend Frust ein. Köbi muss deshalb für Abwechslung sorgen, um seine Leute bei der Stange zu halten und neu zu motivieren. Er schlägt einen Ausflug vor: In etwa vier Kilometern Entfernung fliesst ein kleiner Fluss, nur knietief zwar, aber mit frischem, erquickendem Wasser. In dieser Outdoor-Wellness-Anlage kehren die Lebensgeister der müden Gräber zurück. In nächster Nähe arbeiten Biber an ihrer Burg und lassen sich durch die Eindringlinge nicht stören. Ein Teammitglied bastelt geschickt einen Bogen mit Pfeilen und macht damit Jagd auf Fische. Tatsächlich fällt ihm ein kapitaler Karpfen zum Opfer – für die Fischliebhaber im Team eine willkommene Abwechslung auf dem sonst recht einseitigen Menüplan. Die tranigen Karpfen gelten bei der lokalen Bevölkerung nicht unbedingt als Leckerbissen. Doch Köbi schätzt den an einer feinen Senfsauce zubereiteten frischen Fisch. «Das gehört eben auch zu unserem pionierhaften Leben, dass wir Fische nicht tiefgekühlt im Supermarkt kaufen, sondern selber jagen.» Am Mittag gibts meist Sandwiches mit Schinken, Peanutbutter oder «Easy-Cheese» – Käse aus der Spraydose. «Für uns tönt das fürchterlich, aber die Amerikaner finden es auch grässlich, dass bei uns die Mayonnaise aus der Tube kommt und nicht aus dem Glas.»

Gegen Abend wird das Team Zeuge eines besonderen Naturereignisses: Der Himmel verfärbt sich in einem Teilabschnitt merkwürdig rosafarben, unterbrochen durch feine vertikale Striche. «Zuerst standen wir einfach da und bewunderten sprachlos dieses farbenprächtige Schauspiel der Natur. Dann diskutierten wir hin und her, wie dieses Phänomen wohl zustande kommt. Schliesslich fanden wir eine plausible Erklärung: Die Hitze und die anhaltende Trockenheit mit einer äusserst geringen Luftfeuchtigkeit führten dazu, dass der einsetzende Regen noch in der Atmosphäre verdampfte und nur wenige Tropfen den Erdboden erreichten. Die vertikalen Striche entpuppten sich als Regentropfen, die intensive rosa Farbe entstand durch Russpartikel aufgrund von Waldbränden. Es war ein unglaubliches Schauspiel, beinahe magisch. Wir schauten völlig hingerissen und in stummer Andacht in den leuchtenden Himmel.»

In der näheren Umgebung des Grabungsorts lassen sich immer wieder Wildtiere beobachten, zum Beispiel Hasen, Präriehühner, Füchse, Präriehunde, Maultierhirsche, Gabelbockantilopen oder auch Kojoten. An einem Abend kommt es jedoch zu einem Naturerlebnis der eher unliebsameren Art. Das Team sitzt dichtgedrängt auf einfachen Bänken im Camp beim Abendessen. Das Gespräch dreht sich um die Grabung: Wird man noch etwas Tolles finden oder eher nicht? Ist in der Gesteinsschicht, die man heute in Angriff genommen hat, vielleicht doch noch ein grösserer Fund versteckt? Die muntere Gesprächsrunde verstummt plötzlich, als der Holländer im Team sich an die Gruppe wendet und sie ruhig, aber sehr bestimmt auffordert, sich zu erheben und auf die Bank zu stehen, wenn möglich, ohne den Blick auf den Boden zu werfen. Köbis Tochter Alicia wagt es trotzdem und stösst einen durchdringenden Schrei aus: Eine Klapperschlange hat sich direkt neben ihrem Fuss aufgebäumt. Die Gruppe tut, wie ihr geheissen und steht auf die Bänke. Die Schlange versucht, durch eine Ritze in der Wand zu entkommen. Doch sie bleibt stecken, weil sie eben erst eine Maus verschlungen hat, die, da noch unverdaut, die Schlange dicker macht als gewohnt. Der Holländer packt die Klapperschlange gekonnt hinter dem Kopf – nicht am Schwanz, denn sonst windet sich die Schlange an ihrem eigenen Körper hoch. Er trägt sie ins Freie und entlässt sie nach einigen Schritten in die Freiheit. Alle atmen erleichtert auf.

Am 4. September 2012 ruht die Arbeit im Dana-Quarry. Köbi legt Wert darauf, dass sein Geburtstagsfest am richtigen Datum stattfindet. Er hat alles vorbereitet, Einladungen in die ganze Welt verschickt, an seine europäischen und amerikanischen Freunde. Sein Ziel ist es, beide Gruppen zusammenzuführen, hier in Wyoming, wo er schon zahlreiche Dinosaurier ausgegraben hat. Und so sind sie gekommen, aus Rapid City in Süddakota und aus Laguna Beach in Kalifornien, aus Phoenix in Arizona und aus Aathal im Zürcher Oberland. Mit dabei ist natürlich auch die international zusammengewürfelte Grabungsequipe.

Eine halbe Stunde Autofahrt von der Grabungsstätte entfernt liegt die Ortschaft Hyattville, ein kleines Nest mit 75 Einwohnern. Nicht unbedingt die Kulisse, die man für ein rauschendes Geburtstagsfest erwarten würde. Doch Köbi ist immer für eine Überraschung gut: In dem unscheinbaren Ort befindet sich ein ganz spezielles Restaurant, das «Paintrock Inn». Wer das «Paintrock Inn» zum ersten Mal erblickt, glaubt, Hollywood hätte nach dem Dreh eines Wildwestfilms das Lokal stehen lassen. Ein Balken, an dem die Pferde angebunden werden können, eine typische «Frontporch» aus alten Holzbrettern, eine quietschende Schwingtüre, eine Decke, vollgekritzelt mit den Namen derjenigen, die sich schon hierher verirrt haben. Backsteinmauern wechseln sich ab mit Wänden im Blockhausstil. Das Innere wirkt leicht schummrig. Kleine Lämpchen verbreiten einen Hauch von Gemütlichkeit. Die Bar in der Ecke ist gut gefüllt mit erlesenen alkoholischen Getränken. Die Barhocker aus Baumstrünken laden zu einem Drink ein – oder auch zu mehreren. Über dem riesigen Cheminée aus rotem Stein blickt ein Hirsch mit stolzem Geweih in die Runde. An der Decke hängen ein Velo und ein Dreirad – warum auch immer. Die Einrichtung wirkt zusammengewürfelt: Holzstühle in weiss und braun, solche mit Plastiküberzügen und andere mit schmiedeisernen Lehnen. Manch einer der Gäste mag sich wundern, wie Köbi auf ein solch ab-wegiges Restaurant gekommen ist. Doch da sie Köbi kennen, wissen sie, dass er auf den äusseren Schein nicht viel gibt. Viel wichtiger ist ihm, was sich unter einer Gesteinsschicht verbirgt, oder eben hinter der Fassade einer Wildwestbar. Und die hat es tatsächlich in sich, auch im «Paintrock Inn». Hier kocht nämlich ein Fünf-Sterne-Koch, der früher Restaurants an guten Adressen in Arizona, New Jersey oder Oregon besessen und gemanagt hat. Für Köbi und seine Gäste gibts speziell für die Geburtstagsparty zubereitetes Elch-Carpaccio sowie Elch-Steaks und Bison-Steaks. Köbi schwärmt noch heute von seinem Stück Fleisch: «Es war so gross, dass es über den Tellerrand hing und buchstäblich auf der Zunge zerging.» Ein Gitarrist aus Wyoming singt Countrysongs, mal lüpfig, mal schnulzig. Willie Nelsons Hit «On the Road again» wird Köbi zu Ehren angepasst in «On the Bone again». Eine Geburtstagstorte in der Form eines Dinosauriers wird aufgetragen. Die Gäste sind aufgeräumt und fröhlich.

> *«Es herrschte eine Megastimmung. Köbi wurde mit Geschenken überhäuft und durfte – so muss es ja sein – die Geburtstagstorte anschneiden. Es war wirklich ein tolles und würdiges Fest zu seinem siebzigsten Geburtstag – nicht nur für ihn, sondern für uns alle.» (Edy Siber)*

Da bittet Köbi um Aufmerksamkeit, um einige Worte an seine Gäste richten zu können. Er gibt einen kleinen Abriss seines bisherigen Lebens und dankt allen, die es ihm ermöglichten, Erfolg zu haben, glücklich zu sein und immer wieder neue Erfüllungen zu erleben. Seine kleine Rede schliesst er mit dem Satz: «So I wish to thank you all for coming tonight, for coming to celebrate this day with me, for making my life rich and meaningful by your presence and your friendship. Thank you! Thank you all! – Ich danke euch allen, dass ihr heute gekommen seid, um mit mir diesen Tag zu feiern. Ihr habt mein Leben reich und sinnvoll gemacht mit eurer Gegenwart und eurer Freundschaft. Danke! Ich danke euch allen!»

Von Genen und Generationen

Als Marguerite und Hans Siber am 4. September 1942 ihr Neugeborenes im Arm halten, können sie nicht ahnen, dass daraus ein international anerkannter Dinosaurierforscher werden sollte, der 70 Jahre später in einer Westernbar in Wyoming auf ein glückliches und erfülltes Leben anstossen würde. Nach den beiden Töchtern Elizabeth und Barbara ist dies der erste Sohn des Ehepaars Siber. Er wird zu Ehren seines Urgrossvaters auf den Namen «Hans-Jakob» getauft. «Kaum jemand hat mich je Hans-Jakob genannt, ich war für alle immer der Köbi – später selbst für meine Mitarbeiter und meine Töchter. In den USA können die Menschen Köbi nicht gut aussprechen, deshalb nennen sie mich dort in einer Art phonetischer Transkription ‹Kirby›. Ich besitze sogar ein Poloshirt, auf dem der Name ‹Kirby› gedruckt ist. In spanischsprachigen Ländern werde ich ‹Juan› genannt, die Entsprechung für ‹Hans›.» Heute freut sich Köbi, wenn seine Enkelkinder «Köbi Opi» zu ihm sagen.

Köbi wird in eine Familie hineingeboren, in der die eigene Vergangenheit und Geschichte einen hohen Stellenwert einnehmen. Davon zeugt nicht nur die Reverenz an Köbis Urgrossvater Hans Jakob, sondern eine Chronik, in der Daten, Umfeld, Charaktereigenschaften und Gewohnheiten der Vorfahren minutiös aufgezeichnet sind. Da wird zum Beispiel Hans Caspar Siber genannt, der als Hauptmann der zürcherischen Landmiliz den höchstmöglichen Rang bekleidete, den einer mit «Herkunft vom Lande» überhaupt einnehmen konnte. Oder Hans Heinrich Siber, der als Kantonsrat politisch Karriere machte und das Landgut der Familie am Zürichsee beachtlich erweiterte. Hans Jakob Siber, der im Namen seines Ururenkels weiterlebt, diente seinem Korps als Scharfschütze – eine militärische Aufgabe, für die nur «rechtschaffene und gesittete Söhne der Landschaft» zugelassen waren. Köbis Urgrossvater, ein wohlhabender Rebbauer, war bekannt für seine vorbildliche Rebpflege und eine ausserordentliche Geschäftstüchtigkeit. So verstand er es, die Weinpreise geschickt den schwankenden Erträgen und der unterschiedlichen Qualität anzupassen. «Mein Urgrossvater nahm es mit allem sehr genau. Er führte sogar exakt Buch über die Ergebnisse seiner Jassrunden. Von seinen Genen habe ich bestimmt einige abbekommen, denn auch ich lege grossen Wert darauf, dass eine klare Ordnung herrscht und die Details stimmen.»

Noch mehr Gene als von seinem Urgrossvater hat Köbi solche von seinem Grossvater Gustav auf den Lebensweg mitbekommen. Dieser fand seine Erfüllung nicht auf dem elterlichen landwirtschaftlichen Gut, sondern in der Kunst: Als 23-Jähriger erlernte er als Schüler von Richard Kissling das Handwerk des Bildhauers. «Gustav Siber sagte sich los von der Welt seiner Väter und blieb doch an sie gebunden», kommentiert die Familienchronik. Sibers Lehrmeister Kissling machte sich einen Namen mit der Schaffung des Alfred-Escher-Brunnens vor dem Hauptbahnhof Zürich. Als ein Wettbewerb ausgeschrieben wurde für die Erstellung eines Telldenkmals in Altdorf, überflügelte der junge Gustav Siber seinen Lehrmeister: Sein Entwurf gewann den ersten Preis. Doch nach einer weiteren Ausschreibung wurde der Auftrag trotzdem an Kissling vergeben; Gustav Siber musste sich mit dem vierten Preis begnügen. «Es kam ihm vor, als hätte er die Sternstunde seines Lebens verpasst», heisst es in der Chronik. Trotzdem gelang es ihm, in der Folge lukrative Aufträge zu erhalten, zum Beispiel für das Relief am Bundesgerichtsgebäude in Lausanne oder für die Bronzefigur auf dem Brunnen des Zürcher Lindenhofs. Diese zeigt eine der heldenhaften Zürcherinnen, die sich im 13. Jahrhundert als Krieger verkleideten und so bei den belagernden Habsburgern den Eindruck erweckten, die Stadt werde von einem starken Heer geschützt. Heute ist die Figur des Lindenhofbrunnens ein beliebtes Fotosujet für Touristen, welche die tapfere Zürcherin in Form von Pixeln bis nach Asien mitnehmen.

Als Köbi schon als kleiner Bub anfängt, schöne Steine zu sammeln, schreibt sein Vater in die Familienchronik: «Die Freude am Stein, der Blick für seine Struktur, das Gefühl für die in ihm geprägte Landschaft können nur vom Bildhauer Siber kommen.» Dass er selber, des Bildhauers Sohn, seine Familie dereinst mit «Steinen» ernähren würde, fiel Köbis Vater Hans nicht einmal im Traum ein. Er sah sich nicht als Künstler wie sein Vater, sondern vielmehr als Unternehmer. Seine unternehmerischen Fähigkeiten manifestierten sich bereits in der Jugendzeit. So fischte er beispielsweise mit seinen Kollegen Goldfische aus einem Teich und bot sie zum Verkauf an. Oder er richtete im Estrich des Hauses ein kleines Kino ein und verlangte von seinen Kollegen Eintritt für die Vorstellungen. Nach dem frühen Tod der Mutter, der Verantwortung für die kleinen Schwestern, der Verzweiflung des Vaters, der seine Werke in den Zürichsee warf, wusste der junge Hans Siber eines mit Sicherheit: «Ich muss mir meinen Weg selber suchen.»

Nach einem Ökonomiestudium in London kehrte Hans Siber an den Zürichsee zurück, verkaufte das geerbte Landgut an eine Bankiersfamilie in Berlin und heiratete, als Zugabe sozusagen, die Tochter des Käufers. Hans Siber war überzeugt davon, dass ihm das Glück stets hold sein würde, fand er doch immer wieder vierblättrige Kleeblätter. Doch nach dem Verkauf des Siber'schen Landguts versagten die grünen Glücksbringer ihren Dienst: Im Börsencrash von 1929 verlor Hans Siber alles Geld, die Ehe mit der Bankierstochter scheiterte.

Ein alter Familienfreund verschaffte dem jungen Mann eine Volontariatsstelle beim renommierten Modehaus Grieder, wo Hans Siber – entschädigungslos! – eingehende Ware zu kontrollieren hatte. Diese wurde aus aller Herren Länder angeliefert. Dank seiner ausgezeichneten Fremdsprachenkenntnisse konnte sich Hans Siber mit den Lieferanten in deren Muttersprache verständigen – ein Vorteil, der ihn rasch auf der Karriereleiter hinaufklettern liess: Er wurde befördert zum Einkaufsbegleiter, zum Hilfseinkäufer und schliesslich zum Chefeinkäufer im Rang eines Prokuristen.

Der «Seiden-Grieder», wie die Firma im Volksmund genannt wurde, verkaufte nicht nur Mode, sondern auch Kosmetikprodukte, die sich in der Damenwelt zunehmender Beliebtheit erfreuten. Produkte von «Elizabeth Arden» wurden von Grieder auf Lizenzbasis vertrieben, um im wachsenden lukrativen Markt präsent zu sein. Damit die Verkäuferinnen ihre Kundinnen im Gebrauch der Kosmetikprodukte professionell beraten konnten, wurden sie in speziellen Kursen dafür geschult. Eine gewisse Marguerite Stähli schrieb sich für einen solchen Kurs ein und wurde als eine der ersten Schönheitsberaterinnen diplomiert. In der Grieder-Boutique in St. Moritz beriet sie die Damen der noblen Gesellschaft, wie Make-up und Lidschatten anzuwenden waren. Die Buchhaltung allerdings war nicht Fräulein Stählis Stärke. Auf einer Kontrolltour durch die Grieder-Boutiquen sah Hans Siber sich gezwungen, Ordnung in die Belege des St. Moritzer Ablegers zu bringen. Anschliessend lud er die adrette Schönheitsberaterin zum Nachtessen ein. Es kam, wie es kommen musste: Hans Siber verliebte sich in Fräulein Stähli – obwohl er sich nach der ersten Ehe nicht schon wieder binden wollte. Nach dem Dinner meinte Fräulein Stähli, «er sei wohl trunken von der Höhenluft» und Zürich würde bestimmt die notwendige Abkühlung bringen. Doch Hans Siber kühlte auch in Zürich nicht ab: Die zehn Jahre jüngere Marguerite Stähli wurde seine zweite Frau und später die Mutter von Köbi. Geheiratet wurde standesgemäss im Grossmünster in Zürich.

Gegenüber der Wohnung des jungen Paars an der Kirchgasse befand sich das Deutsche Konsulat. Die dort wehende Hakenkreuzfahne erinnerte Hans Siber stets an die politischen Wirren und bereitete ihm grosse Sorgen. Zu Recht: Nachdem er mit dem Passagierschiff «Queen Mary» im Hafen von New York eingelaufen war, um sich für Grieder auf Einkaufstour durch Amerika zu begeben, erklärte Hitler Frankreich und England den Krieg. Es folgten schwierige Zeiten voller Restriktionen, die Hans Siber aber kreativ umschiffte. Mit innovativen Ideen baute er den Erfolg der Elizabeth-Arden-Produkte weiter aus. Auch die Familie wurde kontinuierlich ausgebaut: Nach den beiden Mädchen Elizabeth und Barbara kam im Jahr 1942 Köbi zur Welt, fünf Jahre später wurde der zweite Sohn, Edward Gustav, genannt Edy, geboren.

Hans Siber hat alle Ereignisse seines Lebens fein säuberlich in der Familienchronik festgehalten und sich so eingereiht in die lange Liste der Sibers, deren Vaterlinie sich bis ins 12. Jahrhundert zurückverfolgen lässt. Für seinen Sohn Köbi sind diese Aufzeichnungen von unschätzbarem Wert. Denn sie verleihen ihm Wurzeln, die ihn in seiner Herkunft und Region verankern. Und doch sind ihm diese Wurzeln nicht tief genug. Für ihn, der mit seinen Grabungen in Zeiträume vor Jahrmillionen vorstösst, sind ein paar Hundert Jahre Familiengeschichte ein winziger Zeitabschnitt. Deshalb sandte er eine Zahnbürste mit etwas Speichel darauf nach England, um sich von der Oxford University für 125 Dollar einen Gentest erstellen zu lassen. Fünf Wochen später erhielt er ein dickes Buch mit seiner frühesten Ahnengeschichte: Die Genetiker der Universität hatten seine Abstammung 25'000 Jahre zurückverfolgen können. Die Mutterlinie, der «Ursula-Tribe», stammte demnach aus Nordgriechenland. In der letzten Eiszeit wurde der Stamm über ganz Europa verstreut, nach Westeuropa, dem heutigen Irland, England, aber auch nach Polen und Südeuropa.

«Der Gentest war für mich ein Aha-Erlebnis. Seit 40 Jahren verbringe ich Ferien in Griechenland. Jedes Mal, wenn ich dort landete, blickte ich in den tiefblauen Himmel und war einfach glücklich. Nirgends sonst fühlte ich mich so wohl, aber ich wusste nicht warum. Nach dem Gentest fiel es mir wie Schuppen von den Augen: Von hier komme ich, hier bin ich zu Hause.»

«Sobald Köbi griechischen Boden betritt, ist er glücklich. Er ist echt überzeugt, dass er dort seine frühen Wurzeln hat. Ausser dem Flug und dem Hotel für die erste Übernachtung wird kaum etwas organisiert. Am Tag nach der Ankunft geht es an den Hafen, wo man ein Schiff besteigt, das einen auf eine der zahlreichen grie-

chischen Inseln bringt. So gelangten wir immer von einer Überraschung zur anderen.» (Yolanda Schicker-Siber)

Doch selbst Wurzeln, die sich 25'000 Jahre zurückverfolgen lassen, sind für Köbi noch zu wenig. «Denn eigentlich», so sinniert er, «sind doch alle Lebewesen, Pflanzen, Tiere und Menschen, miteinander verwandt. Das Leben ist aus Einzellern entstanden und hat sich in Millionen von Jahren in einer kaum fassbaren Vielfalt differenziert und ausgeformt.» Sich selber sieht er deshalb in der langen Kette von Entwicklungen einfach als Menschen mit bestimmten Genvarianten, die ihn prägen – ein Resultat der gesamten universalen Geschichte des Lebens mit all ihren Abzweigungen und Verästelungen. «So variantenreich die Formen des Lebens geworden sind – der Ursprung ist letztendlich für alle Formen derselbe.»

Der Seebub vom Zürichberg

Die Altstadtwohnung in der Kirchgasse wird für die wachsende Familie Siber bald zu klein. Sie muss eine neue, geräumigere Bleibe suchen und findet sie an der Blümlisalpstrasse, im Quartier Oberstrass. Hier gilt ein ungeschriebenes Gesetz: Wer oberhalb der reformierten Kirche Oberstrass wohnt, darf sich zum Kreis der Zürcher Elite zählen, zu jenen, die es zu Ansehen und Wohlstand gebracht haben. Wer unterhalb der Kirche wohnt, wird zum arbeitsamen und genügsamen Mittelstand gerechnet. Die Blümlisalpstrasse verläuft oberhalb der Kirche. Hans Siber hat es geschafft. Zwar erinnert hier nicht mehr die Hakenkreuzfahne an die bedrohliche Lage an den Schweizer Grenzen, doch der Krieg ist trotzdem in unmittelbare Nähe gerückt: Amerikanische Bomberpiloten verirren sich im schlechten Wetter und werfen ihre Bomben mehrere Male über Zürich ab. Im März 1945 schlägt eine Bombe in der Hub ein, nur 500 Meter von der Siber'schen Wohnung entfernt. Für den kleinen Köbi ein eindrückliches Erlebnis: «Ich als Dreikäsehoch neben dem Bombenkrater stehend, das ist eine meiner frühesten Kindheitserinnerungen.» Hans Siber wird, wie fast alle Schweizer Männer, «mobilisiert» und leistet Militärdienst an den Ufern des Rheins.

Nach seiner Rückkehr ins Geschäftsleben bahnt sich eine einschneidende Veränderung an. Edgar Grieder, der Patron des Modehauses, ist verstorben. Nach seinem Tod werden die Führungsstrukturen der Firma arg durchgeschüttelt. So sehr, dass Hans Siber seine Zukunft nicht mehr bei Grieder sieht. Da kommt ihm das Angebot von Elizabeth Arden, eine selbstständige Vertretung der Firma in der Schweiz aufzubauen, gerade recht. Doch ohne eigene Mittel ist dies nicht möglich. Da erinnert sich Hans Siber an den Koffer.

Kurz vor Ausbruch des Krieges hatte ein Verwandter aus Chile, ein Exildeutscher, der noch vor dem Krieg nach Chile ausgewandert war, die Familie Siber besucht. Er schleppte einen grossen Koffer mit sich und bat Hans Siber, ihn gut aufzubewahren. Köbi erinnert sich: «Im Schlafzimmer meiner Eltern stand ein Schrank quer zur Ecke, was für mich unerklärlich war.» Bis der Vater das Geheimnis lüftet: Hinter dem Schrank ist der geheimnisumwitterte Koffer versteckt, gefüllt mit Reichsmark im Wert von einer Million. Kurz entschlossen packt Hans Siber nun den Koffer, stellt ihn den Bankverantwortlichen hin und erklärt ihnen, dass die Bank den Inhalt als Sicherheit benützen könne. Er erhält den Kredit und baut damit die Vertretung von Elizabeth Arden in der Schweiz auf. Nach dem Krieg wird der Koffer samt Inhalt von seinem Besitzer wieder abgeholt. Ob der Verwandte wusste, dass sein Geld für kurze Zeit als Sicherheit gedient hatte, ist nicht bekannt.

Nach den Kriegswirren ist die Damenwelt begierig nach Pflegemitteln und Schönheitsprodukten. «Die Kundinnen schnappen den Angestellten die Ware nur so aus den Händen», notiert Hans Siber. Das Geschäft boomt. Bald zählt «Elizabeth Arden Schweiz» 150 Angestellte, Generaldirektor: Hans Siber. Köbi und seine Geschwister sehen den Vater nur noch selten – er ist viel unterwegs, unternimmt häufig Geschäftsreisen an den Hauptsitz des Unternehmens in den USA. In den 50er-Jahren erweist Elizabeth Arden höchstpersönlich der Schweizer Niederlassung ihre Aufwartung. Köbi ist hautnah dabei: «Es muss das damals prestigeträchtige Flugzeug ‹Super Constellation› gewesen sein, mit dem sie angeflogen kam. Als sie ausstieg, wurde ein roter Teppich ausgerollt. Ich durfte Spalier stehen, in der vordersten Reihe. Ich hatte damals zwar andere Dinge im Kopf als die parfümierte Damenwelt, aber immerhin war es spannend, mitten auf dem Rollfeld stehen zu dürfen.» Die Lady wird anschliessend im knallfarbigen Chevrolet zur Firma gefahren, wo sie sich von Hans Siber die erfreulichen Geschäftsergebnisse erläutern lässt.

Vom unternehmerischen Erfolg des Vaters profitiert die ganze Familie: Sie kann sich ein Auto leisten, einen einfachen Vauxhall

Standard zuerst, später einen Chevrolet. Moderne Haushaltshilfen wie Kühlschrank und Waschmaschine werden angeschafft. Köbi interessiert sich nicht weiter für diese Annehmlichkeiten des Haushalts. Eine andere Anschaffung hingegen beeinflusst seine Kindheit massgeblich: Die Familie kauft am Westufer des Pfäffikersees, unweit von Seegräben, ein Ferienhaus. «Es war ein typisches Holzhaus mit einem Granitdach. Von der grossen gedeckten Terrasse aus hatte man einen herrlichen Blick auf den See. Im Innern gab es ein Schlafzimmer für die Eltern, eines für die Schwestern, und für Edy und mich Kajütenbetten. In der grossen Stube stand ein kunstvoller Kachelofen mit smaragdgrünen Kacheln, ein richtiges Museumsstück.» Jeweils zum Ferienbeginn und an fast jedem Wochenende packen die Sibers ihre Siebensachen zusammen und stopfen sie samt Katzen in den geräumigen Chevy, um in Seegräben den See und den jahreszeitlichen Verlauf der Natur zu geniessen. «Wir führten ein richtiges Zigeunerleben. Vielleicht fiel es mir deshalb immer leicht, mich überall auf der Welt wohlzufühlen. Ich schlafe pro Jahr in etwa 30 verschiedenen Betten, die auf der ganzen Welt verstreut sind, das ist überhaupt kein Problem für mich.»

Der kleine Köbi liebt die Aufenthalte in Seegräben. Er liebt den Pfäffikersee, auf dem er bald mit einem Minisegelboot kreuzt. Vor allem aber weckt der See eine Leidenschaft in ihm, das Schwimmen. Zeit seines Lebens kann Köbi keinem Gewässer widerstehen, und sei es noch so kalt. Selbst im Alter von über 70 Jahren erfrischt er sich im April (!) im Pfäffikersee mit einem «Schwumm» und findet nichts Besonderes dabei.

«Wenn wir in den Bergen eine Wanderung unternahmen und unterwegs ein Bergsee in kristallklaren Farben auftauchte, stürzte Köbi sich immer kopfvoran hinein. Er ist halt ein leidenschaftlicher Schwimmer. Unsere Mutter schaute jeweils besorgt zu.» (Edy Siber)

Auf dem nahen Bauernhof der Familie Jucker finden Köbi und Edy gleichaltrige Spielkameraden. Sie gehen zusammen fischen, schnitzen Pfeilbogen oder rauchen heimlich «Nielen», die verholzten Stängel der Waldrebe. Für die Bauernkinder ist es eine Selbstverständlichkeit, auf dem Hof mitzuhelfen. Da wollen natürlich auch die Siber-Kinder nicht hinten anstehen. Also helfen sie tatkräftig mit, Maikäfer einzusammeln, Äpfel aufzulesen, Kirschen zu pflücken, vor dem Gewitter das Heu einzubringen oder Kartoffeln zu ernten. «Wir erlebten, wie Kälber geboren wurden, aber auch, wie Schweine gemetzget wurden.» Schweine, so findet Köbi, könnten doch viel nutzbringender eingesetzt werden als in Würsten, nämlich als Reittiere. Also setzt er sich auf ein ausgewachsenes Schwein, das jedoch seine neue Bestimmung als Reittier nicht widerspruchslos akzeptiert. Das schlaue Schwein rennt schnurstracks zum nächsten Baum und streift seinen Reiter ab. Köbi landet im Dreck. «Zum Glück hatte meine Mutter inzwischen eine Waschmaschine!» Über seine Kinderstreiche muss er heute noch schmunzeln: «Ja, wir waren richtige Schlingel und haben viele dumme Sachen gemacht.»

Auf dem Jucker-Hof gab es einen Warenlift, mit dem Fallobst zu einem höher gelegenen Trichter befördert wurde, wo die Früchte in die Presse fielen und der entstehende Most in Flaschen abgefüllt werden konnte. Der Lift wurde mit einem Seil bedient. Köbi hängt sich an den Sack mit dem Fallobst und lässt sich mit dem Seil hinaufbefördern. «Weiter, weiter», ruft er und schaut nach unten. Zu spät merkt er, dass seine Hand in die Umlenkrolle geraten ist. Er schreit wie am Spiess. Das ganze Gewicht hängt nun an seinen Fingern. Nach bangen Sekunden begreifen die anderen, die unten geblieben sind, dass sie das Seil zurückdrehen müssen. Köbis Hand kann gerettet werden, «das war knapp», doch Spuren der Umlenkrolle sind auf seinen Fingern heute noch sichtbar.

Ein zweites Ereignis hätte schlimmer ausgehen können. Köbi und die Jucker-Buben sollen Holzscheite vom Boden ins Lager im oberen Stock befördern und dort aufschichten. Die Holzscheite werden in eine Zaine gefüllt und dann mit einem Flaschenzug hinaufgezogen, wo Köbi die Zaine in Empfang nimmt und leert. Nun wird unten die Zaine mit Holzscheiten so aufgefüllt, dass sie zu schwer wird und nicht mehr hinaufgezogen werden kann. Kurzentschlossen springt Köbi ans Seil, um mit seinem Gewicht mitzuhelfen, die Zaine hochzuziehen. Doch in diesem Moment reisst das Seil. Köbi fällt vom ersten Stock hinunter auf die Holzbeige. «Das allein hätte mir nicht viel ausgemacht, doch dann fiel die schwere metallene Spule, über die das Seil gelaufen war, auf mein Knie. Es hat nur wenig gefehlt, und sie wäre mir auf den Kopf gefallen, ich hätte mausetot sein können.» Stattdessen bildet sich ein riesiger Bluterguss im Oberschenkel, der nach einigen Wochen wieder verschwindet.

«Köbi fürchtet den Teufel nicht. Er geht spontan Risiken ein, wenn ihn etwas reizt und begeistert. Das war schon immer so.»
(Edy Siber)

Köbis Wagemut wird etwas gebremst durch gesundheitliche Probleme: Eine Hausstauballergie führt zu schweren Asthmaanfällen, mit denen er manchmal sogar notfallmässig ins Spital eingeliefert werden muss. Seine Mutter leidet darunter, weil sie befürchtet, dass er eines Tages einen Asthmaanfall nicht überleben wird. Noch vor dem Kindergarten wird er zur Kur ins kleine Bündnerdorf Pany geschickt. Was ihn allerdings nicht daran hindert, nach dem Kuraufenthalt wieder mit seinen Spielkameraden auf dem Heuboden der Familie Jucker herumzutollen. Dies, obwohl die Eltern ihm das Rennen verbieten, um sich zu schonen. «Nicht rennen – das konnte ich natürlich nicht. Darum musste ich es heimlich tun. Falls ich dann einen Asthmaanfall erlitt, ging ich erst nach Hause, wenn er vorbei war, damit meine Eltern nichts merkten.» Den Jucker-Hof gibt es heute noch. Jedes Jahr im Herbst lockt eine riesige Kürbisausstellung Tausende von Besuchern auf den Hof, der jetzt «Jucker-Farm» genannt wird. Ein Hinweisschild beim Sauriermuseum zeugt davon, wie sehr Köbi sich auch nach Jahrzehnten immer noch mit der Familie Jucker verbunden fühlt.

Die ersten drei Jahre seines Schülerlebens verlaufen beschaulich und relativ ereignisarm. Er lernt das Alphabet – «Anneli für

A sich merken» –, trägt fleissig aus dem Lesebuch vor und wird in die Welt der Zahlen eingeführt. Er ist beliebt, vor allem beim weiblichen Geschlecht: Die Mädchen legen ihm einen Znüni aufs Pult, um seine Aufmerksamkeit zu erregen.

Der Übertritt in die vierte Primarschulklasse gleicht einer Zäsur. Die frischgebackenen Viertklässler werden auf zwei Klassen verteilt. Der eine Klassenlehrer pflegt mit seinen Schülern väterliche Umgangsformen, der andere gilt als unnahbar und streng, als einer, der mit strikten Regeln absolute Disziplin fordert. Köbi trifft es zu Lehrer Kolb, dem Drillmeister. Am ersten Schultag seiner neuen Klasse teilt Lehrer Kolb allen Schülerinnen und Schülern eine Nummer zu. Köbi wird die Nummer 17. Er bezeichnet sie heute noch als Glückszahl und wird in seinem Leben sogar spontane Entscheidungen treffen, wenn eine 17 involviert ist.

Lehrer Kolb macht seinem Ruf alle Ehre. Zu Beginn des Schultags oder auch mal zwischendurch knallt er einen Stab, genannt «Dr. Holzmann», auf sein Pult. Dann heisst es stramm stehen, grüssen und erst dann absitzen auf den nummerierten Stuhl. Lehrer Kolb legt Wert darauf, dass die Hefte sauber und exakt geführt werden. Die Hefte dürfen nicht etwa mit bunten Bildern illustriert werden, nein, alles muss sorgfältig von Hand gezeichnet werden. Fische, zum Beispiel, dürfen nicht irgendwo ausgeschnitten werden, sondern müssen bis zur letzten Flosse und Kieme mit Tusche gezeichnet werden. Für solche Arbeiten sitzen die Schüler auch mal bis Mitternacht über ihren Hausaufgaben. Doch immerhin lockt für solchen Aufwand eine spezielle Belohnung: Wer ganz fleissig ist und sein Heft sauber führt, darf es als vorbildliches Muster für alle einsehbar an die Wand hängen.

«Ich war so verknallt in Köbi, dass ich jede Gelegenheit nutzte, um mit ihm und den anderen Buben zu ‹rammeln›. Einmal haben wir Mädchen von aussen die Schulhaustür zugehalten. Die Buben wollten raus, Köbi innen an der Front, ich aussen an der Front. Die Buben waren stärker, und als sie die Tür

einen Spalt weit aufdrücken konnten, fuhr mir die Linke von Köbi direkt aufs Auge. Mein Auge wurde erst dunkelblau, dann grün. Als die Verletzung langsam abheilte, habe ich mit Farbstiften nachgeholfen, damit die blaue Stelle möglichst lange dramatisch aussah. Köbi hatte ein schlechtes Gewissen, und ich war endlich wichtig für ihn! Ich habe ihm an unserem Stamm die Geschichte erzählt. Er kann sich nicht daran erinnern. Somit wäre alles klar. Ich halte es aus, es ist verjährt, und meine übermütigen Liebesgefühle von damals sind vergessen...» (Vreni K.)

Köbi ist ein guter Schüler. Nur einer sitzt ihm vor dem Glück, Klassenbester zu werden. Doch ausgerechnet dieser Mitschüler darf eine Klasse überspringen, und Köbi wird unangefochten die Nummer eins der Klasse Kolb. Der Lehrer hält grosse Stücke auf ihn und betraut ihn des Öfteren mit Sonderaufgaben. Eine besteht darin, an Samstagvormittagen einem jüdischen Klassenkameraden die Schulsachen nach Hause zu tragen. Damals fand der Schulunterricht auch an Samstagen statt, doch strenggläubigen Juden ist es verboten, am Sabbat irgendwelche Arbeiten zu verrichten, wozu auch das Tragen des Schultheks gehört. «Ich verstand das überhaupt nicht. Weshalb konnte er seinen Thek nicht selber tragen? Und warum ausgerechnet ich? Es gab doch Kameraden, die viel näher beim Haus dieses Mitschülers wohnten als ich.» Egal, Köbi tut, wie Lehrer Kolb ihn geheissen hat. Etwas anderes wäre wohl auch nicht denkbar gewesen, unter den strengen Augen von Herrn Kolb und dessen verlängertem Arm «Dr. Holzmann», dem strafenden Holzknebel.

Lehrer Kolb legt Wert darauf, dass seine Schüler sich in der Geografie ihrer Gemeinde und ihres Kantons auskennen. Die Gewässer des Kantons Zürich werden von der Klasse auf eintägigen Schulausflügen aufgesucht. Zur Ausrüstung dieser Ausflüge gehört ein Wimpel, der feierlich im Fluss oder See geschwenkt wird. Der Name des Gewässers wird anschliessend auf den Wimpel gestickt. Ausgerechnet Köbi vergisst eines Tages den Wimpel zu Hause. Der Zehnjährige wird von Lehrer Kolb dazu verknurrt, nachträglich allein zum Damm von Rapperswil zurückzukehren, um den Wimpel im Zürichsee zu schwenken. Für Köbi ist dies keine Strafe. Er fühlt sich wohl, wenn er draussen, in der Natur, herumstreifen kann. Am liebsten tut er dies in Kiesgruben und Steinbrüchen. Denn dort kann er nach Versteinerungen suchen. Auf seinen Streifzügen findet er Haifischzähne, manchmal auch den Abdruck einer Muschel im Kalkstein – für ihn wertvolle und begehrte Schätze, die ihn faszinieren, weil sie Geschichten erzählen, die im Erdreich verborgen sind. Dem Vater bleibt das Interesse seines Sohnes an den «Steinen» nicht verborgen, und er schenkt Köbi zum zehnten Geburtstag eine kleine Mineralien- und Fossiliensammlung. Köbi stellt seine Schätze im Zimmer, das er mit seinem Bruder Edy teilt, in einer dreieckigen Standvitrine aus. Sie ist sein ganzer Stolz. Da Hans Siber senior, wie er sich selber gerne nennt, in der Zwischenzeit noch mehr Elizabeth-Arden-Filialen eröffnet hat, unter anderem auch in Griechenland und Israel, ist er weiterhin oft auf Reisen. Köbi bettelt: «Daddy, bring mir doch von jeder Reise einen Stein nach Hause!» Hans Siber tut dies gerne, ohne zu ahnen, dass er damit buchstäblich einen Grundstein legt für seine eigene zukünftige Geschäftstätigkeit. Vor Ende von Köbis Primarschulzeit zieht die Familie Siber von der Wohnung an der Blümlisalpstrasse in ein eigenes Haus an der Goldauerstrasse – auch diese Adresse befindet sich wieder im Quartier Oberstrass.

Reif nach Montana

Der Primarschüler Köbi Siber mausert sich zum Gymnasiasten im altsprachlichen Profil. Er ist einer der wenigen, die es ans Langzeitgymnasium schaffen. Flausen haben nun keinen Platz mehr in seinem Kopf, der muss gefüllt werden mit lateinischen Wörtern und altgriechischer Grammatik. Als Ausgleich zu den kopflastigen Schulstunden betreibt Köbi gerne Sport, Orientierungslauf und vor allem Leichtathletik. Seine Spezialdisziplin ist der Hochsprung. In den 50er-Jahren wird die Hochsprunglatte noch nicht mit dem «Fosbury-Flop» überwunden. Diese Sprungtechnik sollte an den Olympischen Spielen 1968 erstmals für Furore sorgen und ist nur möglich dank dicken Schaumstoffkissen, die den tiefen Fall des Springers abfedern. Köbi überwindet die Hochsprunglatte deshalb noch in der altbewährten Technik und landet unsanft im Sand. Er erhält keine Gelegenheit mehr, seine persönliche Bestleistung von 1 Meter 85 zu verbessern, denn nach einigen harten Landungen im Sand beginnt sein Rücken zu schmerzen. Die Schmerzen werden stärker und bald unerträglich. Der Arzt diagnostiziert einen gebrochenen Lendenwirbelfortsatz. «Der Schock sass tief nach diesem Befund. Ich hatte einen Klassenkameraden, dessen Bein nach einer Kinderlähmung stark geschwächt war. So wollte ich nicht enden – als Zuschauer auf einer Tribüne, als blosser Beobachter des Lebens um mich herum, nein, das durfte wirklich nicht sein. Ich wollte aktiv bleiben, selber das Leben in die Hand nehmen können.» Der Schock über die Verletzung beansprucht Köbis ganze Energie, seine Leistungen in der Schule leiden darunter, er muss eine Klasse wiederholen.

Trost findet Köbi im Steinesammeln. Trotz der schmerzenden Behinderung unternimmt er weiterhin Ausflüge in «steinreiche» Gegenden, zum Beispiel ins Binntal, zum Calanda, in die Schynschlucht oder ins Gonzenbergwerk, dessen Calcitkluft ihn tief beeindruckt.

«*Ich erinnere mich, wie wir mit der Familie Ferien im Binntal verbrachten. Köbi fand rasch Kontakt zu den Strahlern und begleitete diese bei ihrer Arbeit. Wie üblich, wollte er bald selber Kristalle finden. Also rückten wir zwei Brüder frühmorgens mit Rucksack und Pickel aus und durchkämmten das Gelände. Nach einem halben Tag war Köbis Rucksack bereits mit Kristallen gefüllt, während meiner immer noch leer war. So kehrte ich mit Köbi ins Tal zurück, ohne etwas gefunden zu haben. Köbi hat halt einen Riecher für Funde, eine Art siebten Sinn.*» *(Edy Siber)*

«*Kirby kann hinter das Offensichtliche sehen. Er sieht hinter den Steinen bereits das Fossil. Das hat ihn so erfolgreich gemacht.*» *(Peter Larson)*

In der Schule überwindet Köbi seinen Durchhänger und setzt sich zum Ziel, die Maturaprüfungen zu bestehen. «Ich war überzeugt davon, dass ich nur mit der Matura im Sack ein interessantes Leben würde führen können.» Da sportliche Betätigungen nun nicht mehr möglich sind, wendet Köbi sich vermehrt künstlerischen und literarischen Themen zu. Auf seinem Büchergestell reihen sich neue Titel ein von Autoren wie Jean-Paul Sartre, C. G. Jung, Friedrich Dürrenmatt, Max Frisch, Hermann Hesse. Er interessiert sich für Buddhismus und Jazz, besonders aber für Filme.

Ein wegweisendes Erlebnis ist für Köbi die Filmwoche in Engelberg. Rund 100 junge Männer und Frauen schauen sich Filme an und besprechen diese in kleinen Gruppen. Regisseure und Filmemacher weihen die Jugendlichen in die Geheimnisse der Filmtechnik und der Filmkunst ein. Köbi ist begeistert. Besonders die Filme von François Truffaut, Jean-Luc Godard und Federico Fellini haben es ihm angetan. «Vor allem die Filmautoren, die geistigen Schöpfer der Filme, zogen mich völlig in ihren Bann.» Köbi wähnt sich im wortwörtlichen Sinn «im Film» und beginnt, von einer Karriere als Regisseur zu träumen. Die Filmtage in Engelberg sind der «Schweizer Illustrierten» eine Reportage wert, ein Foto der filmbegeisterten Jugendlichen wird in der Illustrierten gross aufgemacht.

Als Köbi schon längst wieder in den Schulalltag zurückgekehrt ist, klopft eines Tages der Prorektor des Literargymnasiums an die Tür des Klassenzimmers und überreicht dem Lehrer einen Brief, dessen Anschrift lautet: «Für Köbi Siber». Ein Raunen geht durch die Klasse. So etwas ist noch nie vorgekommen. Köbi ist verwirrt, angespannt und kann sich nicht mehr auf den Schulstoff konzentrieren. Endlich läutet die Pausenglocke und er kann den Inhalt des geheimnisvollen Briefes lesen: «Ich finde dich so faszinierend, treffe dich um 12.15 Uhr auf dem Pfauenplatz. Als Erkennungszeichen bringe ich die andere Hälfte des beiliegenden Fotos der ‹Schweizer Illustrierten› mit.» Köbi ist ratlos. Er kann sich beim besten Willen nicht vorstellen, wer ihn so verehrt und treffen möchte. Verstohlen macht er sich während der Mittagspause auf den Weg zum nahen Pfauenplatz. Doch zur vereinbarten Zeit ist niemand zu entdecken. Der belebte Platz beginnt sich zu leeren. Und Köbi wartet immer noch. «Geduld bringt Rosen», denkt er sich. Doch die Rosen lassen weiter auf sich warten. Plötzlich stürmen hinter dem Kiosk einige seiner Mitschüler hervor, lachen sich halb kaputt und klären ihn auf, dass alles nur ein Scherz war. Köbi bucht den Scherz schulterzuckend unter Neid ab. Denn während der Filmwoche haben seine Klassenkameraden erfahren müssen, dass Köbi den Mädchen besonders sympathisch ist. Sein Charme, der ihm schon in der Primarschule so manchen Znüni eingebracht hat, hat seine Wirkung nicht verloren. Sein Erfolg beim weiblichen Geschlecht bringt ihm unzählige Einladungen an Partys ein. Bald gelangt er in den Ruf, kein Fest auszulassen, wo er für Stimmung sorgt und die neusten Tanzschritte demonstriert oder auch mal neue erfindet.

Trotz der ausgelassenen Feste verliert Köbi sein Ziel nie aus den Augen: die Matura. Noch vor den Abschlussprüfungen erkundigt er sich nach den Möglichkeiten, als Austauschstudent an einer amerikanischen Universität zu studieren. «Das Amerika der 60er-Jahre war faszinierend. Es pulsierte, war voller Leben. Es war der Ursprung aller Trends in Musik, Film, Mode. Da wollte ich unbedingt hin, wollte mittendrin sein.» Lange Zeit hört er nichts und findet sich schon damit ab, statt in den USA in der Schweiz zu studieren. Doch plötzlich überstürzen sich die Ereignisse: Köbi erhält ein Stipendium an der Universität von Montana. Eigentlich wäre Kalifornien sein Traumziel gewesen, doch die University of Montana ist auch attraktiv, bietet sie doch ihren Studenten einen grossen Fächer von Studienrichtungen an. Noch während der Maturaprüfungen trifft Köbi Vorbereitungen für sein Studienjahr in den USA, verzichtet nach bestandener Prüfung auf die Maturareise und besteigt stattdessen ein Propellerflugzeug, das ihn über den Atlantik trägt.

Nach dem Umsteigen in New York ändert sich die Landschaft unter ihm: Die grossen Städte voller Lichter und Leben werden immer seltener. «Als unter mir die fast endlosen Weiten von Montana zu sehen waren, dachte ich mir: Um Himmels willen, wohin hat es mich verschlagen? Das sah überhaupt nicht so aus, wie ich mir das pulsierende und vibrierende Amerika vorgestellt hatte.» Der Empfang in der Universitätsstadt Missoula im Bundesstaat Montana ist offen und herzlich. Ein Professor der Universität holt Köbi persönlich am Flughafen ab und stellt ihm einen Studenten zur Seite, der ihm hilft, sich in der neuen Umgebung zurechtzufinden. Untergebracht wird er in einem Haus der Studentenverbindung «Sigma Chi» – ein Name, der für den frischgebackenen A-Maturanden beinahe heimelig tönt.

Die ersten Wochen in Missoula sind gar nicht nach Köbis Gusto. «Wir lebten zu viert in einem Zimmer, es gab keine Rückzugsmöglichkeit. Zudem hatte ich anfänglich Mühe, das amerikanische Englisch meiner neuen Kollegen zu verstehen. Ich kam mir vor wie in einem Albtraum.» Am Literargymnasium hat Köbi nur gerade während eines Jahres Englischunterricht genossen – und zwar in britischem Englisch. Seine Kenntnisse in Deutsch, Französisch, Latein und Altgriechisch sind weitaus profunder, nur nützt ihm das hier, im Nordwestzipfel der USA, herzlich wenig. «Wie lernt man am besten Schwimmen?», geht es Köbi in den einsamen Stunden durch den Kopf. Die Antwort liegt für ihn auf der Hand: «Rein ins Wasser, so wie im Pfäffikersee.» Nach einigen Wochen versteht er seine Kollegen immer besser und sie ihn. Doch um den Vorlesungen folgen zu können, reicht das noch nicht. Statt sich Sprachbücher anzuschaffen, kommt Köbi auf einen praktischen und gleichzeitig günstigen Trick, seine Sprachkenntnisse zu vertiefen. Auf dem Campus gibt es auch ein Theater. Köbi besorgt sich den Text des Theaterstücks und setzt sich bei den Proben in den leeren Saal. Er hört aufmerksam zu und notiert sich jene Wörter, die er noch nicht kennt. So lernt er bald den Dialog des Bühnenstücks auswendig und erweitert dadurch seinen Wortschatz fortlaufend.

Der fleissige Probenbesucher fällt dem Regisseur auf. Er wundert sich, weshalb jemand alle Proben besucht und sich erst noch Notizen macht. Der Regisseur findet, wenn Köbi schon hier sei, könne er sich doch auch nützlich machen und teilt ihn kurzerhand bei der Beleuchtungsmannschaft ein. Um zum richtigen Zeitpunkt das richtige Licht auf die Darsteller und die Bühnenausstattung richten zu können, muss Köbi die Darsteller verstehen, den gesprochenen Text auf der Bühne mit seinen Regieanweisungen vergleichen und dann mit einem kleinen Kraftakt die richtigen Hebel in Bewegung setzen. Nun ist Köbi nicht nur im Theater angekommen. Mit dem zunehmenden Sprachverständnis kommt langsam auch das Gefühl auf, in Missoula, Montana und der dortigen Universität heimisch zu sein.

Bereits im kommenden Quartal wird der Beleuchter zum Statisten befördert. «Ich sagte zu, eine Statistenrolle zu übernehmen – solange ich auf der Bühne nichts sagen musste, war das für mich in Ordnung. Offenbar muss ich ein guter Statist gewesen sein, denn daraufhin wurde ich angefragt, ob ich eine Nebenrolle im Stück ‹Much Ado About Nothing› von William Shakespeare übernehmen wolle. Ich zögerte und musste mich überwinden, zuzusagen.» Köbi liebt Herausforderungen, auch wenn sie beinhalten, auf einer Theaterbühne zehn Sätze auf

Englisch zu sprechen. Nach zahlreichen Proben ist die Truppe so weit, das Stück in den entsprechenden Kostümen aufzuführen. Auch Köbi zieht sich sein Kostüm über. «In diesem Moment spürte ich, wie mit mir eine Metamorphose geschah. Ich war nicht mehr der Köbi aus der Schweiz, sondern ein Page am Hof des Königs. Mir wurde erst jetzt richtig bewusst, dass ich in einer Komödie spielte, die Heiterkeit und Fröhlichkeit auslösen sollte. Meine Ausdrucksweise passte sich der Figur an, in deren Rolle ich geschlüpft war.» Mit Erfolg: Das Publikum spürt, dass hier einer nicht einfach einen Text aufsagt, sondern die Figur aus dem Stück zum Leben erweckt. Lautes, fröhliches Lachen begleitet von nun an Köbis Auftritte. «Das war ein Schlüsselerlebnis für mich: Ich war in ein Kostüm geschlüpft, hatte die damit verbundene Rolle verinnerlicht und hatte Erfolg damit. Das hat sich mir eingeprägt. Denn in der Gymnasialzeit hatte ich Panik vor öffentlichen Auftritten. Jedes Mal, wenn ich vor der Klasse einen Text vorlesen musste, bekam ich rote Ohren und Schweissausbrüche. Die Erfahrung am Theater hat mir geholfen, für spätere Auftritte als Organisator des Film-Forums Schweiz oder als Gastreferent am Paläontologischen Institut der Universität Zürich.»

Nicht nur die Erfahrungen in der Theaterwelt sind für Köbi spannend, auch das vielseitige Studium erschliesst ihm neue Horizonte. Er hat sich für «Liberal Arts» eingeschrieben – eine Studienrichtung, unter der verschiedenste geisteswissenschaftliche und kulturelle Gebiete zusammengefasst sind, zum Beispiel Literatur, Geschichte, Kunst, Psychologie, Theater und Film. Die Professoren an der Universität von Montana sind umgänglich und mit ihren Studenten per «Du». Nach den eher strengen und distanzierten Umgangsformen am Literargymnasium geniesst Köbi diesen lockeren Umgang zwischen Lehrenden und Lernenden. Er beteiligt sich an Debattierzirkeln, liest 400-seitige Grundlagenwerke der Psychologie und beschäftigt sich mit Fragen der Wahrnehmung und der Verhaltensforschung. Fasziniert ist er von der Philosophieprofessorin, die das ganze Gedankengebäude eines Philosophen in 45 Minuten klar darlegen kann, um es dann in fünf Minuten zu widerlegen. Als eigentliche «Empirie des Glücksgefühls» erlebt Köbi die Filmaufführungen, besonders der Filme «Panzerkreuzer Potemkin» von Sergei Eisenstein, «Zéro de Conduite» von Jean Vigo oder «L'Age d'Or» von Louis Buñuel. «Es gab tolle, fantasievolle Filme, an diese wollte ich später mal anknüpfen.» Er schliesst Bekanntschaften mit Künstlern und angehenden Regisseuren.

Und da ist immer wieder das Theater, das ihn nicht mehr loslässt. Im dritten Quartal seines Aufenthalts ist auf der kleinen Bühne «Huis Clos» von Jean-Paul Sartre angesagt. Köbis Traum ist es, im Stück den Teufel spielen zu dürfen. Er bewirbt sich und bekommt seine Wunschrolle. 40 Seiten Dialog gilt es nun, auswendig zu lernen. Die Aufführungen sind erfolgreich, besonders für Köbi: Er wird von den Zuschauern zum besten Nebenschauspieler des Jahres nominiert. «Wahrscheinlich hat mir mein ausländischer Akzent einen Bonus eingebracht.»

Köbi geniesst das Leben auf dem Campus – die anregenden Vorlesungen, die interessanten Gespräche mit Menschen aus der Kulturszene, die feuchtfröhlichen Feste unter den Studenten. Doch auch ausserhalb des Campus gibt es für ihn viel zu entdecken. Während der Weihnachtsferien verschlägt es ihn auf eine Ranch. Er erkundet die Gegend hoch zu Ross, so wie es in Montana üblich ist. Während eines vierstündigen Ausritts sinkt sein Pferd im tiefen Schnee ein, Köbi kann gerade noch rechtzeitig aus dem Sattel springen. Das Gebirge in der Nähe der Ranch scheint ihm geeignet zu sein für Kristalle. Tatsächlich soll sich in der Nähe eine Kristallhöhle befinden. Doch der Weg dorthin erweist sich als schwierig. «Es war fürchterlich. Der Boden war übersät mit vermodernden Baumstämmen, die kreuz und quer übereinander lagen. Es gab kaum ein Durchkommen, wir mussten klettern und kriechen, fast wie auf einer Kampfbahn. Und die Höhle haben wir trotzdem nicht gefunden.» Es sollte nicht das letzte Mal sein, dass Köbi erfolglos nach Mineralien oder Fossilien sucht.

Eine andere Reise führt ihn mit dem Greyhound-Bus nach San Francisco. Hier findet Köbi das Amerika, von dem er geträumt hat – pulsierend, aufregend, schrill. Die Hippiebewegung ist auf ihrem Höhepunkt, an den Konzerten ist die Luft erfüllt von mitreissendem Rock 'n' Roll und halluzinogenschwangeren Rauchschwaden. Köbi ist zwar überzeugt davon, dass die Gesellschaft sich unnötige Fesseln anlegt, trotzdem widersteht er der Versuchung des Aussteigens. Schliesslich will er seine Kurse an der Universität abschliessen. Einen kleinen Trip allerdings erlaubt er sich: An einem Konzert lernt er zufällig einige Leute kennen, die ihn einladen mitzukommen. Ein Stimme im Hinterkopf warnt ihn: Du kennst diese Leute ja gar nicht, das ist gefährlich, mit denen mitzugehen. Doch eine neue Stimme sagt: Hey, du bist jetzt in Amerika, hab den Mut, etwas auszuprobieren! Der Mut zum Neuen siegt über das schweizerische Vorsichtsgebot. «Plötzlich befand ich mich in einer grossartigen Gartenlandschaft, die um griechische Tempel angelegt schien. Ich hatte keine Ahnung, wo ich mich befand. Ich bewunderte die seltsame Szenerie, wurde aber auch irgendwie unruhig und fand zum Glück den Weg zurück.» Das Erlebnis bestätigt ihn in der Erkenntnis, «dass man dem Abenteuer eine Chance geben muss. Sei bereit für Neues. Wer alles vorausplant, wird nie etwas Aussergewöhnliches erleben.»

Dieses Jahr in den USA ist das bisher intensivste in Köbis Lebens, doch leider neigt es sich dem Ende zu. Köbi, der sich am Anfang so schwer getan hat, möchte am liebsten gar nicht mehr nach Hause. Eine Verlängerung des Stipendiums wird jedoch abgelehnt. Köbi hat keinen Lebensplan, hat keine Ahnung, wohin sein Weg ihn nun führen soll. Ein Brief seines Vaters verändert alles.

Zwischen Mineralien und Filmen

Trotz der vielfältigen Eindrücke in den USA und der grossen Distanz, die ihn von der Schweiz trennt, bleibt Köbi während des Studienjahrs in Montana stets mit seiner Familie verbunden. Besonders mit seinem Vater tauscht er sich in einem intensiven Briefwechsel regelmässig aus. Der Vater hält Köbi auf dem Laufenden, was sich in Zürich und bei «Elizabeth Arden» so alles tut, Köbi berichtet von seinen Erlebnissen und Erfahrungen auf dem Campus und schickt regelmässig «Steinpäckli» mit schönen «Steinen» nach Hause. Inzwischen hat auch Hans Siber die faszinierende Welt der Mineralien entdeckt und sammelt «Steine» nicht nur für seinen Sohn, sondern auch für sich selber. Die Sammelleidenschaft von Vater Siber war ausgebrochen, als er mit Köbi zusammen einen Strahler in Uri besuchte. Während Köbi dort für seine 300 Franken Taschengeld sorgfältig erlesene Steine auswählte, häufte Hans Siber auf einem Tisch einen ganzen Berg von Kristallen auf. «Da wusste ich: Nun hat es ihm auch den Ärmel reingenommen.»

Während Köbi sich in Montana langsam mit dem Gedanken an die Heimkehr anfreunden muss, erreicht ihn ein langer Brief seines Vaters. In trockenem und sachlichem Geschäftston teilt ihm sein Vater darin mit, dass er seine Stelle als Generaldirektor bei «Elizabeth Arden» gekündigt habe. Er könne sich nicht vorstellen, noch länger in der Glamour-Welt der Schönheitsindustrie auszuharren, er wolle seinem Leben eine Wende geben. Köbi liest die Zeilen, ist völlig überrumpelt vom unerwarteten Schritt seines Vaters. Wie stellt sein Vater sich das vor? Wie will er nun die Familie ernähren? Die Antwort liefert der Vater im selben Brief: Er schlägt Köbi vor, mit ihm zusammen eine eigene Firma zu gründen. Geschäftszweck: Handel mit Mineralien. «So etwas hätte ich mir nie träumen lassen. Mein Vater war 55, ich selber 22, und wir sollten zusammen eine eigene Firma gründen?»

Köbi gerät in einen Gewissenskonflikt. «Eigentlich wollte ich doch Filmschaffender oder Theaterregisseur werden. An Mineralienhandel hatte ich nie gedacht. Okay, ich war ein leidenschaftlicher Sammler von schönen ‹Steinen›. Aber für sich selber aus Freude und Begeisterung Mineralien zu kaufen ist das eine, damit den Lebensunterhalt bestreiten zu müssen, etwas ganz anderes.» Doch Köbi ist sich bewusst, dass sein Vater ihn zur Gründung eines eigenen Mineraliengeschäfts braucht. Denn er, Köbi, ist derjenige, der sich in der Materie auskennt. Zwar hat sich der Vater durch seine eigene Sammlung auch grundlegende Kenntnisse angeeignet, doch seine eigentlichen Fähigkeiten liegen eindeutig im kaufmännischen Bereich. Mit einem «ja, aber» geht Köbi auf den Vorschlag seines Vaters ein. Er will die gemeinsame Firma mittragen, behält sich aber vor, die Hälfte seiner Arbeitszeit für seine filmische Karriere einsetzen zu dürfen.

1964 wird die Firma «Siber + Siber» gegründet. Köbi – zurück aus den USA und gerade mal 22 Jahre alt – wird zum Chefeinkäufer ernannt, der Vater kümmert sich ums Kaufmännische und den Aufbau der nötigen Infrastruktur. Beiden ist klar, dass sie ein Wagnis eingehen. Denn in der Schweiz gibt es zu diesem Zeitpunkt keine Geschäfte, die sich ausschliesslich auf den Verkauf von Mineralien spezialisiert haben. Einzig die Strahler, die in den Bergen nach seltenen Kristallen suchen, das Schweizer Heimatwerk sowie einzelne Antiquitätenhändler bieten Mineralien zum Verkauf an. Wobei die Strahler dafür meist kein eigenes Ladenlokal besitzen, sondern ihre Funde in der Stube oder im Keller ihres Wohnhauses zum Verkauf anbieten. Es gibt also für Vater und Sohn Siber keine Vorbilder und vor allem keine Garantie dafür, dass überhaupt eine Nachfrage für Mineralien besteht.

Hans Siber findet an der Spiegelgasse in der Zürcher Altstadt ein ausgezeichnet gelegenes Verkaufslokal. Er kündigt seine Lebensversicherung, um zu Geld zu kommen, und schickt Köbi nach Amerika, auf seine erste Einkaufsreise. Der Vater steckt seinem Sohn 20'000 Dollar (damals fast 80'000 Schweizer Franken) in Traveller Cheques zu und sagt zu ihm: «Bring uns damit etwas Rechtes nach Hause.» Köbi ist es gar nicht wohl bei der Sache. Schliesslich hat er bis dahin nie mehr als 300 Franken im Sack gehabt. Zudem verfügt er über keine Einkaufserfahrung und keine Möglichkeiten, sich darüber zu informieren, wie man so etwas macht. «Ich sagte mir einfach: Ich gebe das Geld aus für Steine, die ich auch für mich selber kaufen würde, das heisst, sie müssen einen ästhetischen Aufbau haben. Mit ihrem skulpturalen Aufbau kamen mir die Mineralien vor wie Kunstwerke der Natur. Ich wendete für die Mineralien die gleichen Kriterien an wie ein Kunsteinkäufer für Gemälde oder Skulpturen.»

Mit diesem Konzept erreichen Vater und Sohn Siber ein ganz neues Publikum: Nicht nur Geologen oder Geografielehrer interessieren sich für die ästhetischen Stücke, sondern Künstler, Architekten, Ärzte. Das Lädeli an der Spiegelgasse wird nach der Eröffnung gestürmt, und Köbi muss gleich nochmals auf Einkaufstour in die USA reisen. Trotzdem gibt es immer noch Personen, die nicht verstehen können, wie Hans Siber seinen gut bezahlten Job bei «Elizabeth Arden» aufgeben konnte und die sich besorgt erkundigen, ob man mit Mineralienhandel überhaupt überleben könne. Hans Siber ist um eine passende Antwort nicht verlegen:

«Unser Vater hat immer gesagt: ‹Ich bin in der Modebranche gewesen, ich bin in der Schönheitsbranche gewesen und als Drittes bei Kristallen und Mineralien. Das ist die bleibende Schönheit›». (Edy Siber)

Köbi als Mitinhaber der Firma Siber + Siber sieht sich zu einem Spagat gezwungen. Einerseits sind da die Anforderungen an den Chefeinkäufer, der das Jungunternehmen möglichst wirtschaftlich mit Nachschub versorgen soll. Andererseits ist da der junge Mann, der in den USA tief in die Theaterwelt und Hippiekultur eingetaucht ist und von einer Karriere als Regisseur träumt. Doch Köbi versteht es, die gegensätzlichen Welten geschickt miteinander zu verbinden. Ausgedehnte Einkaufstouren führen ihn nach Brasilien, Indien und vor allem in die USA.

«Wer Köbi als Einkäufer erlebt, lernt ihn als knallharten Geschäftsmann kennen. Auch heute noch, wenn ich zum Beispiel in Tucson etwas Schönes und Wertvolles für mich kaufen will, nehme ich Köbi mit. Er versteht es bestimmt, einen guten Preis auszuhandeln. Er kommuniziert pausenlos mit grösster Liebenswürdigkeit und Freundlichkeit, er bleibt geduldig, gibt nicht auf. Manchmal geht er auf einen Verkäufer mehrmals zu, an mehreren Tagen. So erreicht er eigentlich immer, was er will.*» (Gaby Pittner)

Köbi bereitet seine Reisen minutiös vor, um von günstigen Flugtarifen profitieren zu können. In den USA ermöglicht ihm das Tarifsystem, eine ganze Reihe von Flügen aneinanderzuhängen und so eine Art «Rundflugbillett» zu buchen. Neben dem sparsamen Umgang mit Geschäftsspesen lernt er auch schnell, die Logistik in den Griff zu bekommen. Denn die an einem Ort eingekauften kleinen Mengen von «Steinen» müssen regional gesammelt und für den Versand in die Schweiz vorbereitet werden. Doch auch gut verpackte Sendungen kommen nicht immer vollständig in der Schweiz an: «In einem Hafen schafften es flinke Diebe mehr als einmal, wertvolle Stücke zwischen den Ritzen einer Holzkiste herauszuklauben. Es gab damals eben noch keine Container.»

Die freie Zeit auf seinen Geschäftsreisen nutzt Köbi dazu, die neusten musikalischen Trends aufzuspüren, Life-Konzerte von Jazz-Legenden zu besuchen und Autoren des «New American Cinemas» kennenzulernen. Regelmässig besucht er das Museum of Modern Art. «Ich fühlte mich hin und her gezogen zwischen Kunst und Naturwissenschaften.» Inspiriert kehrt er jeweils von seinen Geschäftsreisen zurück, im Gepäck nicht nur verkaufsfähige Ware für Siber + Siber, sondern vor allem zahlreiche, in Europa noch nicht erhältliche Schallplatten, neue Ideen und progressive Filme.

1966 gründet Köbi Siber im Club «Plattenstrasse 27» in Zürich das Film-Forum. In einer «persönlichen Notiz an jeden Vorübergehenden» macht ein kleines Plakat auf das Film-Forum aufmerksam. In Schnürlischrift werden die Vorübergehenden leicht ironisch gefragt: «Leidest du an Hypophysenembolie? An Time-Square-Nostalgie? An seelischer Überstimulation? An Dolor-Mundi-Migräne? An Hirnwindungskatarrh? An Föhn-Monokausalismus? Oder an psychisch-kultureller Unterreizungs-Pathologie? Erfrische dich an der Platte 27! Stärkt sofort, lindert den Schmerz mit Tiefenwirkung.»

«Platte 27» wird die Adresse für junge Musiker, bildende Künstler und Filmemacher wie Fredi Murer, Clemens Klopfenstein, Dieter Meier und viele andere. Getragen vom Klima der Veränderung und des Aufbruchs Mitte der 60er-Jahre experimentieren die jungen Filmemacher mit neuen Formen, überschreiten Genregrenzen und produzieren progressive Filme, die retrospektiv als «Neuer Schweizer Film» in die Geschichte eingehen. Die Filme, die Köbi von seinen Geschäftsreisen aus den USA mitbringt, werden an der Platte 27 vorgeführt und diskutiert. Doch auch die eigenen Streifen der jungen Filmemacher finden im Film-Forum ein aufmerksames und kritisches Publikum. Um die progressiven Filme über das Film-Forum hinaus bekannt zu machen, erfindet das Film-Forum den «Ciné Circus». Dieser besteht nicht etwa aus einem Zirkuszelt, sondern ganz profan aus einem Auto und einem 16-Millimeter-Filmprojektor. Der «Ciné Circus» tingelt während eines Jahres durch Zürich, Basel, Bern und Luzern, und zeigt die Kurzfilme der jungen Schweizer Filmautoren.

Auch Köbi steuert einige experimentelle Streifen bei, zum Beispiel «Arise like a Fire», ein abstrakter Trickfilm, dessen Bilder mit Farbe direkt auf den Blankfilm gemalt worden sind. Oder «Jalousie», eine eigenwillige Visualisierung von Musik durch Farben, die wechselweise an Blumen, Kristalle, Flammen oder Sternennebel erinnern. Köbis einziger lange Film ist zugleich sein letzter: In «Die Sage vom alten Hirten Xeudi» erzählt er im Stil einer Rockoper die Geschichte eines Sennen, der seinen Hof verkauft, fortan dem Jagdfieber frönt, dabei seinen besten Freund aus Unachtsamkeit erschiesst und seither keine Ruhe mehr findet. Ohne sich um die Erzählkonventionen des Kinos zu kümmern, unternimmt Köbi einen rein visuellen hypnotischen Trip ins Innere des alten Hirten und untermalt die Bilder mit psychedelischer Musik der Rockgruppe «The Mandrake Memorial».

Köbis abstrakte und eigenwilligen Kompositionen finden Beachtung. Seine Filme werden in Belgien gezeigt, an den Solothurner Filmtagen und mit der «Qualitätsprämie des Bundes» ausgezeichnet. Er wird sogar an die Berliner Filmfestspiele eingeladen. Doch ausgerechnet hier, auf der internationalen Bühne, passiert ein Missgeschick: «Ich wartete gespannt auf die Vorführung meines Films. Doch als mein Film endlich an der Reihe war, waren Bild und Ton nicht exakt koordiniert. Ich hatte mir immense Mühe gegeben, den Ton auf die Zehntelsekunde mit dem Bild in Übereinstimmung zu bringen. Doch jetzt, bei der Vorführung, war die Tonspur um fast eine halbe Sekunde verschoben. Es war schrecklich anzusehen. Es tat mir so weh, dass ich es nicht aushalten konnte und den Saal während der Vorführung meines Films verliess.» Nicht nur die Vorführung ist geplatzt, sondern auch seine Hoffnung auf den Durchbruch eines neuen Filmgenres. «Jahrelang hatte ich von zweistündigen Musikfilmen geträumt, davon, dass die Leute ins Kino kommen würden, um mit Bildern illustrierte Musik im Kino zu schauen. Und ich würde einer der Pioniere dieses neuen Filmgenres sein. Doch jetzt musste ich einsehen: Das würde nicht kommen. Meine Seifenblase war geplatzt.»

In seinem Ärger und seiner masslosen Enttäuschung läuft Köbi durch die Strassen Berlins. In seinem Kopf überschlagen sich die Gedanken. Er ist völlig desillusioniert und glaubt nicht mehr an einen Erfolg seiner experimentellen Filme. «Vielleicht ist das ja ein Fingerzeig, dass ich mich voll und ganz aufs Mineraliengeschäft konzentrieren soll?», überlegt er sich. Seine Schritte lenken ihn in die damalige Ostzone, zum Museum für Naturkunde, auch Humboldt-Museum genannt. Schon lange ist es sein Wunsch gewesen, eines Tages dieses Museum besuchen zu können. Eigentlich seit damals, als er als Bub Edwin Hennigs Buch «Gewesene Welten. Auf Saurierjagd im ostafrikanischen Busch» gelesen hat. Hennig war Naturwissenschaftler und Anthropologe, der im Auftrag des Humboldt-Museums im ostafrikanischen Tansania nach Fossilien von Dinosauriern gegraben hat. Sagenhafte 250 Tonnen Knochen konnte die Expedition am Tendaguru-Hügel zutage fördern. Die Funde wurden zu Skeletten montiert. Und so steht Köbi nun staunend vor einem über 13 Meter hohen und 23 Meter langen Skelett eines Brachiosaurus. «Es war gewaltig. Unglaublich imposant. Ich bewunderte die Männer, die solches geleistet hatten.» Die Enttäuschung über die geplatzte Seifenblase ist augenblicklich vergessen. «Mir war klar, dass ich meinen Traum vom Filmautor und Filmpoeten nicht verwirklichen konnte. So musste ich ihn ersetzen durch eine Karriere, die mindestens ein gleiches Mass an Ansprüchen, Herausforderungen und Entwicklungsmöglichkeiten bot wie das Cinema.» Noch ahnt Köbi nicht, dass seine erste Begegnung mit einem Dinosaurierskelett der erste Schritt zu einer lebenslangen Leidenschaft sein sollte.

Vater mit Vollbart

Die Leidenschaft für Dinosaurier ist erst in einem winzigen Samen angelegt. Es wird noch Jahre dauern, bis er zu keimen beginnt und zur vollen Entfaltung gelangt. Eine andere Leidenschaft hingegen kann Köbi bereits jetzt ausleben – die Liebe. Nachdem Köbi von seinem Studienaufenthalt in den USA zurückgekehrt ist, wohnt er wieder bei seinen Eltern. Das ist nicht ideal, denn sein Lebensstil unterscheidet sich von demjenigen der übrigen Familie, was zu Spannungen führt. Er nimmt deshalb die erste Gelegenheit wahr, sich von seinem Elternhaus abzusetzen und eine eigene Wohnung einzurichten. In Aathal, unweit von Seegräben, kann er sich im ehemaligen Gärtnerhaus der Spinnereidynastie Streiff einmieten. Es ist das Haus, in dem Köbi heute noch wohnt. In den frühen 70er-Jahren ist Köbis Zimmer spartanisch eingerichtet: Auf einem Brett, das so dick ist wie ein Baumstamm, steht eine grosse Buddhastatue. Auf dem Boden liegen Matratzen, dazwischen, fein ausgelegt, ein Kaschmirtuch. Kleine Trommeln stehen herum. Um seine riesigen Lautsprecher wird Köbi von seinen Kollegen beneidet: «Ich konnte sie so laut aufdrehen, dass das ganze Haus zitterte, ohne dass jemand reklamierte. Das war ein Freiraum, den ich sehr genossen habe.» Die spezielle Ausstattung schafft die Atmosphäre, in der Köbi sich damals wohlfühlt. Im Haus hängt ein grosses Plakat. Es zeigt einen Storch, der einen Frosch im Schnabel trägt. Der Frosch klammert mit seinen Vorderbeinen den Schnabel des Storches zu. Darunter steht: «Never give up – gib niemals auf». Ein anderes Bild trägt die Unterschrift: «Never do as others do – tu niemals das, was die anderen tun». Beides sind Mottos, denen Köbi sein ganzes Leben lang treu bleiben wird.

Als Köbi wieder einmal von einer seiner Geschäftsreisen zurückkehrt, findet er im Haus eine Untermieterin vor – Gaby. Sie ist acht Jahre jünger als er, aufgewachsen in Basel in einer bürgerlich-konservativen Familie. Wie Köbi ist auch Gaby fasziniert von der Hippiekultur, ohne allerdings die damit verbundenen Lebensgewohnheiten zu übernehmen. Zwischen den beiden funkt es sofort.

«*Köbi hat mich vom ersten Moment an fasziniert. Er ist immer davon überzeugt, dass das Glück auf seiner Seite steht. Das ist auch meine Lebenseinstellung. Ich erinnere mich, wie Köbi mir einmal sagte: ‹Du bist die Frau, mit der ich Kinder haben möchte.› Das hat mich so beeindruckt, dass ich mit ihm zusammenleben wollte.*» *(Gaby Pittner)*

Tatsächlich dauert es nicht lange, bis sich Kinder einstellen: 1972 wird Yolanda geboren, zwei Jahre später folgt Maya. Köbi ist nicht der Vater, der sich enthusiastisch in der Babypflege engagiert. Erst, als die Töchter etwas grösser sind, kümmert er sich intensiv um sie, trägt sie auf dem Rücken herum, unternimmt Ausflüge und bringt ihnen das Schwimmen bei. So lernen sie von ihm Dinge, von denen sie heute noch zehren. Gaby führt nicht nur den Haushalt und betreut die Kinder, sondern vertieft sich in die Welt der Mineralien, sodass sie im Verkaufslokal von Siber + Siber bald eine unentbehrliche Hilfe wird.

Eine auf drei Monate geplante Reise führt die junge Familie in den Mittelmeerraum. In einem Camper reisen die Sibers der französischen und spanischen Küste entlang bis nach Marokko, Algerien und Tunesien, und über Sizilien zurück in die Schweiz.

«*Eines Abends parkten wir den Camper nahe am Meer. Die Gischt der mächtigen Wellen zischte unüberhörbar. Mitten in der Nacht musste ich dringend zur Toilette. Ich versuchte, über Yolandas Kinderbettchen hinweg auf den Beifahrersitz zu klettern, um nach draussen zu kommen. Das ging nicht ganz geräuschlos vonstatten, denn ich war mit Maya schwanger und deshalb nicht so wendig. Als ich zurückkam und die Türe öffnen wollte, schreckte Köbi auf, glaubte, es werde eingebrochen und er müsse seine Familie verteidigen. Mit einem Holzzoggel, den* er gerne trug, wollte er gerade gegen den vermeintlichen Einbrecher zum Schlag ausholen, als er mich im letzten Moment erkannte. Wir haben laut herausgelacht. So gehen Geschichten bei den Sibers eben gerne aus.» (Gaby Pittner)

Beim nächtlichen Abenteuer mit dem vermeintlichen Einbrecher geht das Kinderbettchen in die Brüche. Für Köbi und Gaby kein Problem – sie improvisieren ein behelfsmässiges Bett für die kleine Yolanda. Im Camper aber wird es eng und enger. Denn Köbi nutzt die Reise, um für die Firma einzukaufen. Doch es bleibt nicht bei «Steinen». Bald ist das Gefährt vollgestopft mit Schwefelkristallen, unzähligen Ammoniten, Intarsienmöbeln, Knochen eines Zwergelefanten und zehn Steinplatten, in denen versteinerte, an Tintenfische erinnernde Kopffüssler zu sehen sind. Um dieses Sammelsurium in den Souks, den arabischen Märkten, zusammenzukaufen, ist Verhandlungsgeschick gefragt. Anfangs ist Köbi etwas irritiert, dass in den nordafrikanischen Ländern immer gefeilscht werden muss, auch wenn es nur um ein Kilo Orangen geht. Doch dann bekommt er langsam Spass daran. «Ich erkannte, dass es letztlich nicht um Geld geht, sondern darum, dass Käufer und Verkäufer sich kennenlernen. In der Migros kann man einkaufen, ohne mit jemandem zu sprechen, das ist langweilig. Aber im Souk kommt es zu einer Begegnung, bei der man etwas von sich selber enthüllen muss. Das Feilschen um den Preis gibt dir die Chance zu zeigen, wer du bist.» Für Köbi sind die Verkaufsgespräche in den Souks eine äusserst lehrreiche Lebensschule. Hier lernt er die Geduld und das Geschick, die ihn bei seinen Einkaufsreisen für Siber + Siber auszeichnen.

Zurück in Aathal holt der Alltag die junge Familie ein. Köbi hat eine ganze Reihe von Aufgaben für die Firma zu bewältigen. Kommt hinzu, dass er abends oft hinter den Büchern sitzt: Von der Universität Laramie, Wyoming, hat er sich die Lehrbücher für das Fach Paläontologie besorgt und ackert diese im Selbststudium durch. Gaby, die immer fröhliche und kontaktfreudige junge Frau, denkt eher an Ausgang. Es ist die Zeit der wilden Jahre nach der 68er-Bewegung. Soziale Konventionen werden kurzerhand über Bord geworfen. Mit der partnerschaftlichen Treue nehmen es sowohl Köbi wie auch Gaby nicht so genau. Die strapazierte Partnerschaft platzt, Köbi und Gaby trennen sich. Doch was tun mit den gemeinsamen Kindern? Beide sind vom Vater Köbi standesamtlich anerkannt. Als Notlösung bleiben Yolanda und Maya vorerst in der Obhut von Köbi, dessen Mutter die Mädchen über Mittag versorgt. Später zieht Maya zu Mutter Gaby. Da Gaby und Köbi nicht verheiratet sind, nutzen sie diesen Umstand, um eine eigene Lösung zu finden – ohne richterliches Urteil. Nachdem der erste Trennungsstress vorbei ist, entstehen schon bald wieder freundschaftliche Kontakte zwischen Köbi und Gaby.

«Wir waren gut versorgt und litten nicht sonderlich unter der Trennung unserer Eltern. Einen grossen Anteil daran hatte unsere Grossmutter, Köbis Mutter. Tagsüber waren wir bei ihr, am Abend brachte Köbi uns zu Bett. So oft er Zeit hatte, unternahm er etwas mit uns. Oder er kochte fantasievolle Gerichte, zum Beispiel Tomatensauce mit Weinbeeren. Besonders fleissig kochte er Suppen, weshalb wir ihn oft als ‹Suppenköbi› bezeichneten. Als ich noch kleiner war, zweijährig vielleicht, trug er einen Vollbart. Als er diesen abschnitt, war ich sehr böse auf ihn und schaute ihn eine Zeit lang gar nicht mehr an.» (Yolanda Schicker-Siber)

Köbis Vollbart und seine langen Haare entsprechen so gar nicht dem gängigen Bild eines Geschäftsmanns und Unternehmers. «Heiland vom Oberland» wird er genannt – nicht etwa wegen eines heiligen Lebensstils, sondern wegen seiner Haarpracht. Besonders seine Mutter kann sich nicht mit den langen Haaren ihres Sohnes anfreunden. Sie, die gestrenge Erzieherin, die ihren Enkeltöchtern enge Grenzen setzt, fragt sich oft, was bloss aus ihm werden soll. Zwischen Mutter und Sohn kommt es oft zu Streitgesprächen über Köbis Lebensstil. Bei einer solchen Gelegenheit lässt die Mutter die Bemerkung fallen: «Wenn ich mal früh ins Grab komme, dann ist es wegen dir.» Eine Aussage, die Köbi bis heute nicht vergessen hat. «Das traf mich hart. Dass mein Lebensstil mich unabsichtlich zu ihrem Quälgeist machte, fand ich traurig, eine unausweichliche Tragik.»

«Die Hippiezeit von Köbi war eine schwierige Zeit für unsere Mutter. Wegen seinem Bart sah man von seinem Gesicht nicht mehr viel. Wenn ich heute sein Gesicht und sein Auftreten bewerten müsste, würde ich sagen: ein echtes Forschergesicht, ein wandelndes Logo.» (Edy Siber)

Die langen Haare und der Vollbart drücken Köbis Sympathie für die Aufbruchstimmung der 68er-Generation und den Glauben an gesellschaftliche Veränderungen aus, die Ende der 60er- und Anfang der 70er-Jahre die jungen Menschen erfüllen. Er pflegt einen bescheidenen Lebensstil, den er auch in späteren Jahren, trotz seiner Erfolge, beibehalten wird. Und er spart nicht mit Kritik am Establishment: Nachdem der Vater die Familie in ein piekfeines Restaurant zum Essen eingeladen hat, schenkt Köbi seinen Eltern ein Bild, das auf den Hunger in der Welt aufmerksam macht.

So wie Köbi es schon geschafft hat, den Spagat zwischen dem Chefeinkäufer der Firma Siber + Siber und dem experimentellen Filmemacher zu vollführen, so schafft er es auch problemlos, mit langen Haaren und linkem Gedankengut als Unternehmer aufzutreten. Als solcher macht er sich Gedanken über das Vorstossen in neue Geschäftsfelder. Denn auf seiner Mittelmeerreise hat er die Welt der Fossilien entdeckt – Versteinerungen von Lebewesen, die einst auf dieser Erde gelebt haben und so Zeugnis ablegen von der Entwicklung des Lebens auf unserer Erde. «Auf der Reise nach Nordafrika fiel es mir wie Schuppen von den Augen: Es gibt etwas anderes als Mineralien. Es gibt noch etwas Neues, Unentdecktes, Aufregendes. Vor allem auch etwas voller Glanz und Ästhetik. Es tut mir noch heute jedes Mal in der Seele wohl, wenn ich die Schönheit und Perfektion von Ammoniten sehe.»

Der Unternehmer Siber stellt eine einfache Rechnung auf: Ein tüchtiger Mineraliensammler bringt vielleicht 300 verschiedene Arten von Mineralien zusammen, wenn es hochkommt vielleicht 1000. Fossilien hingegen sind ungleich zahlreicher: Allein von Ammoniten gibt es über 10'000 verschiedene, hinzu kommen weitere Wirbellose, dann die Säugetiere. Das Resultat der Rechnung ist klar: Eine Fossiliensammlung könnte theoretisch Hunderttausende von Objekten umfassen, ein grosses Potenzial also, mit dem noch mehr Sammler und Liebhaber angesprochen werden könnten. Das reich illustrierte Buch «Fossils for Amateurs» von Fenton und Fenton führt Köbi in die neue faszinierende Welt ein und öffnet ihm die Augen für das brachliegende Feld der Fossilien: «Ich muss nur die Tür aufstossen in dieses verborgene und wenig erforschte Reich. Bestimmt verstecken sich noch unzählige Zeugen der Erdgeschichte im Boden. Ich muss sie nur finden.»

In den Jahren, in denen Köbi für sich Mineralien gesammelt und später für die Firma ein- und verkauft hat, hat sich der Mineralienhandel stark entwickelt. Gab es in seiner Jugendzeit nur wenige Verkaufsstellen, ist nun, zwanzig Jahre später, fast in jeder grösseren Stadt ein Mineraliengeschäft zu finden. Es ist ein internationaler Markt entstanden, mit Dutzenden von Mineralienbörsen. «Ich dachte mir: Das, was mit den Mineralien passiert ist, wird früher oder später auch bei den Fossilien passieren. Ich war deshalb überzeugt: Das ist das neue Sammelgebiet. Als Filmmensch stellte ich mir zudem vor, dass man die Evolution der Tiere wie in einem Zeitrafferfilm darstellen könnte – falls man Versteinerungen einer Art über verschiedene geologische Zeiten fotografieren könnte, wäre es möglich, eine Zeitreise in vergangene Erdepochen mit ihren längst ausgestorbenen Tierwelten anzutreten. Eine wirklich fantastische Vorstellung!»

Der Ruf der Riesenschildkröte

Trotz seiner Begeisterung für die neu entdeckte Welt der Fossilien geht Köbi nicht unüberlegt ans Werk, sondern analytisch, rational und pragmatisch. Er erweitert seine Bibliothek mit Büchern über Erdgeschichte, die verschiedenen geologischen Schichten, ausgestorbene Pflanzen und Tiere. Die spannende Lektüre weckt in ihm den Wunsch, an einer amerikanischen Universität zu studieren, um noch tiefer in das Fachgebiet der Paläontologie eintauchen zu können. Während einer USA-Reise sammelt er Informationen und klärt die Studienfragen ab. Zuversichtlich und guten Mutes kehrt er in die Schweiz zurück und eröffnet dem Vater und Geschäftspartner seinen Plan, sich als Paläontologiestudent an der University of Laramie in Wyoming zu immatrikulieren. Doch Vater Siber kommt ohne Umschweife auf sein eigenes Anliegen zu sprechen. «Köbi», sagt er, «ich bin nun bald 70 Jahre alt, ich fühle mich nicht mehr genügend fit, um die Firma zu führen. Bitte übernimm du die Leitung der Firma.»

Köbi ist geschockt. Damit hat er nun wirklich nicht gerechnet. «Ich sass da wie ein geschlagener Hund. Was sollte ich machen? Meine eigenen Pläne gegen die des Vaters durchsetzen?» Nein, das liegt dem Familienmenschen Köbi nicht. Er entscheidet sich für Siber + Siber. Schliesslich hat sein Vater, als er die Firma gründete, einigen Mut zum Risiko bewiesen, nicht zuletzt auch mit dem Verkauf seiner Lebensversicherung. «Mein Vater ist immer zu mir gestanden. Er hat sich nie geschämt für seinen Hippiesohn, auch wenn wir zusammen sogenannt wichtige Leute aufsuchten. Nie hat er meiner langen Haare wegen mit der Wimper gezuckt; er hat höchstens gesagt: Komm, zieh jetzt dein schönstes ‹Hippietschööpli› an.» Köbi ist sich zudem bewusst, dass die ganze Familie Siber – Vater, Mutter, Bruder – vom Einkommen der Firma abhängt. Und dass er, Köbi, der Einzige ist, der mit dem Auge des Kenners und Geschäftsmanns diejenigen «Steine» im Ausland einkaufen kann, die anschliessend in der Schweiz mit Gewinn verkauft werden können. «Okay», sagt er sich, «meine Familie geht vor. Dann werde ich eben meine Pläne auf andere Weise realisieren, als ich angedacht habe.»

Im Zentrum steht für ihn nun die Frage, wie er sich genügend Wissen der Paläontologie aneignen kann, um auch ohne Universitätsstudium selbstständig Feldforschungen anstellen zu können. Er erinnert sich daran, wie er während seines Austauschjahrs in Montana gelernt hat, den Inhalt eines Buchs wirklich zu verstehen, nämlich durch Prüfungen. Aber wie soll er sich selber prüfen? Wie kann er testen, ob er den Inhalt und die Zusammenhänge der wissenschaftlichen Schriften auch wirklich verstanden hat? Köbi kommt auf die Idee, wichtige Kapitel, die er gelesen hat, mithilfe einer Ausstellung zu verarbeiten. Er setzt sich also intensiv mit einer erdgeschichtlichen Epoche auseinander und konzipiert daraufhin eine Ausstellung, die er in einem bescheidenen Raum neben dem Geschäftshaus der Sibers realisiert. Mit einem knappen Budget von 5000 bis 10'000 Franken realisiert er Ausstellungen zu versteinerten Hölzern, Seelilien, versteinerten Fischen, Ammoniten und altterziären Säugetieren. Die Ausstellungen ziehen jeweils 3000 bis 5000 Besucher an. Die ausgestellten Objekte können teilweise verkauft werden. Der Erlös durch den Verkauf deckt die Kosten, und manchmal bleibt sogar noch etwas übrig.

Unter den Besuchern einer solchen Ausstellung befindet sich auch ein gewisser René Kindlimann, Grafiker und leidenschaftlicher Sammler von Haifischzähnen.

«Als Fossiliensammler kam ich natürlich fast zwangsläufig auf Siber + Siber. Also fuhr ich mit dem Töffli von Oerlikon nach Aathal, um mich dort umzusehen. Ein besonders spannender Haifischzahn weckte mein Interesse. Er kostete 55 Franken, das ist ziemlich viel Geld, wenn man noch in der Lehre ist. Köbi Siber persönlich bediente mich. Wir kamen ins Gespräch und

merkten, dass wir gemeinsame Interessen und eine ähnliche Wellenlänge haben. Von da an trafen wir uns öfter, um gemeinsam auf Fossiliensuche zu gehen. Es ist schon erstaunlich: Wir können zusammen suchen, aber es ist Köbi, der immer etwas findet. Er hat einfach ein gutes ‹Näsli›. Oder ein ‹Chrotenhaar› im Hosensack.» (René Kindlimann)

Nachdem Köbi sich das nötige theoretische Wissen angeeignet hat und zu seiner Erleichterung die Firma Siber+Siber gesund dasteht, macht er sich auf in den Wilden Westen der USA. Er will unbedingt wissen, wie Fossilien gefunden werden können, denn das angelesene Wissen aus den Büchern genügt ihm nicht. Ihm ist aber klar, dass er sich nicht unbedarft ins Abenteuer stürzen kann, sondern Begleiter braucht, die ihn zu ergiebigen Fundstellen bringen. Also hört er sich um bei ihm bekannten Mineraliensammlern. Seine Erkundigungen ergeben, dass es in Rapid City eine bekannte Ausbildungsstätte für Minenfachleute gibt, die «South Dakota School of Mines and Technology», an der die Studierenden zum Teil mit einem schmalen Budget über die Runden kommen müssen. Nichts wie hin! In der Mineraliensammlung der «School of Mines» trifft Köbi den Kurator Bill Roberts. Die beiden kommen ins Gespräch, in dessen Verlauf Köbi den Kurator darauf hinweist, dass in der Sammlung die Ortsnamen von einigen Mineralien aus der Schweiz falsch geschrieben sind. Roberts bedankt sich für die Hinweise. Köbi trägt sein Anliegen vor, worauf Roberts zwei Studenten zu sich ruft – Peter Larson und Jim Honert. Noch ahnt Köbi nicht, dass diese Begegnung mit Peter Larson der Beginn einer lebenslangen Freundschaft ist.

«Als ich ins Zimmer trat, wohin Bill Roberts uns gerufen hatte, stand da ein junger Mann mit langen Haaren und einem wilden Bart. Das war sehr aussergewöhnlich, denn wir Jungs in South Dakota trugen die Haare immer kurz. Trotzdem mochte ich Kirby vom ersten Moment an. Unsere Freundschaft hat über

all die Jahre gehalten und ist immer tiefer geworden, obwohl wir uns nur ein oder zwei Mal im Jahr sehen.» (Peter Larson)

In einem alten Pick-up fahren Köbi und die beiden 20-jährigen College-Studenten zu deren Unterkunft. Die beiden hausen in einem alten Industriegebäude ohne jeden Komfort. Nur einer der Räume ist behelfsmässig beheizt. Peter und Jim haben bereits einige Fossilien gesammelt, die sie verkaufen wollen. Da sie mit Pickel und Schaufel umgehen können, verdienen sie zusätzlich etwas Geld, indem sie im nahe gelegenen Friedhof Gräber ausheben. Köbi erfasst schnell, dass er mit den beiden Studenten, die ortskundig sind und Geld benötigen, ins Geschäft kommen kann, und zwar so, dass beide Seiten davon profitieren können. Peter und Jim haben während der Sommermonate nach Fossilien für einen Rockshop gesucht und dabei einige schöne Funde gemacht. Doch zur grossen Enttäuschung der beiden hatte der Inhaber des Rockshops kein Geld, um ihre Arbeit zu bezahlen. Stattdessen erhielten sie einige Funde. Diese kauft Köbi den beiden nun für 2000 Dollar ab, damals etwa 7000 Schweizer Franken – für die beiden Studenten ein schöner Batzen Geld. Unter den erstandenen Stücken befinden sich auch zwei wertvolle Fossilien: ein seltener Ammonit und das Skelett eines Ursäugetiers namens Oreodont. Peter und Jim sind glücklich. Das Loch in der Kasse ist gestopft. Das ist der Moment, den Köbi nutzt, um seinen Wunsch anzubringen: Er möchte ins Feld mitgenommen werden. Aufgrund seiner Erfahrungen mit Strahlern in der Schweiz weiss er, dass kaum jemand, der nach wertvollen Steinen sucht, seine Fundorte preisgibt. «Nehmt mich mit», bittet er, «ich will nur fotografieren und lernen. Das Suchen und Graben überlasse ich euch. Sollte ich etwas finden, kaufe ich es euch ab, wie wenn ihr den Fund gemacht hättet.» Ein Angebot, das die beiden Studenten natürlich nicht ausschlagen können. Mit Begeisterung stimmen sie zu.

Die Feldarbeit entpuppt sich als reines Abenteuer. Die Fundstellen befinden sich in den sogenannten «Badlands», einer von tiefen, eng stehenden Erosionsrinnen zerschnittenen Mondlandschaft in Süddakota. Das Gebiet ist trocken, kaum bewachsen und zerfurcht von den wenigen, aber heftigen Regenfällen. Die horizontal abgelagerten geologischen Schichten zeichnen eindrückliche Farbmuster in die steilen, zerklüfteten Hänge. Die Schichten aus Sandsteinen, Tonsteinen und Lehm haben verschiedene Dicken und sind unterschiedlich stark der Erosion ausgesetzt. Die spektakuläre Farbenvielfalt der Badlands hat es Köbi besonders angetan: «Da gibt es alle Schattierungen von Beige, Rosa und Gelb. Keine Illustration kann die Farben der Gesteinsschichten in ihrer ganzen Schönheit und Pracht wiedergeben!» Tiefe Rinnen, scharfe Kanten, lockerer Boden und Sand erschweren jedoch die Fortbewegung. Eine gefährliche Gleichtönigkeit, in der Fremde leicht die Orientierung verlieren können. Denn die Badlands sind ein über viele Quadratkilometer verästeltes Gebiet von Canyons, die ein unübersehbares Labyrinth bilden. Köbi ist deshalb froh, mit Peter und Jim zwei erfahrene Badlands-Kenner bei sich zu haben.

Die Fahrt ab Rapid City startet bei Sonnenaufgang. Mit dem klapprigen Pick-up gehts los von der Unterkunft der Studenten, zuerst auf eine vierspurige Autobahn, dann auf eine gut ausgebaute Staatsstrasse, bis auf einen ungeteerten Feldweg abgebogen wird, der sich schliesslich irgendwo in der Weite der Landschaft verliert. Keine Spuren mehr, keine Verbindung zur übrigen Welt, 200 Kilometer bis zur nächsten Siedlung. Eine Panne würde hier ein echtes Problem verursachen, doch der Pick-up hält sich wacker und lässt die drei nicht im Stich. Dann ein brüsker Stopp inmitten eines canyonähnlichen Geländes. Peter und Jim stürzen aus dem Wagen und lassen Köbi einfach stehen. Köbi kommt es vor, als wollten ihn die beiden Studenten inmitten dieser Menschenleere aussetzen. «Also, die sausen einfach ab, führen sich auf wie versprengte Wanderer, verschwinden hinter dem nächsten Felsvorsprung oder tauchen ab in eine Runse. Und ich? Was mach ich jetzt in dieser gottverlassenen Gegend?» Vorsichtig, den Pick-up nicht aus den Augen verlierend, unternimmt Köbi einige Schritte in die Badlands. Da sich diese Szene bei jeder Ausfahrt wiederholt, wagt er sich von Mal zu Mal etwas weiter vom Pick-up weg. Manchmal folgt er Peter und Jim, um sie bei der Arbeit zu fotografieren. Besonders spannend wird es, wenn die drei in die tief eingeschnittenen Rinnen hinuntersteigen und nach Fossilien Ausschau halten. Sie suchen nach Überresten von Ursäugern – Tiere, die vor 35 Millionen Jahren gelebt haben, zum Beispiel Urkatzen, Urrehe, Urkamele, Urpferde, Urnashörner oder auch Ursäugetiere, von denen es heute keine vergleichbaren Vertreter mehr gibt, wie die Oreodonten, eine Art Kombination aus Schwein, Schaf und Kamel. Wenn einer auf ein Knochenstück oder einen halbverwitterten Kiefer stösst, ruft er: «Ich hab was gefunden!» Meist sind es nur Bruchstücke von Fossilien, die seit Jahrhunderten an der Oberfläche verwittern.

Da die Hauptrunsen unzählige Verzweigungen aufweisen, macht die Weite der imposanten Landschaft hier unten einem eigentlichen Labyrinth Platz. Es gilt deshalb, die Hauptrunse immer im Auge zu behalten und sich die Abzweigungen zu merken. Erschwerend kommt hinzu, dass der Boden mit sogenanntem «Popcorn» bedeckt ist – kleinen Kügelchen, die durch Erosionsmaterial entstehen, das bei Regen aufweicht und anschliessend zu harten Krümeln trocknet. Da die Runsen steil abfallen, muss Köbi sich angewöhnen, einseitig zu marschieren, vorsichtig darauf bedacht, nicht auf dem «Popcorn» auszurutschen und sich an einer scharfen Sedimentkante zu verletzen. Ein Hilfeschrei aus der Tiefe einer Runse würde ungehört bleiben. Und sogar Fossiliensucher haben keine Lust, selbst zum Skelett für nachfolgende Generationen zu werden. Wenn immer möglich stellen Peter und Jim daher den Pick-up auf dem höchsten Punkt ab und merken sich die Richtung der Hauptrunse. Stundenlang, den Blick auf die Gesteinsschichten gerichtet, marschieren die drei in den Badlands durch die Gegend. Es gilt, innerhalb der farbigen Schichten kleine Nuancen zu entdecken, die aufgrund der Farbe auf eine Versteinerung hindeuten könnten. Doch es genügt nicht, einfach mit offenen Augen durch die Badlands zu laufen: «Wenn man den Gesteinsschichten entlanggeht, muss man sich gleichzeitig ein inneres Bild und daraus einen fiktiven Film machen, im Sinne einer Theorie, die es zu bestätigen oder zu verneinen gilt. Erfahrung und der ‹Augen-Blick› verbinden sich mit der Vorstellungskraft. Ein Fossil, ein Skelett muss man entdecken, solange es noch grösstenteils in der Gesteinsschicht gefangen ist und nur ein winziger Teil davon erosionsbedingt aus der Schicht ragt.» Ein routinierter Fossiliensucher erkennt an der Bodenbeschaffenheit, wo er einen Fund erwarten kann. Doch während Peter und Jim sich diese Routine seit Kindsbeinen aneignen konnten, muss Köbi sich die nötigen Erfahrungen und Erkenntnisse über die Jahre hinweg erarbeiten. Es sind diese Erfahrungen, die den Feldforscher schliesslich vom Bücherexperten unterscheiden.

Häufig lohnt es sich nicht, aus den Weiten der Badlands zurück nach Rapid City zu fahren. Dann übernachten die drei im Freien. Ein Schlafsack und eine Schaumgummimatte dienen als Schlafstätte. Als Mahlzeit muss Dosenfutter genügen. Über sich die Unendlichkeit des Sternenhimmels, unter sich die Erde, die noch so viele Geheimnisse aus Millionen Jahre alter Vergangenheit birgt – Köbi ist glücklich in den Badlands, dieser für ihn so faszinierenden Gegend. «Manchmal fragte ich mich, ob ich wohl der erste Mensch bin, der über diese Steine geht, oder ob vielleicht schon mal ein Indianer viele Generationen vor mir seinen Fuss darauf gesetzt hat.» Wer tagelang Aussschau hält nach Fossilien, muss Tausende von Metern Gestein intensiv mit den Augen absuchen. Das ist extrem anstrengend, denn das Auge muss an den geringsten Abweichungen von Gestein oder Farbe erkennen, ob es sich allenfalls um ein Fossil handeln könnte. Ein Hirn, das sich den ganzen Tag über so anstrengen muss, kann am Abend beim Einschlafen nicht mehr abschalten. Nach einem intensiven Suchtag stellt sich deshalb ein Phänomen ein, das Köbi von nun an des Öfteren erleben wird: «Im Kopf schwirren noch lange Zeit Bilder von Gesteinsoberflächen herum, vermischt mit realen oder imaginären Fossilien. Wenn man sich erst mal eingesucht hat, schaltet das Hirn automatisch auf Suchmodus. Es meldet dann: ‹Achtung, Fossil›, ohne dass man bewusst gesucht hätte. Das Unbewusste arbeitet schneller als das Bewusste. Fast alle guten Funde habe ich gemacht, als mir das Unbewusste einen Fund meldete, bevor ich ihn bewusst gesehen habe.»

Neben dem Zauber der Natur und dem durch die Erosion offengelegten Blick in die Erdgeschichte bieten die Badlands aber auch zeitgeschichtlich Interessantes. So kommen die Fossiliensucher auf ihrem Weg in die Badlands an eine Kreuzung zweier Naturstrassen. Hier, im absoluten «Nowhere», befinden sich doch tatsächlich eine Tankstelle, eine Bar und zwei Häuser. Wer hier wohnt, weiss Köbi nicht. Über der Bar prangt ein Schild «No Indians allowed». Es ist ein Ort, an dem der amerikanische Wilde Westen noch greifbar und kaum von den Errungenschaften der Neuzeit berührt worden ist. Peter Larson erzählt Köbi mit einem gewissen Stolz, dass er, der Sohn eines gebürtigen Schweden und einer Deutschen, unter Indianern aufgewachsen ist. Auf dem Gebiet des Rosebud-Reservats war es auch weissen Siedlern möglich, ihre Ranches zu bewirtschaften. Peter Larson besuchte eine Schule, in der von 30 Schülern deren 20 Angehörige der Sioux-Nation waren. «Kirby, wenn ich heute die Liste meiner ehemaligen Klassenkameraden durchgehe, stelle ich fest: Viele davon sind schon tot, besoffen mit dem Auto in den nächsten Abgrund gefahren oder nach einer wilden Schiesserei liegen geblieben.» Traurige Realität in den Indianerreservaten.

Köbi betrachtet seine wiederholten Aufenthalte in den Badlands als Auszeit. Während andere Schweizer in seinem Alter in die militärischen Wiederholungskurse einrücken, reist Köbi zu seinen Grabungen. Aufgrund seiner Wirbelsäulenverletzung ist er vom Militärdienst befreit.

«Eigentlich hätte Kirby mit seinem Rücken keine schweren Steine heben dürfen. Aber er hat sich immer gut in Form gehalten. Dies erlaubte es ihm, auch anstrengende Arbeiten zu verrichten.» (Peter Larson)

Während mehrerer Jahre ist Köbi ein «Nachläufer» von Peter und Jim. Doch mit zunehmender Erfahrung und Sicherheit in der lebensfeindlichen Umgebung der Badlands wächst in ihm der Wunsch, selbstständig nach Fossilien zu suchen. Ein unerwarteter Erfolg bringt den endgültigen Durchbruch. Wieder einmal, nach einer frühmorgendlichen Fahrt, sputen seine Kollegen weg vom Pick-up, als gälte es, einen Hundertmeterlauf zu gewinnen. Köbi, des Nachrennens etwas überdrüssig, sagt sich trotzig: «Jetzt gehe ich einfach in die andere Richtung als Peter und Jim. Wenn ich immer denen hinterherlaufe, finde ich ja nie etwas.» Vorsichtig bewegt er sich durch die Landschaft, immer darauf bedacht, den Weg zum Pick-up zurück zu finden. Plötzlich fällt sein Blick auf einen runden Stein. Da Steine in dieser Gegend nicht abgeschliffen und rund sind, erregt diese merkwürdige Form seine Aufmerksamkeit. Er hebt ihn auf – und staunt nicht schlecht: Es ist ein Vogelei, die Schale leicht eingedrückt, aber gut erhalten. Ein Fund der berühmten Stecknadel im Heuhaufen! «Jetzt habe ich aber den Vogel abgeschossen, und das werde ich meinen Kollegen auch so sagen», jubelt Köbi. Peter und Jim staunen nicht schlecht, als Köbi ihnen stolz das Ei zeigt. Fossile Vogeleier sind eine grosse Seltenheit. Weder Peter noch Jim haben jemals eines gefunden. So rar sind sie, dass alle bisher in den Badlands gefundenen fossilen Eier in einem einzigen Eierkarton von 20 Stück Platz hätten. Mit seinem ersten bedeutenden Fund hat Köbi sein «Gesellenstück» abgeliefert, jetzt gehört er endlich dazu, zu den Fossiliensuchern. Er muss niemandem mehr hinterherlaufen.

Endlich ist der Moment gekommen, die Pläne von eigenen Ausflügen in die Badlands in die Tat umzusetzen. Zusammen mit seinem Freund René Kindlimann und Karin Lenzlinger, der Lehrerin seiner Töchter, macht er sich auf in die Badlands. Doch das Unterwegssein ohne die ortskundigen Führer Peter und Jim hat seine Tücken. Etwa 200 Kilometer von Rapid City entfernt stellen Köbi und seine Begleiter den Pick-up ab und schwärmen in die Gegend aus. Während des ganzen Tags suchen sie nach Fossilien. Müde von der anstrengenden Arbeit begeben sie sich zurück zum Pick-up. Bloss – dieser ist wie vom Erdboden verschluckt. Das Team steigt auf eine Anhöhe, um einen besseren Überblick zu haben. Nichts, keine Spur des Autos. «Wahrscheinlich hat uns jemand den Pick-up geklaut», denkt Köbi laut vor sich hin. Schliesslich erzählt man sich in Süddakota oft genug, dass Indianer, die unweit von hier im Reservat leben, Autos von Touristen klauen. «Das, was wir hier sehen, entspricht doch ganz genau dem Ort unserer Ankunft. Der kleine Hügel dort, die Weggabelung, alles sieht so aus, wie wir uns die Stelle am Morgen bei unserer Ankunft eingeprägt haben. Aber nicht aufgeben! Und bloss keine Panik, das hilft uns nicht weiter.» Das Team beginnt, je 500 Meter in die eine und dann wieder in die andere Richtung zu marschieren und peilt dabei immer wieder einen erhöhten Ort an. Da – plötzlich steht der Pick-up direkt vor ihnen. Unbeschädigt, betriebsbereit, genauso, wie sie ihn am Morgen hingestellt hatten. Die Erleichterung ist gross. Die Erkenntnis prägt sich Köbi und seinen Begleitern dauerhaft ein: Nur 500 Meter in die falsche Richtung, und man kann verloren sein. Doch bereits am nächsten Tag wird die Feldsuche mit neuem Enthusiasmus fortgesetzt.

«Es kam vor, dass wir zu zweit schwere Funde an den Ausgangsort zurückschleppen mussten. Die Rucksäcke waren bereits mit Steinen gefüllt. Wir hatten somit ein Interesse, die Funde bereits an Ort und Stelle von möglichst viel unnötigem Gestein zu befreien.» (Karin Lenzlinger)

Die Ausbeute der Saison kann sich sehen lassen: Unter anderem findet das Team eine versteinerte Schildkröte und das Skelett eines Urhundes – beides wertvolle Stücke, die heute im paläontologischen Institut der Universität Zürich zu bewundern sind.

Auf der Suche nach weiteren wertvollen Versteinerungen erfährt Köbi von Peter Larson vom Fund einer Riesenschildkröte, die der Finder gerne verkaufen würde. Für Köbi ist klar: «Dieses Stück muss ich sehen!» Der Ruf der Schildkröte lockt ihn nach Buffalo Gap, einem kleinen Ort in Süddakota. Die Gegend erinnert Köbi an die Beschreibungen aus dem «Lederstrumpf», den er als Bub verschlungen hat. Im Umkreis von 100 Kilometern um Buffalo Gap findet sich keine andere Siedlung. Im gottverlassenen Nest stehen nur wenige Wohnwagen herum, in denen einige Pensionierte hausen. Einer von ihnen ist der über 70-jährige Frank Watson. Bei seinem Wohnwagen liegen riesige Steinblöcke herum. Köbi nimmt einen ersten Augenschein. Tonnenschweres Sedimentsgestein, aus dem verblichene Knochenreste ragen. Kartoffelhurden stehen ungeordnet herum, gefüllt mit Bruchstücken von Knochen. Nach allem, was Köbi von dem Fund erzählt wurde, hat er ein wertvolles Stück erwartet. Doch nun ist er erschrocken: «Wie kann es sein, dass die Finder 200'000 Dollar dafür wollen?» Köbi inspiziert weiter. «Ist das Skelett vielleicht doch vollständig? Muss ich nur genügend Geduld haben, bis alle Knochenreste fein säuberlich dem Stein abgerungen, präpariert und so ausgelegt sind, dass man sieht, was man daraus zusammenstellen kann? Wie wird dieses Tier aussehen? Könnte es allenfalls eine Meeresschildkröte sein, die keinen festen knochigen Panzer hat, sondern nur ein Rippengerüst, über das sich eine Art Lederpanzer gespannt hat? Die Knochenstücke scheinen mir doch etwas gross – der bisher grösste Fund einer fossilen Meeresschildkröte, genannt Archelon, ist lediglich drei Meter lang. Aber die hier vorliegenden Knochen lassen darauf schliessen, dass das Tier über vier Meter gross gewesen sein muss.»

Je länger Köbi die Gesteinsbrocken betrachtet, desto grösser wird seine Gewissheit, dass er hier tatsächlich vor einem bedeutenden Fund steht. Er schiebt, so gut es geht, die Brocken auseinander. Schwerstarbeit. Da guckt ihn plötzlich ein gewaltiger Schädel mit einem «Globischnabel» an. Schädel und Unterkiefer wiegen bestimmmt 30 bis 40 Kilogramm. Köbi versucht, einen Überblick zu gewinnen. Insgesamt, so schätzt er, sind in den Gesteinsbrocken rund 500 Knochenbruchstücke eingeschlossen, von daumengross bis recht ansehnlich. Wie haben die Gräber diese Stücke wohl gefunden und wie ausgegraben? Für ihn sehen die Brocken aus, als seien sie stümperhaft eingesammelt worden. Und ob sich die Bruchstücke überhaupt zu einem ganzen Skelett zusammensetzen lassen? Köbi weiss nur zu gut, dass eine unvollständige Schildkröte kaum auf Interesse stossen würde. Köbi wendet sich deshalb an Frank Watson mit der Frage, ob er allenfalls Fotos von der Ausgrabung habe. Tatsächlich, Watson klaubt aus einer Ecke seines Wohnwagens einige zerknitterte Fotos, aufgenommen mit einer Wegwerfkamera. Trotz der ungenügenden Qualität erkennt Köbi, dass am Fundort ein noch vollständiges Fossil vorlag, wobei allerdings die Flipper, also die Vorderflossen, nicht erkennbar sind. Er erklärt sich dies so, dass die Schildkröte ihre Flipper wohl vorne unter dem Bauch zusammengefaltet hat wie verschränkte Arme und somit dieser Teil des Fossils möglicherweise noch unsichtbar in den Gesteinsbrocken ruht. Es ist also durchaus möglich, dass das Tier recht vollständig erhalten ist. Langsam reift in ihm der Entschluss: «Ich kaufe diese Ansammlung von Knochen, in der Hoffnung, dass es den Präparatoren gelingen wird, ein ganzes Fossil zusammenzusetzen. Der Preis ist allerdings noch weit von meinen Möglichkeiten entfernt.»

«Kirby kann sehr schnell Entscheide fällen. Seine Entscheide sind nicht nur schnell, sondern auch richtig. Er vertraut einfach seiner Fähigkeit zu spüren, was gut für ihn ist.» (Peter Larson)

Watson fordert Köbi auf, einen Preis zu nennen. Einmal mehr steht Köbi das Glück bei: In seinen Taschen befinden sich ausnahmsweise nicht Steine, sondern Bargeld. Normalerweise ist er nämlich kurz vor der Rückreise in die Schweiz buchstäblich stein-reich, aber bargeldlos. Diesmal aber ist es anders: Vor seiner Abreise nach den USA hatte Köbi in Aathal Besuch von einem Piloten der Air Madagascar. Dieser bot ihm einen herrlichen Turmalinkristall zum Kauf an, aussen schwarz und von «abgerollter» Form, sodass er aussah wie ein Laib Schwarzbrot. In der Werkstatt in Aathal wurde der Turmalin in zehn Scheiben von 15 bis 20

Zentimetern Durchmesser geschnitten. Dabei kamen fantastische Farben mit rund 30 Farbabstufungen zum Vorschein. In der Mitte der Scheiben prangte ein rosafarbener Stern, einem Mercedesstern ähnlich. Da diese Art von Kristall im Mineralienmarkt sehr begehrt ist, konnte Köbi drei der Scheiben an Museen in der Schweiz verkaufen. Die sieben anderen steckte er in die Reisetasche, nahm sie mit in die USA und verkaufte sie in Arizona an einer Fachmesse für insgesamt 5500 Dollar.

Als Frank Watson ihn nun bittet, einen Preis für die Schildkröte zu nennen, klaubt Köbi kurzentschlossen seine ganze Barschaft aus den Hosentaschen und bietet Watson die 5500 Dollar an – damals immerhin fast 20'000 Schweizer Franken. Watson besiegelt das Geschäft per Handschlag. Die Riesenschildkröte – wenn auch noch nicht völlig enträtselt – gehört nun Köbi, oder besser: der Firma Siber + Siber. Ein wenig bekommt Köbi nun doch ein schlechtes Gewissen gegenüber seinem Vater und seinem Bruder, denn diese erwarten in Aathal nicht ein Fossilienungetüm, sondern verkaufsfähige Ware. Nach der ersten Freude über den speziellen Kauf beschleicht ihn nun ein etwas mulmiges Gefühl: «Ich bin hier in der tiefsten Provinz, in einer gottverlassenen Gegend, und habe soeben ein mehrere Tonnen schweres Fossil gekauft. Oh, shit, jetzt habe ich ein Problem.» Köbi ist sich bewusst, dass es Monate dauern wird, bis alle Knochen sorgfältig und sauber herausgearbeitet sind. Zudem muss anschliessend alles noch zusammengesetzt werden. Köbi macht deshalb seinen jungen Kollegen aus Süddakota einen Vorschlag: «Ihr seid noch nie im Ausland gewesen. Kommt zu mir in die Schweiz und helft mir, die Riesenschildkröte zu präparieren. Ich übernehme die Kosten für das Verpacken der vielen Knochenbruchstücke und die Organisation des Versands. Ich bezahle euch auch eure Reise in die Schweiz und eure Arbeit dort.» Peter Larson zögert nicht lange: «It's a deal.»

«Kirby ist sehr vertrauensvoll. Er hat mir blind vertraut, dass ich die Schildkröte gut präparieren würde.» (Peter Larson)

Köbi erinnert sich, dass sich Professor Bachmayr, Spezialist für fossile Schildkröten am Naturhistorischen Museum in Wien, für ein solches Exemplar interessieren dürfte. Köbi kennt den Professor, hat er doch schon einen 50 Millionen Jahre alten fossilen Vogel ans Wiener Naturhistorische Museum liefern können. In einem Gespräch hatte Professor Bachmayr fast beiläufig erwähnt: «Wenn Sie mal eine Riesenschildkröte vom Typ Archelon finden sollten, bin ich gerne Abnehmer dafür.» Zurück in Aathal verliert Köbi keine Zeit und ruft Professor Bachmayr in Wien an: «Hätten Sie Interesse an der grössten Riesenschildkröte der Welt?» Professor Bachmayr macht sogleich Nägel mit Köpfen: «Nennen Sie mir den Preis. Ich suche dann die Sponsoren.» Köbi beginnt zu rechnen: ausgelegte Summe in den USA, Verpackung, Transport, Präparation – macht zusammen 55'000 Franken. Heute weiss Köbi, dass dieses seltene Fossil einen Wert von einer halben Million Franken oder mehr hat. Doch zum Zeitpunkt des Verkaufs spürt er einen gewissen Verkaufsdruck und ist froh, dass sich der Schildkrötenkauf doch noch zum Guten wendet.

So einfach will aber die Aathal-Crew das mächtige Fossil nicht nach Wien ziehen lassen. In der Zwischenzeit ist es von Peter Larson prächtig präpariert worden. Flipper und Paddel konnten vollständig zusammengesetzt werden, sodass das ganze Tier breiter als lang ist, nämlich fünf Meter breit und viereinhalb Meter lang. Doch vor seiner Reise nach Österreich will Köbi es einem grösseren Publikum in der Schweiz zeigen – obwohl er gar nicht über einen geeigneten Raum für eine Ausstellung verfügt. Also integriert er sie kurzerhand in seine jährliche Mineralienschau. Kollege René Kindlimann erstellt eine Grafik, welche die Grösse und Form der Schildkröte mit dem damals legendären Citroën DS vergleicht. Die Archelon – so der Gattungsname der Riesenschildkröte – ist bereit, ihr Publikum zu empfangen. Immerhin hat sie 70 Millionen Jahre darauf warten müssen. Eine Pressemitteilung von Siber+Siber macht darauf aufmerksam, dass man in Aathal dieses Prachtexemplar bestaunen könne. Die Zeitungen berichten ausführlich. Und die Besucher kommen – zu Tausenden. Auf diesen Ansturm sind die Sibers und ihre Mitarbeiter nicht vorbereitet. Nicht einmal Eintritt verlangen sie, und die Beschriftung ist dürftig. Doch die Archelon ist die Attraktion der Mineralienschau von 1977. Nach dieser improvisierten Ausstellung wird die Riesenschildkröte in einen Möbeltransporter geladen und auf die Reise nach Wien geschickt. Noch heute kann das grösste und vollständigste Exemplar einer Meeresschildkröte im Naturhistorischen Museum Wien bewundert werden. Allerdings gegen Eintritt.

Nach diesen Erfahrungen geht Köbi über die Bücher. Er kommt zum Schluss, aus finanzieller Sicht einen Fehler begangen zu haben: «Ich habe an diesem Fundstück nach Abzug aller Kosten nichts verdient, das muss sich ändern. Ich hatte die grösste Schildkröte der Welt, sie interessierte ein riesiges Publikum. Nun ist sie weg. Das hätte ich besser machen sollen. Aber vielleicht war dies ja nur ein Anfang…»

Die Fische vom Grünen Fluss

Auf seinen Amerikareisen als Chefeinkäufer der Firma Siber+Siber hängt Köbi immer wieder ein paar Tage an, an denen er mit Peter Larson, dessen Bruder Neal und Jim Honert auf Fossiliensuche geht. Er betrachtet dies als willkommene Abwechslung zur Routine, als Ausgleichssport zum Büroalltag. So lernt er ein Amerika abseits der ausgetretenen Touristenpfade kennen – Orte, die kaum auf einer Karte eingezeichnet sind und an die sich ein Ausländer allein nicht hinwagen würde.

Tafelberge mit steil abfallenden Wänden, dazwischen offene Prärie mit verstreuten wilden Salbeibüschen und vertrocknetem gelben Gras: Der Bundesstaat Wyoming im Nordwesten der Vereinigten Staaten ist eine unwirtliche Gegend, wüstenähnlich, trocken und mit extremen Temperaturunterschieden. Es ist eine Landschaft, die Köbi speziell ans Herz gewachsen ist. «Als Westeuropäer, der aus einem dichtbesiedelten Gebiet stammt, schätze ich die Stille in dieser Abgeschiedenheit.» Immer wieder weilt Köbi in Wyoming und anderen Staaten des «Wilden Westens», um Mineralien für die Firma Siber+Siber einzukaufen. Bei diesen Gelegenheiten stösst er in den Rockshops nicht nur auf Mineralien, sondern gelegentlich auch auf Fossilien, hauptsächlich von Fischen. «Ich hatte zunächst keine Ahnung, wie alt diese Fossilien waren, geschweige denn, dass ich ihre Namen kannte.» Die Fischfossilien stammen aus der Green-River-Formation. Dort, wo die drei amerikanischen Bundesstaaten Wyoming, Utah und Colorado aneinandergrenzen, erstreckten sich vor rund 50 Millionen Jahren drei riesige Seen. Während ihrer etwa 10 Millionen Jahre dauernden bewegten Geschichte haben sich in ihren Becken mächtige Süsswassersedimente abgelagert, von Geologen «Green-River-Formation» genannt. Deren speziell feine Beschaffenheit schuf günstige Voraussetzungen für die fossile Erhaltung vor allem von Fischen, Pflanzen und Insekten.

Einer dieser früheren Seen trägt denn auch sinnigerweise den Namen «Lake Fossil».

Das Besondere an den Green-River-Fischen ist, dass die Versteinerungen dunkel sind und sich auf dem hellbeigen Gestein gut abzeichnen. Zudem ist die Green-River-Formation unglaublich reichhaltig, sodass Fischfossilien hier häufig sind und in den Rockshops zahlreich feilgeboten werden. Dies wirkt sich auf die Preise aus, sodass Köbi in den USA günstig Fossilien einkaufen und in die Schweiz mitbringen kann. Der Grossteil davon wird im Geschäft in Aathal zum Verkauf angeboten. Einzelne Stücke behält Köbi für seine eigene Sammlung. Kein Wunder, verspürt er immer mehr den Wunsch, selber solche Fossilien zu finden und speziell schöne Exemplare für den Verkauf präparieren zu lassen.

Der Wunsch wird in die Tat umgesetzt: Köbi unternimmt mehrere neue Entdeckungsreisen zu den Fischgräbern. In seinem Buch über die Green-River-Fossilien schreibt er: «Über uns der strahlende Himmel, unter uns die steinige, trockene Erde. Jenseits des Horizonts liegen die verheissungsvollen, unbegangenen Hügel und Berge mit ihren Felsaufschlüssen und trächtigen Felsbänken. Die alten Bergschuhe an den Füssen, die amerikanische Baseball-Mütze auf dem Kopf, den Pickel in der schwieligen Hand, die Kartoffelchips und die salzigen Sonnenblumenkerne auf dem Pick-up-Sitz, die leeren Colabüchsen auf dem Boden zwischen Steinproben, Karten und Kamera – so sitze ich Schulter an Schulter mit Jim, Peter und Bob in der Führerkabine des Pick-ups. Wir fahren durch Viehweideland und Canyons, durch Bäche und Büsche, auf und ab, durchstreifen die offene Wildnis, auf den Knien die geologischen Karten. Immer sind wir auf der Suche nach neuen Fundplätzen, neuem Fundmaterial, neuen, bis anhin noch nicht gefundenen Tier- und Pflanzenfossilien.»

Sobald man nach langer Fahrt an einen Ort kommt, wo Fossilien vermutet werden, wird angehalten. Jeder schreitet in einer anderen Himmelsrichtung und sucht nach Hinweisen auf trächtige Gesteinsschichten. Zur vereinbarten Zeit trifft man sich wieder beim Auto und jeder erzählt, ob er etwas entdeckt hat, und wenn ja, was. Dieses Vorgehen wird täglich mehrmals wiederholt, je nachdem, wie die Erkundigungen ausfallen. An eine dieser Expeditionen hat Köbi besondere Erinnerungen: «Kaum waren wir ausgeschwärmt und zum Rapport zurück, erzählte jeder dasselbe. In einer mehrere Meter dicken Schicht, die sich offenbar über mehrere Kilometer den Berg entlangzog, fanden wir versteinerte Maden. Die Schicht hatte sich beim Verwittern in Millimeter dicke Platten, sogenannte ‹Paper Shales› (Papierschiefer) gespalten. Diesen Papierschiefer kann man durchblättern wie die Seite eines Buchs. Jede dieser Seiten war nun gleichsam bedruckt mit fossilen Maden. Diese zählen nicht unbedingt zu den begehrtesten Fundstücken. Nach einem Kilometer schwärmten wir wieder aus und kamen zur Lagebesprechung zusammen. ‹Nichts als Maden!› So ging es während des ganzen Tags weiter. Nichts als Maden. Was genau in dieser Gegend vor vielen Millionen Jahren geschah, dass es zu dieser astronomisch grossen Anhäufung von Madenfossilien kam, bleibt ein Rätsel. Offenbar muss es Abermillionen von Fliegenlarven gegeben haben, die hier während Hunderten von Jahren regelmässig zu Grunde gingen. Mich ekelt heute noch beim Anblick dieser Maden.»

Zum Glück stossen die Fossiliensucher an anderen Orten auf etwas abwechslungsreichere Fundstellen von versteinerter Flora und Fauna. Das ist nicht verwunderlich: Die Green-River-Schichten bergen eine grosse Fülle an geologischen und paläontologischen Schätzen. Köbi ist erstaunt, dass sich kaum jemand darum gekümmert hat, die Fossilien systematisch zu sammeln, wie dies im bayrischen Solnhofen geschehen ist. Eine systematische Erforschung mit entsprechender wissenschaftlicher Aufarbeitung fehlt zu dieser Zeit in den USA. Für Köbi Ansporn und Herausforderung, sich intensiv mit den Green-River-Fossilien zu beschäftigen: «Ich wollte nicht einfach ‹Verkaufsfische› suchen. Mein Ziel war es, möglichst viele verschiedene Tier- und Pflanzenarten zu finden.» Neben den zum Verkauf bestimmten Funden legt Köbi deshalb von jeder gefundenen Tier- oder Pflanzenart ein Exemplar zur Seite. Es ist, als ob er das Bild eines erdgeschichtlichen Zeitalters als fossiles Puzzle zusammensetzen wollte, das Auskunft über die bereits vor Jahrmillionen bestehende Biodiversität geben würde.

Köbi bezeichnet das blosse Kaufen und Verkaufen von Fischfossilien als «rough and tough». Aber ganz ohne «Verkaufsfische» geht es trotzdem nicht. Denn neben dem Aufbau der Sammlung muss er dafür sorgen, dass genügend Material für den Verkauf in die Schweiz kommt. Das Angebot ist gross: Pro Grabungssaison werden von den kommerziellen Fossiliensuchern 10'000 bis 50'000 Fischfossilien gefunden. Viele der Fundstücke sind allerdings bloss 5 bis 15 Zentimeter gross, andere 30 bis 50 Zentimeter, selten grösser. Es ist die Gewohnheit der Fischgräber, ein Fundstück auf den Abbruchhaufen zu werfen, wenn der Fisch nicht vollständig auf der Platte liegt. Nur perfekte Fundstücke sind gut genug für die Sammler, alle anderen werden achtlos weggeworfen.

So landet Köbi eines Tages auf der Suche nach möglichst perfekten Fischfossilien für seine Firma und seine Sammlung in einer alten Garage in Rocksprings in Wyoming. Im Lagerschuppen eines Fossilienverkäufers namens Tynsky liegen unzählige Steinplatten mit Fossilien unordentlich gestapelt. Bei den meisten fehlen Teile der Versteinerung oder sind noch nicht herausgearbeitet worden. «Ich überlege mir, dass es bei einigen Exemplaren doch möglich sein müsste, das in mehrere Teile zerbrochene Fossil zusammenzusetzen und zwar so, dass danach ein vollständiges Fossil vorliegt. Sollte dies gelingen, wäre ein Weg gefunden, um günstige Fossilien zu wertvollen Sammlerstücken und Verkaufsobjekten zu präparieren, besonders wenn es sich um ein seltenes Fossil wie ein Vogelskelett, ein Krokodil oder ein Palmblatt handelt.»

Gedacht, getan: In der Schweiz findet Köbi in der Person von Susi Wiederkehr eine hervorragende Präparatorin. Es gelingt ihr tatsächlich, mit grossem Aufwand aus schlecht gespaltenen Fossilienplatten vollständige Versteinerungen zu präparieren.

Dies ist auch deshalb möglich, weil Susi Wiederkehr eine vierjährige Lehre als Präparatorin am paläontologischen Institut der Universität Zürich absolviert hat und sich in der Artenvielfalt und Skelettstruktur der erdgeschichtlichen Tierwelt auskennt. So schafft sie es mit viel Geduld und feinen Instrumenten, ausgewählte Versteinerungen vorsichtig aus den Gesteinsschichten zu befreien. Dadurch ist es der Firma Siber + Siber fortan möglich, auch schlecht gespaltene Fundstücke zu «veredeln» und mit gutem Erlös zu verkaufen – Erlös, der in weitere Fossilienexpeditionen investiert werden kann.

Zu Beginn der Fossiliensuche versteht Köbi nicht viel von fossilen Fischen. «Ich kannte nur die Arten, die ich beim Schwimmen im Pfäffikersee gesehen hatte oder beim Fischen an die Angel bekam.» Doch in den Jahren im Green-River-Gebiet erweitern sich seine Kenntnisse beträchtlich: Köbi lernt die Fischarten des Eozäns kennen, einer geologischen Zeitepoche vor 55 bis 48 Millionen Jahren. Bald realisiert er, dass über 90 Prozent der Funde auf die häufigsten fünf Fischgattungen entfallen und nur ein kleiner Teil auf seltene. Eine Sammlung ist jedoch umso wertvoller, je vollständiger sie ist. Diese Ausgangslage fördert natürlich die Spannung beim Graben: Wann und wo würde man auf einen seltenen Fund stossen, zum Beispiel einen Sonnenrochen, einen Löffelstör oder einen Knochenhecht? «Wenn ein neuer Fund gelingt, der aus diesen geologischen Schichten bisher noch nicht belegt ist, sagen wir: ‹Das war ein guter Tag.› Morgen und übermorgen leben wir von der Hoffnung auf weitere bedeutende Funde.»

Immer mehr wendet sich Köbi der möglichst breiten Suche nach versteinerten Tieren und Pflanzen zu, um sein erdgeschichtliches Puzzle zu vervollständigen. Was er selber nicht findet, aber gerne in seiner Sammlung haben möchte, kauft er hinzu, zum Beispiel eine Schnappschildkröte. «Ich habe sie heute noch», sagt er, und verrät mit diesem kurzen Satz, wie viel sie ihm immer noch bedeutet. Weitere Funde oder Käufe kommen hinzu, ein kleines Krokodil, eine Echse, und schliesslich sogar mehrere Vogelskelette. Fossile Vogelfunde sind grosse Ausnahmen, denn die Gründe, die bei Fischen zum Massensterben führten – zum Bcispiel Sauerstoffmangel – treffen für Vögel nicht zu. In Wyoming findet man auf 50'000 Fische vielleicht einen Vogel. Der Fund eines fossilen Vogels ist deshalb immer ein echtes Highlight.

Eines Tages erhält Köbi einen Telefonanruf der Smithsonian Institution, dem US-Nationalmuseum in Washington D. C., dem berühmten «Smithsonian». «Noch heute höre ich die Stimme am anderen Ende des Telefons, die anfragte, ob ich bereit sei, meine fossilen Vögel aus der Green-River-Formation an das Museum zu verkaufen. Aber ich sagte ihnen spontan: Nein, ich bin nicht bereit zu einem Verkauf. Ich schreibe gerade ein Buch über meine Entdeckungen und benötige meine Funde dafür.» Am Schluss des Gesprächs deutet Köbi jedoch an, dass er sich durch die Anfrage des Smithsonian geehrt fühlt und dass er sich durchaus vorstellen könnte, die Sammlung diesem weltweit bekannten Institut zu verkaufen, dann aber als Gesamtheit, nicht in Einzelstücken.

Und Köbi gräbt weiter, sammelt, klassiert. Im Jahr 1979 ergibt sich die Chance, mit einer gemischt schweizerisch-amerikanischen Mannschaft in einem erst kürzlich eröffneten Fischsteinbruch zu graben. Testgrabungen haben ergeben, dass dort die Dichte von Fischfossilien beachtlich ist. Köbis während den Jahren erworbenen Erfahrungen erlauben es ihm, nun eigenständig und unabhängig Grabungsarbeiten zu organisieren. Er heuert vier Schweizer an, die bereit sind, unter schwierigsten Bedingungen abseits der Zivilisation zu arbeiten.

Köbi und sein Team richten sich auf einem offenen Feld ein, 20 Kilometer südwestlich der Kleinstadt Kemmerer. Ein Landstück ohne Bäume und Büsche, nur von Salbeisträuchern und etwas Gras bewachsen, auf dem der Schafzüchter Virl Hebdon früher Schafe gezüchtet hat. Doch das Geschäft mit den Schafen rentiert nicht mehr, weshalb Virl seine Hoffnung auf Fossilien setzt. Die Qualität vieler Funde ist jedoch nicht optimal, da anfänglich in der Verwitterungszone gegraben wird. Erst, nachdem das Team mithilfe eines Baggers fünf bis zehn Meter tief gegraben hat, kommen die ersten verwertbaren Funde zutage. Vereinbart ist, dass die gefundenen Fossilien hälftig auf das Siber-Team und Virl Hebdon, den Besitzer des Grundstücks, aufgeteilt werden. Nach der Grabung ist für Köbi jedoch klar: Aus kommerzieller Sicht lohnt sich dieses Arrangement nicht. Die Funde decken nicht einmal die Kosten für die Reise und Löhne der Angestellten. Er sucht deshalb nach anderen Fundstellen.

«Immer wieder ging Köbi auf wildfremde Menschen zu, befragte diese und – oh, Wunder – bekam interessante und lohnende Hinweise für sein Metier. Er nahm sich Zeit, diesen Hinweisen nachzugehen und sie einzuordnen. Manchmal startete er einen Versuchsballon, um zu testen, wie fundiert ein Hinweis ist. Wie ein Spürhund, wie ein Mensch mit einem siebten Sinn, verstand es Köbi, immer wieder interessante Fundorte zu finden.»
(Karin Lenzlinger)

Beim Douglas Pass, im Westen von Colorado, findet Köbi schliesslich das, was er sucht: eine neue, vielversprechende Fundstelle. Der Prozess der Fossilienbildung an diesem Ort wurde begünstigt durch flache, sauerstoffarme Ufer früherer Seen. Eine grosse Vielfalt von fossilen Insekten, Blättern, Blüten, Samen und Früchten kommen hier zum Vorschein, ja sogar Palmenblätter, da sich nicht weit entfernt ein Meer mit günstigem Klima ausbreitete. Heute aber wird die Landschaft am Douglas Pass beherrscht durch aufgetürmte Gesteinsformationen, steil abfallend und schwer zugänglich.

Die Fundstelle befindet sich auf fast 3000 Metern Höhe. Dank einer Radarstation, welche die Flugstrecke zwischen Denver und Los Angeles kontrolliert, führt eine Naturstrasse bis zum höchsten Punkt. Oben erstreckt sich ein Plateau, das auf drei Seiten fast 1000 Meter senkrecht abfällt. In diesen senkrechten Wänden sind die Green-River-Schichten aufgeschlossen. In der

Verwitterungszone ist das sonst harte Gestein leicht in Platten spaltbar. Die besten Zonen liegen aber weit draussen – man muss schwindelfrei sein, um auf einem einen Quadratmeter grossen Plätzchen Platte um Platte abzubauen. Auf fast jeder Platte ist eine Versteinerung zu finden, entweder ein Insekt oder ein Blatt. «Es war ein unglaublich spannendes Graben.»

Mit Hammer, Meissel und Brechstange werden einzelne Platten aufgebrochen. Wenn keine Fossilien zum Vorschein kommen, werden die Steinplatten einfach in die Tiefe geschmissen. Bei dieser Arbeit fällt viel Staub an, Atemwege und Sicht leiden. Die Grabenden sind mit einer dicken Staubschicht überzogen. Doch da ist immer diese Hoffnung, vielleicht bald auf einen sensationellen Fund zu stossen, sie lässt die körperlichen Anstrengungen vergessen. «Wie üblich spaltete ich an einem Morgen kräftig Steinplatte um Steinplatte. Da – plötzlich lag in einem hellen Stein etwas ganz zart Gezeichnetes unversehrt vor mir. Ein Schmetterling! Ich spürte, wie mich ein Glücksgefühl durchströmte. Es hielt stundenlang an.» Später stellt sich heraus, dass der Fund dieses Schmetterlings zu den vier ältesten gehört, die man bis heute gefunden hat. Das Team findet noch weitere fossile Insekten, dermassen gross an Zahl, Formen und Ausprägungen, dass Köbi sie nicht selber bestimmen kann. Doch wie für jedes Problem findet Köbi auch für dieses die passende Lösung: Nach der Rückkehr in die Schweiz hilft ihm der Entymologische Verein von Uster, die verschiedenen Funde zu bestimmen. Mindestens in Gattungen können die 50 Millionen Jahre alten Insekten eingeordnet werden, denn die heute noch lebenden Insekten sehen ihren Vorläufern erstaunlich ähnlich.

Nach einem anstrengenden Grabungstag sehen die Fossiliengräber aus wie Staubsäulen. Und jetzt, wo übernachten? Auf dem 3000 Meter hohen Plateau ist dies nicht empfehlenswert. So zieht sich das Team zurück an eine tiefer gelegene Stelle, an der auch einige Bäume wachsen. Der Staub kann praktisch nur abgeklopft werden, denn das Wasser ist nur zum Trinken da. Wieder nur Büchsenfleisch, Cola und Chips. Die Romantik unter freiem Himmel auf rund 2800 Metern Höhe dauert nicht lange. «Plötzlich stellten wir fest, dass wir mit lauter kleinen schwarzen Punkten übersät waren. Oh, shit, das waren gefährliche Zecken. Ihre Bisse können zum höchst unangenehmen Rocky-Mountain-Fieber führen. Ähnlich, wie früher in den Schulen die ‹Laustante› kam und die Kinder von Läusen befreite, mussten wir in mühsamer Kleinarbeit die Zecken entfernen, die schon an Armen, Beinen und am Rücken herumkrabbelten, bevor sie sich festsaugten – nicht gerade ein appetitliches Unterfangen.» Ein prächtiger Sonnenuntergang lässt den Himmel erglühen in orange und rot. Rosa und violett leuchten die Berge. Dann wird es dunkel und rasch kühl. Am pechschwarzen Himmel glitzern die Sterne am Firmament so zahlreich und kräftig – so erscheint es Köbi – wie nirgendwo sonst auf der Welt.

Köbi wählt als Schlafplatz den Rücksitz des Autos. Geräumig genug und erst noch durchgedrückt und deshalb schön weich. «Mitten in der Nacht erwachte ich. Ein Tier blickte mir ins Gesicht, sehr nahe. Die gespenstisch anmutende Atmosphäre wurde dadurch verstärkt, dass das Mondlicht durch die Fensterscheiben des Autos fiel. Ich glaube, es war so etwas wie ein Siebenschläfer oder eine Art Maus. Sie starrte mich an und ich sie. Wir beide wollten eigentlich nichts voneinander. Kein Problem, wir störten uns ja nicht und ich schlief friedlich weiter.» Am frühen Morgen kein Hinweis auf das Tier. Die nächtliche Begegnung wiederholt sich mehrfach. Köbi kann nicht herausfinden, wo sich das Tier tagsüber versteckt hält. Irgendwie gelingt es dem blinden Passagier, ein sicheres Versteck im Auto zu finden.

Bei der Rückfahrt wird das Auto jeweils mit einer halben Tonne Gesteinsplatten beladen. Definitiv zu viel Gewicht, vor allem, wenn man bedenkt, dass die eigentlichen Fossilien relativ klein sind. Aber das Gestein spaltet derart tückisch, dass beim Versuch, die Platten mit dem Hammer zu zerkleinern, der Bruch wie verhext immer durchs Fossil läuft. Ein besseres Resultat erzielt man zu Hause, wenn das Fossil mit der Steinsäge zurechtgeschnitten werden kann und man so 80 bis 90 Prozent des überflüssigen Gesteins loswird.

Köbi ist glücklich. Hier kann er durchatmen; keine Behausung weit und breit. Die Natur ist sich selber überlassen und die Enge der Schweiz, das Telefon und der Büroalltag weit entfernt. Nachts bewundert er das Sternenmeer, kein Zivilisationslicht stört. «Hier bin ich Teil der Natur, in sie eingebunden, nichts verfälscht mein Bewusstsein in dieser wunderschönen, Respekt heischenden Gegend.»

Zwischen 1972 und 1980 kehrt Köbi immer wieder in die Green-River-Gegend zurück, um Fossilien zu suchen. Er ist aber nicht der Erste, denn die Fundstelle ist bekannt und wird von Jahr zu Jahr bekannter. 100 Jahre vor ihm, zwischen 1860 und 1870, waren Arbeiter beim Bau der transamerikanischen Eisenbahn durch die Union Pacific Railroad zufällig auf die Fischfossilien gestossen. Paläontologen rüsteten daraufhin Expeditionen aus, um Material für ihre Museen zu sammeln – wobei sie damals noch täglich mit Indianerüberfällen zu rechnen hatten. Die Fundstellen lagen meist auf Land der amerikanischen Regierung, das sie den Indianern weggenommen hatte. Bis ungefähr 1950 zeigte kaum jemand Interesse an Fischfossilien. Hier ansässige Familien sammelten, was sie gerade finden konnten. Dass sie diese Fossilien verkauften, kümmerte niemand, denn Regierungsland war «Public Land», also Land, das allen gehörte und auf dem es allen offenstand, Fossilien oder andere Steine zu sammeln.

Schon früh lernt Köbi die wohl traditionsreichste Gräber- und Sammlerfamilie, die Familie Tynsky, kennen. Der Grossvater, Bob Tynsky, war ein Tankwart, der anfangs der 60er-Jahre neben Benzin auch Steine und indianische Pfeilspitzen an die Autofahrer verkaufte. Bald war der Verkauf von Steinen rentabler als der von Benzin, und der Tankwart wurde zum Rockshop-Besitzer. Seine beiden Söhne bauten das Geschäft aus und vererbten das Fossiliensammeln an die nächste Generation. Die Angehörigen der Familie Tynsky waren rechtschaffene Menschen, die es zu bescheidenem Einkommen und Vermögen brachten. Sie waren in der Gegend verwurzelt und betrachteten ihre Arbeit als ehrbar. Doch eines Tages erschien das FBI. Mehrere Helikopter überflogen die Gegend und setzten FBI-Leute an verschiedenen Fundstellen ab. Inmitten der Grabungsarbeiten wurde das Oberhaupt der Tynsky-Familie in Handschellen gelegt. Seine Funde wurden eingezogen und ihm wurde der Prozess gemacht wegen illegalem Fossiliengraben. Er bekam eine erhebliche Busse aufgebrummt. Diese Aktion Mitte der 80er-Jahre signalisierte den Umschwung in Washington D.C. bezüglich der Ansprüche an Land und Bodenschätze.

In den Augen der Lokalbevölkerung war der Eingriff aus dem fernen Washington nichts anderes als Diebstahl des Zentralstaats an einem Gliedstaat. Von nun an galt die Devise: Wer etwas von öffentlichem Land aufliest und verkauft, bestiehlt den Staat. Die Menschen in Wyoming, Colorado und Utah waren überrascht und fühlten sich gegenüber dem Zentralstaat machtlos. Was für ihre Vorfahren selbstverständlich gewesen war, wurde plötzlich kriminalisiert. Die Bewohner dieser Staaten hatten lange Zeit geglaubt, was in Washington D.C. geschehe und beschlossen werde, würde sie nichts angehen. Sie hatten sich getäuscht.

Das Erlebnis der Tynsky-Familie ist für Köbi ebenfalls ein Schock, hat er selber doch auch in diesem Gebiet nach Fossilien gegraben. «Mache ich etwas Unrechtes, verstosse ich gegen Vorschriften, muss ich sogar mit Verhaftung und Gefängnis rechnen – je nachdem, wo ich nach Fossilien grabe?», fragt er sich besorgt. Ob das FBI mit seinem Auftritt schlicht übertrieben hat oder ob das die neue «Ordnung» ist, kann er noch nicht abschätzen. Nach der martialischen Aktion des FBI nehmen die Grabungen nach Fischfossilien auf öffentlichem Grund jedenfalls ab. Von nun an müssen paläontologische Grabungen unter rechtlichen Bedingungen sorgfältig vorbereitet werden. Konkret bedeutet dies, dass man nur noch auf «State Land», also auf Land, das den Gliedstaaten gehört, mit entsprechender Bewilligung der lokalen Universität nach Fossilien suchen kann oder aber auf privatem Land, sofern eine Grabungslizenz vom Grundeigentümer vorliegt.

Bei Grabungen auf State Land, und das ist in Wyoming jede fünfzigste Quadratmeile, darf der Steinbruchbetreiber nur die fünf häufigsten Fischarten kommerziell auswerten. Der Rest geht nach Gesetz in die Universitätssammlungen – also alle seltenen Fossilien wie seltene Fische, alle Vögel, Schildkröten, Krokodile und Fledermäuse. Damit sind alle seltenen Green-River-Fossilien von einer Kommerzialisierung ausgeschlossen. Das freut die Betreuer der Universitätssammlungen, aber die Betreiber der Fossiliensteinbrüche empfinden diese Klausel als Schikane. Denn es sind die Seltenheiten, die ihnen das Geld bringen, nicht die kommerziellen Arten. Die bringen ihnen vor allem viel mühsame Arbeit. Viele Steinbruchbesitzer weichen deshalb auf Privatland aus, wo die Bedingungen für sie günstiger sind.

Gegen Ende der 70er-Jahre hat Köbi so viele verschiedene fossile Tier- und Pflanzenarten gefunden, dass seine Sammlung die Flora und Fauna, die im Eozän (also vor 55 bis 48 Millionen Jahren) hier gelebt hat, weitgehend abdeckt. Seine Funde und Erkenntnisse dokumentiert er in seinem Buch «Green-River-Fossilien». Für Köbi ist damit ein Kapitel abgeschlossen.

Den Anruf der Smithsonian Institution vor 18 Monaten hat Köbi schon fast vergessen, als ihn erneut ein Anruf aus dem renommierten Museum erreicht. Wieder heisst es: «Verkaufen Sie Ihre Green-River-Sammlung und wenn ja, wie viel wollen Sie dafür?» Die Leute von der Smithsonian Institution haben mitbekommen, dass Köbis Sammlung höchsten wissenschaftlichen Ansprüchen gerecht wird und zudem drei fossile Vögel umfasst. Er wird gebeten, Fotos seiner Sammlung nach Washington D. C. zu senden. Köbi ist hin und her gerissen. In der Sammlung steckt nicht nur viel Arbeit, sondern er verbindet mit vielen seiner Funde besondere Erlebnisse, so zum Beispiel mit seinem Schmetterlingsfossil, einer Rarität von besonderem Wert. Er überlegt hin und her. «Wenn ich schon verkaufe, dann nur an dieses Institut. Das ist eine einmalige Chance. Aber eigentlich hätte ich die Sammlung noch einige Jahre ausbauen wollen.» In Augenblicken wie diesem treten in Köbis Leben häufig unerwartet neue Perspektiven auf. So auch diesmal: Mitten in seine Überlegungen «verkaufen oder nicht» platzt Professor Bachmayr vom Naturhistorischen Museum Wien mit einer überraschenden Anfrage: «Können Sie mir ein Dinosaurierfossil liefern?» Köbi ist völlig überrumpelt. «Ein Dinosaurierfossil? Wo soll ich ein solches denn finden? Welche Chancen habe ich dabei? Ich habe zwar schon ein Schildkrötenfossil verkauft, aber ein Dinosaurier, das ist eine ganz andere Schuhnummer.» Köbi kennt niemanden, der sowas im Angebot hat. Er hat auch nie von jemandem gehört, der ein Dinosaurierskelett gefunden und verkauft hätte. Bisher haben die grossen Museen durch eigene Expeditionen ihre Dinosaurier selbst ausgegraben. Der Unternehmer Siber kombiniert: «Ich verkaufe die Green-River-Fossiliensammlung, nehme die Anfrage aus Wien an und beschreite neue Wege, nicht zuletzt deshalb, weil in der Zwischenzeit weitere Firmen in der Schweiz Fischfossilien verkaufen.» Köbi spürt zusehends die Konkurrenz, die ihn kopiert. Ein Grund liegt darin, dass es zu den ungeschriebenen Regeln eines Fossiliensammlers gehört, nicht nur die gefundenen Fossilien mit dem korrekten wissenschaftlichen Namen zu bezeichnen, sondern gleichzeitig auch den Fundort anzugeben. Dies ermöglicht es Konkurrenten, ohne grosse Anstrengungen oder Pionierarbeit produktive Fossilienfundstellen zu erkennen, wie zum Beispiel die von Fischfossilien in den USA. Im Marketingjargon könnte man formulieren: Markt weitgehend gesättigt; neue Nische suchen, die nicht so leicht besetzt werden kann. Und genau so fällt Köbis Entscheid aus. In der Folge verkauft er die Green-River-Fossiliensammlung an die Smithsonian Institution und bereitet sich darauf vor, Dinosaurierfossilien zu suchen. Noch heute hört er das Echo in seinem Ohr: «Jetzt bringen Sie mir noch einen Dinosaurier!»

Wer sucht, der findet – vielleicht

Köbi ist sich bewusst, dass er sich nicht unvorbereitet in die Dinosauriersuche stürzen kann. «Wo auf der Welt komme ich am ehesten zu einem Dino?», fragt er sich. «Europa ist zu stark verbaut und abgesucht, Afrika ist schwierig, Asien noch schwieriger und China für solche Expeditionen noch nicht offen, aus Südamerika ist noch zu wenig bekannt.» Als Kenner der Vereinigten Staaten entschliesst er sich für die USA. Auf einer kombinierten Ferien- und Abenteuerreise will er nach möglichen Grabungsstätten suchen. Seine Töchter Yolanda und Maya gehen noch nicht zur Schule, sodass er mit Gaby und den Kindern eine längere Reise unternehmen kann. In einem gemieteten Campervan kreuzt die Familie 1977 während sechs Wochen durch mehrere Staaten im mittleren Westen der USA. Köbi und seine Familie besuchen Rockshops, Museen und mögliche Fundstellen.

In der kleinen Ortschaft Shell in Wyoming übernachtet die Familie auf einem Campingplatz, der über einen kleinen Rockshop verfügt. Dort fällt Köbi ein Bild auf, das den berühmten Dinosaurierjäger Barnum Brown inmitten von Dinosaurierknochen zeigt. Er erkundigt sich nach dieser Fundstelle und erhält die Auskunft, dass dort alles schon ausgegraben worden sei. Das tönt überzeugend, denn in den 43 Jahren seit Barnum Browns Funden ist die Stelle bestimmt gründlich untersucht worden. Köbi sieht keinen Anlass, diese Auskunft zu hinterfragen. Er ahnt nicht, dass er dreizehn Jahre später hier spektakuläre Funde machen wird. Die Reise geht zu Ende, ohne dass sich eine mögliche Fundstelle herauskristallisiert hätte.

Auf seiner nächsten Reise wendet Köbi sich an seinen Kollegen Peter Larson in Süddakota. Dieser hat inzwischen zusammen mit seinem Bruder Neal und zwei weiteren Teilhabern eine eigene Firma gegründet, das «Black Hills Institute of Geological Research Inc.». Köbi denkt sich, dass es doch Leute geben muss, die wissen, wo Dinosaurier begraben liegen. Aber diese Leute würden ihr Wissen nur weitergeben, wenn sie davon einen finanziellen Nutzen hätten. Deshalb bittet Köbi die Larsons, eine Dinosaurierfundstelle für ihn zu finden und setzt einen finanziellen Anreiz von 2000 Dollar dafür ein.

Das Jahr vergeht ergebnislos. Köbi hat immer noch keinen konkreten Hinweis und kehrt in die Schweiz zurück, ohne einen Schritt weitergekommen zu sein. Inzwischen schreibt man das Jahr 1979. Mitten in seine vergebliche Suche nach einer möglichen Grabungsstelle erreicht Köbi per Telefon die niederschmetternde Nachricht, dass sein Vater auf einer Ferienreise in Portugal am Strand tot zusammengebrochen sei. Für Köbi ein grosser Schock. «Ich habe meinen Vater bewundert, weil er immer offen war für Neues.» Dazu gehört auch, dass Siber senior mit 70 Jahren noch Portugiesisch lernt. Nach seinem überraschenden Tod in Portugal fragt eines der Enkelkinder, ob der Opa deshalb Portugiesisch gelernt habe, damit er sich dann im portugiesischen Himmel auch gut verständigen könne. «Mein Vater war eine charismatische Figur. Er hatte einen sehr angenehmen Umgang mit Menschen. Auch in unserem Vater-Sohn-Team arbeiteten wir hervorragend zusammen. Das war nicht selbstverständlich, denn viele Väter seiner Generation hatten Mühe mit ihren Söhnen der 68er-Generation. Für mich war sein Tod ein äusserst schmerzlicher Verlust.»

Nach dem Tod des Vaters lastet die Verantwortung für das Geschäft allein auf Köbis Schultern. Der Druck, endlich zu einer Dinosaurierfundstelle zu gelangen, nimmt zu. Da kommt überraschend Nachricht von Peter Larson: Er habe Informanten, die drei mögliche Fundstellen nennen können. Köbi reist sofort wieder in die USA, um die potenziellen Grabungsorte zu inspizieren. Der erste befindet sich auf militärischem Gelände. «Darf man hier überhaupt graben?», fragt sich Köbi und überlegt: «Das Risiko, in einer derart verlassenen Gegend zu graben, könnte ich eventuell eingehen, denn die Militärs dürften sich kaum für Fossilien interessieren. Aber was, wenn das schiefgeht?» Peter Larson stellt ein Grabungsgesuch an die US-Armee. Die hat es aber überhaupt nicht eilig, das Gesuch zu prüfen. Erst zwei Jahre später wird das Gesuch beantwortet und abgelehnt, mit der Begründung, Larson und Siber seien keine Akademiker. Ein erster Nadelstich, dem im Laufe der Jahre noch weitere folgen werden.

Die nächste Fundstelle, die evaluiert wird, befindet sich in Montana. Inmitten eines Wüstengebiets liegt ein grosser Stausee, das Fort-Peck-Reservoir. Peter und Köbi werden mit einem Motorboot über den See gefahren und in einer Bucht ausgeladen. Vor ihnen sanfte Hügel und das typisch bräunliche Gestein der geologischen Hell-Creek-Formation. «Das ist Tyrannosaurus-rex- und Triceratops-Country», schiesst es Köbi durch den Kopf. Er und Peter stossen gleich auf Gruppen von weissen Knochenbruchstücken, die aus dem Gestein ragen. «Wow, das ist ja eine Bilderbuchfundstelle. Da muss ich unbedingt graben. Nichts wie los!» Doch ohne zusätzliche Abklärungen ist das nicht möglich. Peter Larson erkundigt sich, wem das Land gehört. Die Antwort ist leider deprimierend: Es handelt sich um ein Wildlife Refuge, ein Naturschutzgebiet. Keine Chance, da ist nichts zu machen.

Kurz darauf eröffnet sich eine weitere Möglichkeit. Ein Informant schwärmt von einer möglichen Fundstelle im Norden von Süddakota. Der fossilienbegeisterte Amateur hat Reste von Dinosaurierknochen festgestellt, ebenfalls in der Hell-Creek-Formation. Das hört sich gut an. Also fährt Köbi wieder nach Rapid City zu Peter Larson. Von dort aus erreichen die beiden in einer dreistündigen Fahrt eine abgelegene Ranch. Diese wird von Ruth Mason bewirtschaftet, einer über 80 Jahre alten Frau. Sie erzählt, dass sie nur alle sechs Monate ins nächste Dorf fährt, um Mehl und Zucker zu kaufen. Sonst nichts. Mehr braucht sie nicht, denn sie hat gelernt, als Selbstversorgerin zu leben. Köbi ist sofort begeistert von dieser liebenswürdigen alten Lady. «Sie war die liebste Grossmutter, die man sich vorstellen kann», schwärmt er noch heute. Ruth Mason ist froh, wieder einmal

Besuch zu haben und erst noch von jemanden, der sich für Dinosaurierknochen interessiert. Sie hat nämlich bereits als Kind die versteinerten Knochen auf der Ranch entdeckt. 60 Jahre lang hat sie vergeblich versucht, jemanden zu finden, der sich für die Versteinerungen interessiert. Am Tag von Köbis Besuch auf der Mason-Ranch regnet es. Der Regen macht die Begehung der Fundstelle zur gefährlichen Rutschpartie. Ein Blick in die Gegend zeigt eine weite und baumlose Ebene, in die Flüsse tiefe Einschnitte in die Oberfläche gefressen haben. Die Ränder dieser steilen Täler wirken wie abgebrochen. Diese vegetationslosen Bruchstellen zeigen die typischen Merkmale der Hell-Creek-Formation. Sie besteht aus Tonmineralien, Tonsteinen und Sandstein, die sich vor etwa 70 Millionen Jahren aus den Ablagerungen von Flüssen gebildet haben – also kurz vor dem Aussterben der Dinosaurier. Und tatsächlich, der kurze Abstecher zur möglichen Fundstelle genügt Köbi, um sich ein Bild zu machen: «Ich sah Knochen, viele Knochen. Da lagen zweifellos Reste von verschiedenen Dinosauriern.»

Zurück auf der Ranch schlagen Peter und Köbi Ruth Mason eine Vereinbarung vor. Eine Entschädigung lehnt sie jedoch vehement ab, sie, die gewohnt ist, in Naturalien zu denken und nicht in Geldeinheiten: «Ihr dürft hier graben, dafür leistet ihr mir Frondienst, repariert mir zum Beispiel einen alten Zaun oder macht sonst etwas Nützliches für mich. Das freut mich mehr als Geld.» Trotz der positiven Eindrücke will Köbi sich erst mit Peter Larson besprechen. Dieser ist, wie es seine Art ist, geradezu euphorisch begeistert vom Potenzial auf der Mason-Ranch. Köbi ist überzeugt, dass es hier zwar viele Knochenreste zu finden gibt, doch gibt es keine Gewissheit, dass je ein vollständiges Skelett geborgen werden kann. Das ist das Problem: Viele Einzelknochen bilden noch keinen ganzen Dinosaurier. Aus Museumsbesuchen weiss Köbi, dass auch in den grossen Museen oft aus verschiedenen Funden ein Skelett zusammengesetzt wird. So sind selbst bekannte Ausstellungsstücke oft lediglich ein Puzzle aus verschiedenen Funden. Wichtig ist natürlich, dass die Knochen demselben Sauriertyp zugeordnet werden können. «Rückblickend würde ich einen Fundort erst wählen, wenn eine grosse Wahrscheinlichkeit besteht, ein vollständiges Skelett zu finden», sagt Köbi heute.

Zwischen Peter Larson und Köbi Siber ist in den Jahren der gemeinsamen Suche nach Fossilien ein solides Vertrauensverhältnis entstanden. Beide sind sich bewusst, dass der «Auftrag» aus Wien, einen Dinosaurier zu beschaffen, ein eigentliches Projektmanagement erfordert und mit erheblichen Risiken behaftet ist. Was liegt also näher, als die Ressourcen beider Partner zusammenzulegen, wobei jeder seine Stärken einbringen kann. Peter Larson ist seit Geburt mit der Region eng verbunden und kennt die weiten Landstriche wie kein anderer. «Wir haben vereinbart, dass Peter die Grabungslizenz besorgt und ich die Geldmittel, und dass wir jeweils je die Hälfte der Grabungsequipe stellen.» Offiziell besteht das Joint Venture aus den Firmen Siber+Siber und dem «Black Hills Institute of Geological Research Inc.». Köbi kann die Finanzierung dank des Verkaufs seiner Green-River-Kollektion an die Smithsonian Institution sicherstellen. Das Risiko, das beide Partner eingehen, ist hoch. Es gibt keinen Vertrag zwischen «Wien» und Köbi. Wer ist schon bereit, einen Vertrag für etwas abzuschliessen, was noch nicht gefunden wurde?

«Kirby ist ein Mann, der viele Dinge anpackt und sie auch vollendet. Keiner von uns hatte zuvor einen Dinosaurier ausgegraben. Wir gingen ein grosses Risiko ein, auch finanziell. Aber Kirby glaubte felsenfest daran, dass wir es schaffen würden. Um etwas Grosses zu erreichen, muss man sich halt etwas Grosses vornehmen, auch wenn es auf den ersten Blick eine Schuhnummer zu gross erscheint.» (Peter Larson)

Nach dem Handschlag beginnt die minutiöse Vorbereitung. «Wir mussten vorsichtig sein, weil die Dinosauriersuche völlig andere Anforderungen stellt, als das Suchen nach Fischfossilien oder Ammoniten. Wer nach Dinosauriern gräbt, muss sich bewusst sein, dass Wissenschaft und Öffentlichkeit zuschauen.

Die Wissenschaftler wollen ganz exakt wissen, wo was wie gefunden wurde, wie die Knochen präpariert und auch mit welchen Vorstellungen sie ausgestellt werden. All diesen Anforderungen gerecht zu werden, macht das Graben nach Dinosauriern zu einem anspruchsvollen Job.»

Mit einer Testgrabung wollen Peter und Köbi erst mal abklären, ob am Aufschluss auf der Mason-Ranch überhaupt genügend Material für eine erfolgversprechende Grabung vorhanden ist. Tatsächlich stösst Peter auf zahlreiche Knochen, die alle der Gruppe der Hadrosaurier, der Entenschnabelsaurier, zugeordnet werden können. Die meisten Knochen sind schlecht versteinert und deshalb porös. Um sie einsammeln zu können, müssen sie stabilisiert werden. Peter Larson hört sich bei Kollegen um, die bereits Erfahrung im Graben nach Dinosaurierknochen haben. Eine sofortige Konsolidierung der ausgegrabenen Knochen – so das Fazit – ist möglich, indem man in Aceton gelöste Kunststoffkügelchen auf die Knochen träufelt. Durch die Kapillarwirkung wird dieses flüssige Gemisch in den Knochen eingezogen, das Aceton verdunstet, und der Kunststoff festigt den Knochen. All dies muss geschehen, bevor man den Knochen das erste Mal richtig anpackt. Die Knochen werden zuerst von oben erfasst, identifiziert und dokumentiert. Sobald sie freigelegt sind, wird die Härtung vorgenommen. Dies dauert zwischen einem halben Tag und drei Tagen. Zu guter Letzt bekommt der Knochen einen Gipsverband. Erst, wenn diese zeitintensiven Vorbereitungen abgeschlossen sind, können die Fundstücke zum Abtransport bereitgestellt werden.

Die Testgrabungen verlaufen erfolgreich, sodass Köbi und Peter beschliessen, die eigentliche Grabung in Angriff zu nehmen. Das Team, bestehend aus drei Schweizern und fünf Amerikanern, richtet sich in der Nähe der Fundstelle häuslich ein. In einem Halbkreis werden drei Fahrzeuge aufgestellt – robuste, geländegängige Kleintransporter. Das grösste Vehikel dient als Küche, wobei «Küche» ein stolzes Wort ist für die einfache Einrichtung: Im Kofferraum des Wagens ist ein kleiner Gaskocher installiert, auf dem in einer Pfanne Eintopfgerichte gekocht werden können. Auch die restliche Infrastruktur nimmt sich bescheiden aus: Geschlafen wird im Schlafsack auf Schaumgummimatten. Als Dach dient der Sternenhimmel. Passend zu den in den Gesteinen verborgenen Knochen nennt das Team den Grabungsort «Valley of the Shadow of Death – das Tal des Todesschatten». «Der Ort hatte etwas von einem mysteriösen Massengrab, waren hier doch möglicherweise Hunderte von Dinosauriern vor vielen Millionen Jahren verendet.»

Kaum sind die ersten vorsichtigen Pickelschläge auf die Gesteinsschichten ausgeführt, stösst das Team auf Knochen und noch mehr Knochen. Die Spannung steigt: Was wird hier zum Vorschein kommen? Schon bald ist ein Beinknochen eines Edmontosaurus freigelegt, dann eine Rippe, ein Schulterblatt, ein Schwanzteil. Die Anordnung der Funde entspricht leider nicht dem anatomischen Aufbau. Konkret: Die Knochen liegen «unordentlich» herum. Nach der ersten Grabungswoche macht sich eine gewisse Ernüchterung breit, insbesondere bei Köbi. Die bange Frage, ob man aus den gefundenen Knochen je ein ganzes Dinosaurierskelett zusammenstellen kann, drückt auf die Stimmung.

Köbi ist sich bewusst, dass er einen «ganzen» Dinosaurier nach Wien bringen soll und nicht eine Anhäufung einzelner Knochen. Würde «Wien» auch ein aus verschiedenen Knochen zusammengesetztes Skelett akzeptieren? «Man kann eben nicht nach freier Wahl entscheiden, das, was man sucht, auch genauso zu finden.» Umgekehrt stösst man manchmal auch auf etwas, das man gar nicht gesucht hat. Zu seiner grossen Überraschung findet das Team orangefarbene Bernsteine, also versteinertes Harz. Köbis erster Gedanke: «Wow, ein zauberhafter Bernstein, bestimmt wertvoll. Habe ich etwa den Jackpot geknackt?» Doch die Enttäuschung folgt auf dem Fuss: Der Bernstein zerbröselt an Ort und Stelle. An der Luft ist dieses fossile Harz instabil. Dinosaurierknochen und Bernstein wären eine interessante Kombination gewesen. Es sollte nicht sein. Weitergraben.

Was mag wohl an diesem merkwürdigen Fundort vor rund 65 Millionen Jahren geschehen sein? Köbi will sich nicht allein mit den Funden als solchen beschäftigen, sondern wenn möglich das damalige Drama rekonstruieren. Mental sieht Köbi sich in einer riesigen Wildnis, bevölkert von Dinosauriern und anderen Urtieren. Ein gewaltiger Wirbelsturm, ein Hurrikan, erhebt sich; es kommt zu einer lokalen Katastrophe, die eine ganze Herde von Edmontosauriern in den Tod reisst. Eine riesige Wasserwelle schwemmt die toten Tiere zusammen. Nach dem biologischen Zerfall der Tiere dürfte eine weitere Sturmflut auf die Skelette gewirkt und die Knochen nach Grösse und somit Gewicht abgelagert haben. Dies würde die eigenartige Verteilung der vielen Knochenfunde erklären. Kann Köbi trotz dieser plausiblen Hypothese weiterhin darauf hoffen, ein vollständiges Dinosaurierskelett zu finden? Er zweifelt und bespricht sich mit Peter Larson. Köbi würde es vorziehen, nochmals eine Prämie von 2000 Dollar auszusetzen, für den, der ihm andere, möglichst ergiebige Fundstellen angeben kann. Peter Larson hält dagegen, dass es nicht unüblich sei, einen Dinosaurier zusammenzusetzen, und zwar aus verschiedenen Funden. «Wenn wir einen ganzen Dinosaurier finden wollen, können wir vielleicht noch fünf oder zehn Jahre warten. Ich bin überzeugt, dass wir es an diesem Ort schaffen, einen Dinosaurier zusammenzustellen.» Köbi schliesst sich ohne Begeisterung Peters Einschätzung an.

Nach diesem Entscheid wird Tag für Tag weiter geschaufelt, gepickelt und gegraben. Am Abend ist die Crew müde, sitzt im Kreis der drei Fahrzeuge herum und diskutiert über Gott und die Welt. Lagerfeuergemütlichkeit stellt sich ein. Köbi hat auf der Ranch von Ruth Mason Kürbisse entdeckt. «Dieser Fund bringt doch eine willkommene Abwechslung in unseren Menüplan», überlegt sich Köbi und kündet einen Spaghettiabend an mit Meisterkoch Siber am Gaskocher. Kaum ist das «Menu surprise» aufgetischt, muss er feststellen, dass die Amerikaner wenig Begeisterung zeigen für das für sie exotisch anmutende Gericht. Allerdings verlieren sie den Humor nicht und nennen Köbis

Kreation aufgrund der Farbe «Sunsetspaghetti – Sonnenuntergangspaghetti». Was die Amerikaner glücklicherweise nicht ahnen, ist, dass Köbi zu Hause sogar Spaghetti mit Karotten und Sultaninen kombiniert hat. Diese eigenwillige Kreation ist aber bei seinen Töchtern auf Widerstand gestossen, sodass er gar nicht erst versucht, die gewagte Kombination den Amerikanern aufzutischen.

Ein Thema, das bei Einbruch der Dämmerung immer wieder aufs Tapet kommt, sind Klapperschlangen. Köbi hat solche schon aus sicherer Distanz gesehen. Beeindruckt hat ihn die Tatsache, dass sich nach einem Klapperschlangenbiss die Glieder braun-schwarz verfärben, sofern nicht sofort das passende Serum gespritzt wird. Abgefaulte Gliedmassen – welch unappetitliche Vorstellung, selbst für einen Forscher von verblichenem Leben. Das Grabungsteam hat sich im Reptilienmuseum von Rapid City über diese Schlangen erkundigt. Bei der Gelegenheit haben die Amerikaner im Team, die «South Dakota-Boys», eine zusätzliche Verdienstmöglichkeit entdeckt: Wer der Reptilienstation lebende Klapperschlangen bringt, bekommt eine Entschädigung, weil mit dem Gift der Schlangen das Antiserum hergestellt werden kann. Das lassen sich die «South Dakota-Boys» nicht zwei Mal sagen: Sie fangen einige Schlangen und stecken sie in ein grosses Kartonfass. Bald wimmelt es im Fass von Klapperschlangen aller Altersklassen und Grössen. Eines Nachmittags kommt starker Wind auf. Niemand denkt an das Kartonfass. Während die Crew am Graben ist, wird das Fass mit den Schlangen durch einen heftigen Windstoss umgestossen. Die Schlangen entfliehen in alle Richtungen in die Freiheit. Als das Malheur entdeckt wird, gelingt es den «South Dakota-Boys», etwa die Hälfte wieder einzufangen. Die andere Hälfte aber hat definitiv die Freiheit wiedererlangt.

Der Umstand, dass nun in der Nähe des Camps zahlreiche Klapperschlangen herumschleichen, beunruhigt Köbi. Die «South Dakota-Boys» heizen dem Prärieneuling zusätzlich ein mit der Bemerkung, eine der Schlangen könnte in der kühlen

Nacht die Wärme seines Schlafsacks suchen. Peter setzt noch einen drauf und erzählt, es sei schon vorgekommen, dass ein in der Prärie Schlafender am Morgen eine Klapperschlange auf seiner Brust vorgefunden habe. Auf Köbis bange Frage, was er in einer solchen Situation tun solle, antwortet Peter lakonisch: «Einfach Ruhe bewahren und nicht bewegen, die Schlange zieht dann von sich aus von dannen.» In den nächsten Nächten schläft Köbi nicht so gut wie sonst.

Etwas später kommt es doch noch zu einer Direktbegegnung. Nach getaner Arbeit, müde und staubbedeckt, zieht es Köbi, die Wasserratte, an einen kleinen Wasserlauf in der Nähe des Camps. Dort legt er sich ins flache Gewässer, um zu baden und sich etwas abzukühlen. Sauber und erfrischt macht er sich spätnachmittags auf den Weg vom Bad zurück zum Camp, lediglich mit Badehose und soliden Schuhen bekleidet. Er erklimmt das zehn Meter hohe Flussbord. Leicht ausser Atem kämpft er sich die Steigung hoch. «Da zischt mich plötzlich eine Klapperschlange an, als ob sie mir direkt ins Gesicht speien möchte. Auge in Auge sehen wir uns an, ich allein und rutschend in ungemütlicher Stellung am steilen Hang.» Köbi bleibt wie angewurzelt stehen. Die Klapperschlange wirkt nicht wirklich aggressiv. Eigentlich drückt sie nur eine Warnung aus: «Sie machte mir den Eindruck, als hätte sie mehr Angst vor mir als umgekehrt. Nur ruhig bleiben.» Es geht nicht lange, und die Schlange tritt den Rückzug an. Seit dieser Begegnung hat Köbi keine Angst mehr vor Klapperschlangen, weiterhin aber grossen Respekt. Seine Grabungsequipe instruiert er: «Wenn ihr durch das Gelände schreitet, träumt nicht, passt auf, greift nicht mit den Händen irgendwo ins Gebüsch, geht nie barfuss und stampft mit einem Stock auf den Boden, dann passiert euch nichts.»

Kurz nach der Begegnung mit der Klapperschlange erlebt Köbi ein einmaliges Naturereignis, das ihn tief beeindruckt. Es ist bereits Nacht. Die Grabungsmannschaft schläft wie üblich auf dem offenen Feld. Da ruft jemand: «Nordlicht! Schaut, das Nordlicht!» Köbi richtet sich auf, den Blick nach Norden. «Ein

Lichtvorhang, grün, rot, fluoreszierend, streift über meinen Kopf hinweg. Lichtfetzen sausen über den Himmel und werfen gespenstische Schatten. Eine kosmische Lichtschau vom Feinsten. Ich bin völlig fasziniert. Liegend will ich das Schauspiel nicht erleben, das muss ich stehend geniessen. So stehe ich während Stunden aufrecht in der Prärie, den Schlafsack festklammernd. Ein einmaliges Schauspiel voll vibrierender Farben und Bewegungen. Fotografieren kann man das nicht, nur in seinem Gedächtnis abspeichern, für immer. Ich war erstaunt, dass es Nordlichter nicht nur am Polarkreis gibt.»

Im nächsten Jahr kehren Peter und Köbi mit ihren Leuten zur Mason-Ranch zurück, um weiterzugraben. Die Ausbeute des ersten Jahrs hat aus rund 400 Knochen bestanden, noch nicht genug. Eine zweite Grabungssession ist deshalb nötig. Eines Tages beschliesst Köbi, die Gegend um die Fundstelle zu Fuss zu erkunden. «In den Ausgang gehen», nennt er das. Nur kurze Zeit, nachdem er zu seinem Marsch in die Prärie aufgebrochen ist, stösst er auf ein versteinertes Horn und einen Teil des Nackenschilds eines Triceratops, des bekannten dreihörnigen Zeitgenossen von Tyrannosaurus rex. Nur das oberste Viertel des Horns ragt aus dem Gestein. Köbi versucht, mit seinem Geologenhammer das Horn zu bergen. Keine Chance. Es steckt zu fest im zementharten Gestein. Elektrisiert von dem Fund rennt er zurück ins Camp und holt Verstärkung. «Vor dem geistigen Auge sehe ich nach einer solchen Entdeckung unter den Gesteinsschichten bereits ein vollständiges Skelett.» Das Team eilt zur Verstärkung herbei und hilft mit besonderem Eifer beim Graben. Der Hornfund entpuppt sich jedoch als Eintagsfliege. Enttäuschung macht sich breit. «Eine solche tritt leider in den meisten Fällen ein, denn nur selten hat man wirklich Glück. Ich habe gelernt, damit zu leben.» Tatsächlich kommt es wirklich selten vor, dass Forscher irgendwo graben und ein vollständiges Skelett zum Vorschein kommt. In der Praxis stellen sich von 50 Funden wahrscheinlich deren 49 als Bruchstücke heraus. Ein einziger Knochen ist also nicht von Bedeutung. Köbi vergleicht die Arbeit eines Dinosauriersuchers gern mit der berühmten Suche nach der Nadel im Heuhaufen.

Peter Larsons Ehrgeiz ist durch Köbis Hornfund geweckt, worauf Peter nun seinerseits in die Prärie ausschwärmt. Es dauert nicht lange und er findet in einer Runse einen Schädel – nicht nur ein einzelnes Horn wie Köbi. Neben dem Schädel kann auch ein Kiefer sowie ein grosser Teil des Nackenschilds geborgen werden. Die Fundstücke werden sorgfältig ausgegraben und später im Labor restauriert und zu einem vollständigen Schädel ergänzt. Das Naturhistorische Museum von Karlsruhe kauft den Fund. Dies sind die ersten Dinosaurierteile, die Köbi verkaufen kann. «Das ist doch schon mal ein erster Teilerfolg», freut er sich.

Die Ausbeute nach zwei Grabungsperioden beläuft sich nun auf rund 1000 Knochen. Von diesen werden 250 ausgewählt, und zwar so, dass möglichst alle wichtigen Knochen in der richtigen Grösse und Anzahl vorhanden sind. Zu einem vollständigen Skelett gehören rund 300 Knochen. Die fehlenden 50 Knochen werden von Peter Larsons Bruder Neal in Kunststoff nachmodelliert. Neal entwickelt ein ausgesprochenes Talent dafür, fehlende Knochen zu ergänzen. Als Vorlage für die Montage dienen die Edmontosaurusskelette, die in den Museumssammlungen des Denver Museums of Science and Nature und der Rapid City School of Mines ausgestellt sind. Auch diese Skelette bestehen teilweise aus ergänzten, das heisst, nachmodellierten Knochen. Für die Montage des Edmontosauriers kommt Peter Larson als Spezialist zum Einsatz. Er hat sich schon durch elegante und sehr lebensnahe Montagen von Säbelzahnkatzen, Höhlenbären und Urpferden einen Namen gemacht. Das Dinosaurierskelett ist jedoch seine erster Montage dieser Dimension. So einfach das tönt, so anspruchsvoll ist diese Aufgabe: «Man muss ein Metallgestell schweissen, sodass die Knochen darauf befestigt und von diesem getragen werden können. Doch dann stellen sich viele Fragen. Wie will man das Tier ausstellen? Welche Haltung soll es einnehmen? In welche Umgebung will man es einbinden?

Welche künstlerischen und ästhetischen Anforderungen sollen gestellt werden? Wie bringt man es fertig, dass ein Skelett möglichst natürlich wirkt? Auf all diese Fragen muss man eine Antwort finden.»

In diesem Stadium der Arbeit erinnert sich Köbi an seine Zeit als Filmschaffender. «Da musste ich das Skript schreiben, den Regisseur spielen, an den Ablauf und an noch viel mehr denken, nicht zuletzt an die Finanzierung. Ist das Ausstellen eines Dinosauriers nicht grundsätzlich dieselbe Herausforderung?» Die Antwort gibt er gleich selber: «Die Suche nach einem vollständigen Dinosaurierskelett ist eine Arbeit über Jahre hinweg. Dabei laufen auch im Mentalen verschiedene Phasen ab. Es braucht viele Fertigkeiten und Eigenschaften. Die Eigenschaften und Talente der verschiedenen beteiligten Personen müssen optimal kombiniert zum Einsatz gelangen. Das ist eigentlich typisch für Kunst.» Bei diesen Gedanken gerät Köbi vollends ins Schwärmen. «Erst jetzt entdeckte ich die wirkliche Faszination der Arbeit mit Dinosauriern. Ich liebe neue und komplexe Aufgaben, das anfängliche Prospektieren, die Erwartung, auf geeignete Knochen zu stossen, mit Glück, aber zunehmend auch mit Erfahrung, gute Fundstellen zu finden und für die eigene Arbeit zu sichern, das Geld für die Grabungen und die anschliessenden Arbeiten zu organisieren, die Ausgrabungstechnik zu verfeinern und dafür zu sorgen, dass ich über eine Logistik verfüge, welche die gefundenen und gesicherten Stücke sicher in die Schweiz bringt. Das ist es, was mich an dieser Aufgabe fasziniert.»

Den Brüdern Larson gelingt es, mit ihrer Mannschaft von Präparatoren ein vollständiges Skelett eines Edmontosaurus zusammenzusetzen, bestehend aus rund 80 Prozent Originalfundstücken und 20 Prozent Nachmodellierungen. Köbi setzt sich zum Ziel, diesen Dinosaurier vor seiner Reise nach Wien in Aathal auszustellen. Bis zur Ausstellung müssen allerdings noch viele Detailfragen geklärt werden. Als Erstes wird überlegt, wie der Edmontosaurus in der Ausstellung gezeigt werden soll. «Soll das Skelett aussehen wie ein toter Dinosaurier oder ein kraftvoll

Lebender? Soll er in Todesstellung daliegen oder aufrecht stehen? Reliefmontage? Natürliche Landschaft oder museale? Am Schluss muss ich für die Besucher und die Wissenschaft alles erklären und dokumentieren können. Wie haben die Knochen am Fundort gelegen? In welchen geologischen Schichten wurde man fündig?»

Köbi entschliesst sich für eine Reliefmontage gegen die Wand. Das Dinosaurierskelett liegt nun perfekt präpariert und kann in einzelnen Teilen transportiert werden. Als Transportbehälter dient ein Seefrachtcontainer, in den die einzelnen Teile flach hineingelegt werden. Die Larson-Brüder und ihr Team kümmern sich in den USA um das Verpacken und Verladen der kostbaren Fracht. In der Zwischenzeit entwirft der Grafiker René Kindlimann ein Ausstellungsplakat. «Endlich kommt der Moment, wo der erste vollständige Originaldinosaurier in der Schweiz montiert und ausgestellt werden kann, und dies erst noch durch eine private Organisation.» Köbis Stolz über diese Leistung ist unüberhörbar. Zuvor hat es nur Abgüsse oder einzelne Skelettteile zu sehen gegeben, so im Sauriermuseum Frick. Das Joint Venture Siber-Larson hat ein wesentliches Ziel erreicht.

Ungeduldig warten das Larson-Team und die Siber-Mannschaft auf den Eröffnungstag der Ausstellung. Die Spannung steigt und nimmt fast euphorische Züge an. Das gesamte Team schwebt auf Wolke sieben. Ein Teammitglied aus den USA hat sogar ein eigenes T-Shirt kreiert mit der Aufschrift: «We can do it!» – und dies lange vor Barack Obamas Wahlkampfslogan «Yes, we can». Die Euphorie ist verständlich: Bisher waren vollständige Dinosaurierskelette eine Rarität, die lediglich in den Hauptstädten der Welt zu sehen waren. Und jetzt ausgerechnet in Aathal, das ist einfach einmalig, historisch. Der acht Meter lange Koloss wird in einem Schopf neben der Fossilien- und Mineraliensammlung aufgestellt, in einem kleinen Raum, zusammen mit dem Skelett eines Höhlenbären und dem eines schlangenähnlichen Meeresreptils, eines Mosasauriers namens Platycarpus. Pla-

Köbis Grossvater, Bildhauer Gustav Siber, mit Frau Martha.

Das Wappen der Familie Siber, die ursprünglich als Weinbauern in Küsnacht am Zürichsee tätig war.

Köbis Eltern, Vater Hans Siber und Mutter Marguerite Siber-Stähli, bei der Taufe ihres Kindes.

«Die geharnischte Zürcherin» – die Brunnenfigur, die Gustav Siber als Auftragsskulptur auf dem Lindenhof in Zürich erstellte.

Köbi (zweiter von rechts) mit den Geschwistern Elizabeth (Mitte), Barbara und Edward, genannt Edy.

Köbi ist schon früh ein begeisterter Skifahrer: Hier in Flims mit den beiden Schwestern Elizabeth und Barbara.

Dieses psychedelische Bild erschien im Mai 1968 in der Zeitschrift «Schweizer Illustrierte» mit dem Titel «Die Schweizer Filmrebellen». Aufnahme mittels einer von Köbi erstellten Speziallinse.

Köbi mit Gaby Käch während seiner Hippie-Periode. Köbi versteht sich zu dieser Zeit als Künstler im Bereich Experimentalfilme.

Eine neue Welt tut sich auf: Auf Fossiliensuche in den Big Badlands von Süddakota in den USA. Hier liegen versteckt die Reste von Urhase, Urreh, Urkatze, Urschwein, Urkamel, Urnashorn und Urpferd.

Dia: Köbis erster Fund in der 35 Millionen Jahre alten Badlands-Formation war eine fossile Schildkröte mit dem hübschen Namen Stylemys nebrascensis.

Die Hippie-Familie, hier mit den gemeinsamen Kindern Yolanda und Maya, vor dem Eingang der Mineralienfirma Siber&Siber AG: Informelles Outfit ist sowohl bei der Arbeit als auch in der Freizeit angesagt.

Unterwegs in den Badlands von Utah: Nach jedem Halt zerstieben die Kollegen aus Süddakota in alle Richtungen, um nach Anzeichen für Fossilien zu suchen.

Die Riesenschildkröte Archelon (hier mit Köbis Kindern Yolanda und Maya) war die Riesenattraktion der Sonderschau von 1977.

Köbi sammelt in der Wüste von Utah Steine mit roten Achatmustern ein, die dort herumliegen wie Kartoffeln auf dem Kartoffelacker.

Bei den von Köbi organisierten Mineralien- und Fossilienverkaufsausstellungen helfen alle mit, auch Gaby Käch.

Der erste originale Dinosaurier in Aathal (1981) ist zwar ein Publikumserfolg, aber finanziell ein Rückschlag.

Zeremonie im Busch von Sri Lanka: Die Brüder Austin und Wilson Munasinghe weissagen in Trance Köbis Zukunft.

Einstieg in die Unterwelt: In der Wüste von Chihuahua in Nordmexiko liegt in 20 Metern Tiefe die Schicht mit den beliebten «Kokosnuss»-Kristall-Geoden.

Mitarbeiter der Firma Siber + Siber AG, Helfer und ihre Familien vor dem Eingang der Sonderschau zu Jurafossilien im Jahre 1986 (Köbi ganz links aussen).

Köbi und seine zwei Grabungskollegen mit «frischen Fischen» im Fischsteinbruch bei Kemmerer in Wyoming: Der Berg enthält mehr als Hunderttausend Fischfossilien sowie einige Raritäten wie Krokodile, Vögel, Palmblätter oder Fledermäuse, die hier vor 50 Millionen Jahren gelebt haben. Die Arbeit ist staubig und anstrengend.

Dia: Köbi inmitten seiner Sammlung von Green-River-Fossilien. Seine eigenen Funde ergänzt er mit Zukäufen.

Nach wochenlanger Arbeit in der Wüste von Peru ist der fossile Wal endlich bereit zum Abtransport mit dem Camion in den Hafen von Lima. Zur Feier des Tages wird der Wal mit Chicha (Maisbier) auf den Namen «Josefina» getauft.

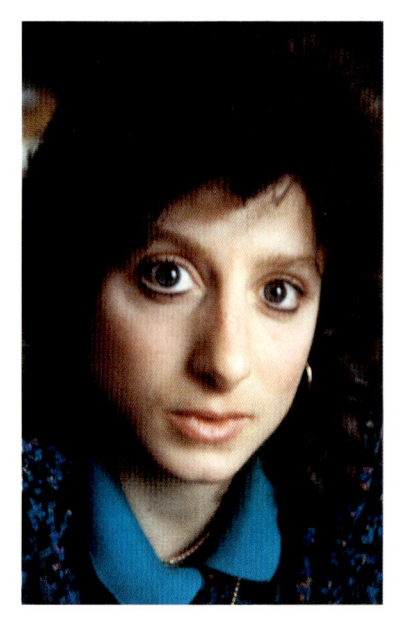

Karen: Köbi lernt «The Sales Girl from New York» auf einer Reise zu den Virgin-Islands in der Karibik kennen und lädt sie spontan zu einem Besuch in die Schweiz ein.

Im südlichen Ausläufer der Sahara im Niger liegen potenziell interessante Fundstellen von Dinosauriern. Während einer Afrikareise bemüht sich Köbi vergeblich um eine Grabungslizenz.

Köbi liest in den Ferien am Strand von Sestri Levante (Italien) ein Buch über eine Dinosauriergrabung, die in den 1930er-Jahren in Amerika stattfand. Ihm fällt auf, dass die Gruppe damals nicht fertig gegraben hatte. Sind da vielleicht noch ein paar Knochen übrig geblieben?

Das Skelett eines Ursäugers mit dem Namen Oreodont liegt eingegipst zum Abtransport bereit. Plötzlich kippt das Wetter und die Familie muss sich so schnell wie möglich aus den Badlands retten, da stürzt die kleine Alicia mit dem Knie in einen stacheligen Kaktus...

Köbi mit Begleiter Fredi Hermosilla bei einer verlassenen Silbermine hoch in den peruanischen Anden. Hier graben sie nach Kristallen von Bleiglanz, Zinkblende und Quarz.

Köbis Mutter hilft bei der Betreuung der zweiten Staffel von Töchtern (Cécile und Alicia), besonders wenn Köbi längere Zeit im Ausland weilt.

Das von Köbi gegründete «Museo de Sitio de Sacaco» am Eröffnungstag im Jahr 1990, mit den Mitwirkenden Prof. Hernando de Macedo, Carlos Martín, Susan Hendrickson, Peter Larson und Köbi (in Peru genannt «Juan»).

Der 10 Millionen Jahre alte Bartenwal «Jonas», einer der spektakulärsten Walfunde aus der Gegend von Lomas in Peru, ziert heute ein japanisches Museum.

Perfekt erhalten ist der frisch gegrabene Dinosaurierknochen eines grossen Langhalsdinosauriers im Howe-Stephens-Quarry bei Shell in Wyoming. Wo liegt wohl der Rest dieses Ungetüms? Wird dieser Fund jemals ein ausstellungswürdiges Objekt geben? Jahre später ist es gewiss: Es war wohl doch nur ein Einzelknochen.

kat und Pressemeldung wirken Wunder. Die Journalisten stürzen sich förmlich auf das Ereignis. Vor dem Ausstellungsraum bildet sich eine fast endlose Schlange von Menschen, die den Dinosaurier, diesen Zeugen aus einer anderen Zeit, bewundern wollen. Der Eintritt kostet lediglich drei Franken. Innerhalb von vierzehn Tagen besuchen 15'000 Besucher die Ausstellung. Das Gedränge im kleinen Ausstellungsraum ist beängstigend. Die Besucher müssen im Viertelstundentakt durchgeschleust werden. Auf der Durchgangsstrasse in Aathal bricht der Verkehr zusammen. Die Leute parkieren ihre Autos, wo immer sich noch eine Lücke findet, auch wenn das im Vorgarten der Nachbarn ist. Das Verkehrschaos ist perfekt.

Nach der Ausstellung setzt Köbi sich mit den buchhalterischen Belangen auseinander. Alle Auslagen für die Grabungen, die Präparation, den Transport und die Werbung werden zusammengetragen, addiert und den Einnahmen aus der Ausstellung gegenübergestellt. Das Verdikt ist ernüchternd: «Ich habe nichts dabei verdient.» Köbi unterbreitet dem Naturhistorischen Museum in Wien sein Angebot für den Dinosaurier: 300'000 Dollar soll der Edmontosaurus kosten. Ein vernünftiger Preis, denn mit dieser Summe, so hat Köbi errechnet, kann er die Ausgaben und alle Spesen decken und dabei noch etwas verdienen. Schliesslich mussten allein für die in Süddakota geleistete Präparation des Skeletts rund 10'000 Arbeitsstunden aufgewendet werden. Wien meldet zurück: «Wir klären die Finanzlage ab und suchen nach Sponsoren.» Die Reservation für Wien wird auf sechs Monate festgelegt. Mit jedem Tag, der vergeht, steigt die Nervosität. Der Tag der Entscheidung naht: «Wien» meldet kurz und bündig, dass Professor Bachmayr in der Zwischenzeit in Pension gegangen sei und sein Nachfolger das notwendige Geld nicht habe auftreiben können.

Der Entscheid stellt Köbi vor eine unangenehme Tatsache. Aus dem Erlös hätten auch die Kosten von Peter Larsons Team gedeckt werden sollen. Da die Larsons und ihre Leute alles auf eine Karte gesetzt haben, haben sie während der Grabungen ihr normales Geschäft vernachlässigt und Kunden verloren, während in Aathal der Verkauf von Fossilien und Mineralien weiter lief. Larson bittet Köbi dringend um einen Vorschuss. Zwar lautete die Abmachung, dass man das Geld teilt, sobald der Erlös eingetroffen ist. Obwohl der jetzt nicht eintrifft, streckt Köbi Peter und dessen Firma Geld vor. Larson ist dankbar für die Geldüberweisungen. Doch während Peter die Lage von Köbi nach dem Nein aus Wien begreift, lehnen sich seine Partner auf. Sie wollen sofort alles Geld sehen und unterstellen Köbi, sie reingelegt zu haben. Eine verständliche Reaktion, da die Larsons zwischenzeitlich die Löhne nicht mehr zahlen konnten. Einige der «South Dakota-Boys» lästern, dass sie das ganze Wissen und Können lieferten, Köbi hingegen «nur» das Geld. Köbi macht sich grosse Sorgen, immerhin hat das Team während rund drei Jahren erfolgreich zusammengearbeitet. Er möchte unbedingt mit dem eingespielten Team weiterarbeiten. Sie alle haben mit der Grabung und der Präparation ihres ersten Dinosaurierskeletts viel gelernt. Jetzt, da der Prototyp steht, wäre es doch falsch aufzuhören, nur weil der Verkauf nach Wien nicht zustande gekommen ist. In dieser Bedrängnis muss Köbi nach neuen Wegen suchen. Ihm ist klar: Irgendwie muss es ihm gelingen, mit Ausgrabungen von sensationellen Funden genügend Geld zu erwirtschaften. Bloss wie und wo?

Begegnungen der besonderen Art

Der geplatzte Verkauf des Edmontosauriers, die Spannungen mit den amerikanischen Kollegen, die Trennung von seiner Partnerin Gaby – all diese geschäftlichen und persönlichen Rückschläge will Köbi irgendwie überwinden und hinter sich lassen. Da Yolanda bald in die Schule eintreten wird, möchte er mit ihr vorher noch eine längere Reise unternehmen, und zwar nach Indien und Sri Lanka. Diese Länder kennt Köbi bereits von früheren Reisen und Einkaufstouren her.

«Im Hotel warteten einige unangenehme Überraschungen auf uns: Unter der WC-Brille versteckten sich jeweils unappetitliche Tiere, grossen Küchenschaben ähnlich. Mit seinen Holzzoggeli machte Köbi den Viechern den Garaus. Einmal erwischte er sogar eine Vogelspinne. Wir unternehmen auch Ausflüge ins Landesinnere. Einmal wollte Köbi den Sonnenaufgang vom heiligen Berg Sri Pada aus sehen. Dazu mussten wir spätnachts den Berg besteigen. Der Aufstieg war steil, es gab viele Treppen. Ich war so müde, dass ich kaum mehr weiterlaufen konnte. Da liess Köbi mich in einer Hütte am Wegrand in der Obhut von Einheimischen zurück. Ich durfte in einen Jutesack schlüpfen und schlafen. Nach dem Sonnenaufgang holte Köbi mich wieder ab. Wir unternehmen aber auch weniger anstrengende Reisen, zum Beispiel mit der Eisenbahn. Ich erinnere mich, wie die Menschen sich überall an den Eisenbahnwagen festklammerten, während der Zug langsam an den Teeplantagen vorbeizog. Manchmal durfte ich Köbi auch zu den Mineralienhändlern begleiten und begann, eine eigene kleine Steinsammlung anzulegen. Ich habe sie heute noch, allerdings in einer schlichten Schachtel.» (Yolanda Schicker-Siber)

Doch Köbi sucht nicht nur Edelsteine, er sucht auch einen alten Bekannten auf: Austin Munasinghe und dessen Bruder Wilson.

Als Filmemacher hat Köbi einst einen Dokumentarfilm über deren Trancesessions gedreht. Da Köbi bei dieser Gelegenheit erlebt hat, dass die Brüder im Trancezustand fähig sind, Weissagungen zu machen, möchte er jetzt ihre Fähigkeiten für sich selber nutzen. «Die Trennung von meiner Partnerin hat in mir den Wunsch geweckt, wieder eine Frau zu finden. Aber wo würde ich sie finden? Es gibt so viele schöne und attraktive Frauen auf der Welt. Ich habe keine Ahnung, wo und nach wem ich suchen soll.» Warum sich diese Frage nicht von Austin während einer Trancesession beantworten lassen? Gedacht, getan. Eines Tages begibt Köbi sich an den Ort, wo Austin und Wilson jeweils ihre Trancesessions abhalten. Austin ist bekannt für seine Orakel, aber auch für traditionelle indigene Heilmethoden. Die beiden Brüder bewohnen ein Haus mit einem Strohdach und einfach gemauerten Wänden, von Kokospalmen gesäumt und von Reisfeldern umschlossen – das Zuhause für eine Grossfamilie mit zwölf Kindern.

Für eine Trancesession werden das Haus und die nähere Umgebung dekoriert. Kunstvoll geflochtene Palmenblätter schmücken einen Altar im Innern des Hauses und einen ausserhalb. Aus der Nachbarschaft treffen immer mehr Menschen ein, die der Zeremonie beiwohnen. Als die Dämmerung hereinbricht und im nahen Dschungel die nachtaktiven Tiere geräuschvoll erwachen, entsteht eine gespenstisch anmutende Szenerie. Zwei Trommler bearbeiten mit ihren Stöcken die Trommeln und sorgen für einen monotonen Rhythmus. Manchmal langsam, dann wieder schneller und lauter. Stundenlang. Ein gleichförmiger Singsang begleitet die Trommelschläge. Die beiden Brüder, die zuvor während Tagen gefastet haben, stellen sich mit nacktem Oberkörper vor den Altar im Innern des Hauses, meditieren dort und klinken sich dann tanzend ein in den Rhythmus der Trommeln. Mit den Füssen stampfen sie auf den Boden, immer schneller, hektischer. In der Hand halten sie brennende Fackeln. Mit diesen bewegen sie sich wie Roboter ruckartig vorwärts und rückwärts. Sie schwenken die Fackeln, ohne sich dabei umzusehen, und trotzdem setzen sie nichts in Brand. Nach etwa einer Stunde Tanz im Trommelwirbel verfällt Austin in Trance. Er ist nicht mehr ansprechbar. Sein Geist ist in einer anderen Welt angekommen. Jetzt ist der Moment da, Fragen zu stellen.

Köbi hat seine Frage zuvor auf einen Zettel geschrieben: «Wo werde ich meine künftige Frau finden?» Den Zettel hat er in einen Umschlag gesteckt und fest verklebt. Nun legt er das Couvert in einen Behälter, in dem bereits Umschläge von anderen Fragestellern liegen. Vor dem Altar und dem Behälter mit den Umschlägen wird weiter im Schein der Fackeln getanzt. Die Brüder stossen seltsame Schreie aus. Plötzlich endet der Trommelwirbel abrupt. Stille. Nur die undefinierbaren Geräusche aus dem nahen Dschungel sind zu hören. Die erschöpften Trommler und Tänzer brauchen eine Pause. Alle Anwesenden werden verköstigt mit einheimischen Spezialitäten. «Das Essen war grausam scharf», erinnert Köbi sich noch heute schaudernd, «es hat mir beinahe den Gaumen verbrannt. Die Schärfe liess Tränen in meine Augen schiessen und ich hatte das Gefühl, ersticken zu müssen.»

Nach der Pause geht der wilde Tanz zu den Trommelschlägen weiter. Die Brüder versetzen sich wieder in Trance. Ein merkwürdiges Ballett spielt sich ab. Wilson schreitet zum Altar vor dem Haus und stösst unverständliche Worte aus. Austin schliesst sich ihm an. Mit seinen Schreien leitet Wilson offensichtlich die Fragen aus den immer noch verschlossenen Umschlägen an Austin weiter. Jede Frage wird mit einem speziellen Schrei weitergeleitet. Köbi will wissen, was da vor sich geht und erkundigt sich bei einem Teilnehmer, der neben ihm steht. Er erfährt, dass früher, als die Götter den beiden Brüdern noch besser gesinnt waren, Austin allein die Fragen «lesen» konnte. Doch aus irgendeinem Grund hat Austin sich die Gunst der Götter verscherzt. Deren Strafe besteht nun darin, dass er seinen Bruder braucht und sie sich die Orakelarbeit teilen müssen. Kaum sind alle Fragen von Bruder zu Bruder weitergeleitet, werden die Fragenden aufgefordert, ihren Umschlag zu holen und ihn ins Feuer zu werfen. Köbi vergewissert sich, dass der Umschlag noch immer fest verschlossen ist und übergibt ihn wie geheissen den lodernden Flammen. Als Köbis Frage an der Reihe ist, beantwortet zu werden, tanzt Austin wild vor ihm, mit zuckenden Armen und stampfenden Füssen. «Es war nicht mehr der Austin, den ich kannte, es war ein Austin, der von fremden Mächten besessen schien. Es war sehr eigenartig.» Der wie von einem Geist besessene Austin wendet sich an Köbi und spricht ihn an: «Deine Frage lautete: Wo werde ich meine künftige Frau finden?» Da Austin in Singhalesisch spricht, wird seine Aussage von einem Übersetzer ins Englische übertragen. Der Übersetzer weiter: «Your future wife will be from New York – deine zukünftige Frau wird von New York sein.» Köbi ist sich nicht mehr sicher, ob allenfalls gemeint war «You will meet your future wife in New York – du wirst deine zukünftige Frau in New York treffen.» Der Übersetzer nennt Köbi einen Termin in zwei Jahren, an dem er seine zukünftige Ehefrau treffen wird. Nüchtern stellt Köbi fest: «Es ist durchaus wahrscheinlich, dass meine Zukünftige aus New York stammt oder ich sie in New York treffen werde, schliesslich bin ich ja mindestens zwei Mal pro Jahr auf meinen Mineralien-Einkaufsreisen dort.»

Köbi hat eine Frage auf seine Antwort erhalten und glaubt, dass die Trancesession nun vorbei sei. Doch Austin tanzt und stampft weiter vor dem Altar und vollführt erneut die wildesten Bewegungen. Plötzlich stürzt er auf Köbi zu, fuchtelt, schreit in der fremden Sprache in den Abendhimmel hinaus und richtet sich direkt an Köbi. Der Übersetzer gibt die Botschaft von Austin wie folgt weiter: «Deine zweite Tochter wird 1985 – also in etwa sieben Jahren – einen schweren, lebensbedrohlichen Unfall haben.» Köbi erschrickt zutiefst. Sofort will er wissen, ob es eine Möglichkeit gebe, dieses Unglück abzuwenden. Er wendet sich an Austin mit der Frage: «Was kann ich tun, um das Unglück zu vermeiden?» Austins Antwort: «Du musst mit deiner Tochter mindestens 3000 Meilen von zu Hause weggehen.» Köbi kann diese Weissagung nicht einfach so hinnehmen.

Zu skeptisch ist er allem gegenüber, was nicht wissenschaftlich erklärt werden kann. Und was für eine wissenschaftliche Erklärung kann es schon geben für ein Schicksalsereignis, das erst in ein paar Jahren eintreten soll? Trotzdem: Die Botschaft graviert sich in seinem Gehirn ein und lässt ihn nicht mehr los. Zurück im Strandhotel von Negombo, findet er keinen Schlaf. Noch in dieser Nacht schreibt er die Weissagung auf und verschliesst den Zettel in einem Umschlag. Bis zum Zeitpunkt des vorausgesagten Ereignisses dauert es ja noch ein paar Jahre, und er will sicher sein, dass ihm sein Gedächtnis bis dahin keinen Streich spielt.

«*Ich kann mich nicht mehr erinnern, was genau dort ablief. Es war mitten in der Nacht, es wurde wild herumgetanzt, faszinierend. Mir kam es vor wie ein Besuch bei den Hexen.*» *(Yolanda Schicker-Siber)*

Zwei Jahre nach der beunruhigenden Trancesession fliegt Köbi wieder in die USA. An Bord der Airline werden eine Art Lotterietickets verteilt. Als Gewinn winken Getränke, Champagner und als erster Preis ein «Round-Trip-Ticket» Erster Klasse der American Airlines. Köbi gewinnt den ersten Preis. Auf seiner unerwarteten Gratisrundreise macht er einen Abstecher nach St. Thomas, einer der in der Karibik gelegenen Jungferninseln. Dort schreibt er sich sofort bei einer Tauchschule ein und kann bereits am nächsten Tag an einem «Early Morning Dive» ins Korallenriff teilnehmen. In der Unterwasserwelt entdeckt er Korallenfische in allen Farben und Formen, Seeanemonen, Seesterne, Seeigel, Tintenfische und vieles mehr. Nach dem faszinierenden Tauchgang im kristallklaren Wasser gönnen sich die hungrig gewordenen Taucher ein ausgiebiges Frühstück. Zur Gruppe gesellt sich eine junge Frau mit grünen Augen, braunen Haaren und einem herzhaften Lachen. In der Runde kommt ein lebhaftes Gespräch auf. Es stellt sich heraus, dass die junge Frau als Verkäuferin in einem Souvenirshop für Touristen arbeitet. Da gerade eine Strompanne das Geschäft lahmgelegt hat, nutzt sie die Gelegenheit, um sich im Restaurant die Zeit zu vertreiben. Die junge Frau – sie heisst Karen – und die Taucher kommen ins Gespräch. «I am Kirby from Switzerland», stellt Köbi sich vor. Sie unterhalten sich. Als die Strompanne behoben ist, muss Karen eilig wieder ins Geschäft zurück. Bald taucht auch Köbi im Souvenirshop auf. Während er sich dort umsieht, fällt ihm ein, dass er seinen Töchtern ein Mitbringsel besorgen könnte und wählt zwei zierliche Haarspangen aus. Die Kaufquittung steckt er gewohnheitsmässig ein und lässt sich im Taxi zum Flughafen fahren.

«Er war sehr gesprächig, hat andauernd geschwatzt. Mit seinen langen Haaren und dem Bart sah er aus wie ein Hippie mit Dauerwellen. Dazu trug er Holzzoggeli – mit Socken! Einfach schrecklich.» (Karen Siber)

Zu Hause sortiert Köbi – wie nach jeder Reise – die Spesenbelege für die Buchhaltung. Als ihm die Quittung aus dem Touristenshop auf St. Thomas in die Finger gerät, hält er inne. «Wie wäre es, wenn ich versuchen würde, mit Karen Kontakt aufzunehmen?», überlegt er sich. Auf der Quittung steht die Adresse der Touristenboutique. Kurzerhand schreibt er Karen einen Brief und wartet gespannt auf eine Antwort.

«Ich war erstaunt, von so weit weg einen Brief zu erhalten. Ich hatte überhaupt nicht mehr an ‹Kirby from Switzerland› gedacht. Er hat mir bei der ersten Begegnung ja auch nicht so gut gefallen mit seiner Hippiefrisur und den Holzzoggeli. Aber er hat sehr interessant erzählt, man konnte gut mit ihm reden. Den Brief konnte ich allerdings kaum lesen, weil er so unleserlich geschrieben war.» (Karen Siber)

Nach vier Wochen trifft die langersehnte Antwort von Karen ein. Köbi schreibt erneut und muss wieder vier lange Wochen auf einen Brief von ihr warten. Inzwischen weiss er, dass Karen aus New York stammt. Die Weissagung klingt in seinen Ohren. Hat seine Begegnung mit Karen nicht zu dem Zeitpunkt stattgefunden, den Austin vorausgesagt hat, nämlich September 1979? Nach regen Briefwechseln lädt Köbi Karen in die Schweiz ein.

«*Ich war noch nie in Europa, noch gar nie so weit weg. Irgendwie reizte es mich, die Einladung anzunehmen. Meine Freundin fand allerdings, dass ich verrückt sei, Köbis Einladung anzunehmen – von einem Mann, den ich ja kaum kannte. Neben dem Wunsch, nach Europa zu reisen, war auch ausschlaggebend, dass ich Köbi als interessanten Gesprächspartner kennengelernt hatte. Schliesslich siegte die Neugier und ich nahm die Einladung an.*» (Karen Siber)

Köbi schickt Karen ein Flugticket und holt sie am Flughafen Zürich ab. Karen versteht sich sofort ausgezeichnet mit Köbis Töchtern.

«*In Aathal angekommen, fror ich wie ein Schlosshund, meine Zähne klapperten. Köbi besorgte sofort eine warme Jacke und Mütze für mich. Er hat für alles gesorgt und mich sehr verwöhnt.*» (Karen Siber)

Nach einem Jahr heiraten Köbi und Karen, nicht zuletzt auch deshalb, damit Karen in der Schweiz bleiben kann. Mit leicht maliziösem Lächeln sagt er heute: «Ich habe meine Frau in der Lotterie gewonnen.» Köbi ist jetzt 38 Jahre alt, Karen 21. Karens italo-amerikanische Familie, die ursprünglich aus Sizilien stammt, ist nicht sonderlich begeistert über den Schwiegersohn aus der Schweiz und den grossen Altersunterschied zwischen den Frischvermählten. Doch was solls: Köbi ist glücklich mit seiner tollen, spontanen Frau, die so herzhaft lachen kann.

Wenn da nur nicht die zweite Weissagung wäre. Köbi geht wie gewohnt seinen Aktivitäten nach. Doch ein Jahr vor dem genannten Termin macht er sich ernsthaft Gedanken darüber, wie er mit der Weissagung umgehen soll. Ignorieren? Und wenn dann seiner Tochter Maya tatsächlich etwas zustossen würde? Er würde sich das wohl nie verzeihen können. In Bezug auf Karen hat Austins Voraussage ja auch gestimmt. Köbi ringt mit sich –

allein. Denn ihm ist klar, dass er weder seiner eigenen Mutter noch anderen Personen aus seinem Umfeld von der Weissagung erzählen kann. Sie würden ihn bestimmt für nicht ganz bei Trost halten oder wären zutiefst beunruhigt. Nur Gaby, also Mayas Mutter, sowie Karen und Bruder Edy werden in das Geheimnis eingeweiht. Und Köbi trifft in aller Stille für sich eine Entscheidung.

Im Land der verborgenen Schätze

1984 feiert die Firma Siber + Siber ihr 20-jähriges Jubiläum. Köbi hat in diesen Jahren intensiv gearbeitet und auf vieles verzichtet. Er hält deshalb den Zeitpunkt für gekommen, ein «Sabbatical», das heisst, ein Jahr der Auszeit, einzuschalten und gleichzeitig die vom Orakel empfohlene Distanz von 3000 Meilen, also rund 5000 Kilometer, zwischen seine Familie und Aathal zu legen. Sorgfältig prüft er mögliche Destinationen. Schliesslich kristallisiert sich Südamerika heraus, und zwar Peru: Das Land ist weit genug weg von Aathal, es gibt dort eine Schweizerschule, in die er seine beiden Töchter schicken kann, und last but not least: Das Land ist für seine Minen bekannt und somit auch für Mineralien. Doch bevor Köbi sich definitiv für Peru entscheidet, unternimmt er eine zehntägige Erkundungstour. Die Familie, besonders Köbis Mutter, ist zunächst nicht besonders glücklich über die Wahl.

«Als Köbi uns eines Tages eröffnete, dass er eine Auszeit in Amerika nehmen wolle, dachte ich: Amerika, das ist ja super. Doch dann präzisierte er, dass er Südamerika meine, nämlich Peru. Da sank meine Freude jäh, und ich wollte zuerst gar nicht mit. Doch Köbi hat uns einfach in der Schule abgemeldet. Das Packen ging dann sehr schnell.» (Yolanda Schicker-Siber)

Auch Karen macht sich Sorgen wegen der Sicherheit. Kein Wunder, denn die linksgerichtete Guerilla-Gruppe Sendero Luminoso (Leuchtender Pfad) führte in den 80er-Jahren einen blutigen Krieg gegen die Staatsgewalt. In abgelegenen Regionen des Berglands kam es zu zahlreichen Massakern an der Landbevölkerung. Doch Köbi lässt sich von den Zuständen in Peru nicht beirren.

Zwei Wochen vor der Abreise – Köbi steckt gerade inmitten der intensiven Vorbereitungen – erscheint ein Mann im Geschäft in Aathal, in der Hand einen grossen Plastiksack voller Fossilien aus Peru. Das Stichwort «Peru» lockt Köbi aus dem Büro. Im Sack befinden sich Haifischzähne. Ein kurzer Blick jedoch genügt und Köbi stellt fest: «Leider Schrott, kaum etwas wert, der Wüstensand hat diese Zähne zu arg in Mitleidenschaft gezogen, als dass sie für den Verkauf geeignet wären.» Doch Köbis Freund René Kindlimann sammelt Haifischzähne aus den verschiedensten Weltgegenden. «Vielleicht ist der Herkunftsort dieser Zähne – Peru – für René interessant, vielleicht findet er darin sogar einen oder zwei, die er brauchen kann», überlegt Köbi. Gewohnt, dass im Geschäft immer wieder Leute zweitklassige Ware anbieten und die besten Stücke zu Hause aufbewahren, suchen Köbi und René den Anbieter der Zähne an seinem Wohnort auf. Dabei erfahren sie vom leutseligen Mann, dass dieser in Peru für eine Schweizer Firma gearbeitet und die Zähne als begeisterter Fossiliensucher in seiner Freizeit gesammelt hat. Voller Stolz zeigt er Köbi und René das Fotoalbum seines Peruaufenthalts. Beim Durchblättern des Albums stossen sie auf Bilder von grossen weissen Skeletten, die offen in der Wüste liegen. Der Haizahnsammler berichtet, dass diese Skelette lokal als «Cemeterio de Dinosaurios – Dinosaurierfriedhof» bekannt sind. Köbi spitzt die Ohren und wechselt vielsagende Blicke mit René. Leider sind die Fotos zu undeutlich, als dass man Genaueres sehen könnte. Doch Köbi und René ist sofort klar, dass in den Gesteinsschichten, die der Amateursammler von Haifischzähnen ihnen zeigt, keine Dinosaurier vorhanden sein können: Diese Schichten sind wesentlich jüngeren Datums, die Dinos waren zu diesem Zeitpunkt bereits längst ausgestorben. Es muss sich somit um eine andere Art von Skeletten handeln oder schlicht um Überreste erst kürzlich verendeter Tiere. Allenfalls könnte es sich aber auch um fossile Wale handeln. Ein solcher Fund wäre tatsächlich wertvoll. Der Fossilienjäger in Köbi wird ganz kribblig. Jetzt hat er einen zusätzlichen guten Grund, nach Peru zu reisen.

Im September 1984 zieht Köbi mit seiner Patchwork-Familie, bestehend aus der 11-jährigen Yolanda, der 9-jährigen Maya, der zweiten Frau Karen sowie der sechs Monate alten gemeinsamen Tochter Cécile, nach Lima, Peru. Ein Jahr später wird Alicia geboren, die jüngste von Köbis vier Töchtern. Die Familie lebt im 16. Stock eines Hauses im Stadtteil mit dem wohlklingenden Namen «Miraflores», mit herrlicher Sicht auf den Pazifik. Die beiden älteren Töchter besuchen die Schweizerschule, die dort Pestalozzischule heisst.

«Der Aufenthalt in Peru hat uns viel gebracht. Während der Grossteil der Schüler entweder mit dem Schulbus oder im Privatauto zur Schule gebracht wurde, drückte uns Köbi – wenn er gerade keine Zeit hatte – einige Scheine in die Hand. Wir hielten dann Ausschau nach einem Sammeltaxi, das in Richtung der Schule fuhr. Die Richtung war auf kleinen Kartonschildern hinter der Windschutzscheibe angeschrieben.

Wir lernten in Peru ganz andere Kulturen kennen – die von heute und die von damals. Nebst den Inkas in den Anden gab es ja auch zahlreiche Küstenvölker, deren Namen ich leider vergessen habe. Nicht aber deren blutrünstigen Bräuche, die sie als Relief in Stein gemeisselt haben. Auch die zahlreichen Mumien, die wir in Museen besichtigten, oder die hügeligen Landschaften in der Wüste, in denen die Gräber teilweise geplündert waren und die nun übersät waren mit menschlichen Knochen, haben einen bleibenden Eindruck hinterlassen.

Wir wurden konfrontiert mit Armut und Elend. Köbi wollte uns nicht vor diesem Anblick schützen, wie es andere Eltern meiner Mitschüler taten. Für andere Eltern war die Art und Weise, wie Köbi mit uns umging, unglaublich. Wir lernten aber dabei, selbstständig zu werden. Heute ist mir bewusst, dass wir gewissen Gefahren ausgesetzt waren. Aber ich möchte diese Erfahrungen nicht missen. Für mich gab und gibt es ein Leben vor und eines nach Peru.» (Yolanda Schicker-Siber)

Da Köbi für die Firma weiterhin «Steine» beschaffen muss, hofft er, zu Mineralien aus den peruanischen Minen zu kommen. Er erkundet Lima und entdeckt bald, dass in einigen kleinen, verschworenen Ecken der pulsierenden Stadt mit Mineralien gehandelt wird. Die Qualität ist zwar nicht berauschend, trotzdem möchte Köbi unbedingt herausfinden, woher genau die Steine stammen. Schnell wird ihm bewusst, dass die Ursprungsangaben meist ungenau oder sogar bewusst falsch angegeben werden, um die eigentlichen Fundorte geheim zu halten. Die Piriteros, wie die Leute genannt werden, die in den Minen Mineralien einkaufen und sie nachher in der Hauptstadt mit maximalem Gewinn verkaufen, sind offensichtlich nicht bereit, Köbi die exakten Fundorte zu nennen.

Köbi wäre nicht Köbi, wenn er nicht einen Weg finden würde, das Problem zu lösen: Kurzerhand kauft er einen VW-Käfer und lässt einzelne Teile wie etwa den Benzintank verstärken, damit die Schlaglöcher nicht allzu leichtes Spiel haben würden, den Wagen ausser Gefecht zu setzen. Dann stellt er einen oder zwei lokale Begleiter an und macht sich mit ihnen auf den Weg in die Anden. Von Lima aus muss er riesige Distanzen hinter sich bringen. Der Weg führt über 5000 Meter hohe Passstrassen, bei denen er nie sicher sein kann, ob an der nächsten Wegbiegung die Strasse noch existiert oder beim letzten Gewitter teilweise abgesackt ist. Die Gebiete, die er durchquert, sind meist menschenleer. Eine Panne hätte genügt, um in grösste Gefahr zu geraten, da damals in dieser Gegend keine Kommunikationsmittel funktionieren. Die Minen verfügen zwar über Funktelefonverbindungen, diese stehen jedoch nur den leitenden Angestellten zur Verfügung. Die Minen liegen meist auf einer Höhe von 3500 bis über 5000 Metern. Die Luft hier oben ist dünn und das Atmen fällt schwer. Jeder Schritt wird zu einer gewaltigen Anstrengung. Doch Köbi gewöhnt sich schnell an diese extremen Höhenlagen. «In meinen Yoga-Lektionen habe ich das tiefe Atmen gelernt – vielleicht hat mir das geholfen.»

Der höchste Punkt, den er mit seinem VW-Käfer erklimmt, liegt auf 5200 Metern Höhe. Es ist die kleine Silbermine Huaròn, aus der die wunderschönsten Kristallkombinationen von Quarz mit Pyrit und Zinkblende mit Bleiglanz gewonnen werden. Die Minenarbeiter wohnen in kleinen, bescheidenen Baracken. Bei denjenigen, die Steine zum Verkauf anbieten, liegen einige Steine auf dem Küchenfenstersims. Zusammen mit seinem einheimischen Begleiter klopft er an die Türen der Baracken. Wenn alles gut geht, wird diese einen kleinen Spalt weit geöffnet und Köbi kann seinen Satz sagen: «¿Tiene quijos¿», was im Gemisch aus Spanisch und der Indiosprache Quechua so viel bedeutet wie: «Habt ihr Mineralien?» Entweder wird die Türe dann gleich wieder zugestossen oder eine Schuhschachtel mit Steinen herausgereicht. Eigentlich würde Köbi den Inhalt zuerst gerne mustern und die verkaufsfähigen Stücke herausklauben. Doch dann merkt er, dass man gleich die ganze Schachtel kaufen muss, der Preis ist derselbe.

So geht es von Haustür zu Haustür, von Mineurensiedlung zu Mineurensiedlung. Bald ist das Auto mit Steinen vollgepackt. Da die Steine lose in den Schachteln liegen, muss Köbi versuchen, die Schachteln so zu stapeln, dass sie nicht umkippen und die Kristalle im ganzen Auto verstreut werden. Also packt er die eingekaufte Ware sorgfältig in Zeitungspapier ein. Da es in den Mineurensiedlungen keine Zeitungen gibt, muss er das Papier von Lima mitbringen. Zu Hause werden die Schuhschachteln einer fachmännischen Inspektion unterzogen. Ein Drittel kann gleich als Abfall entsorgt werden. Viele der Steine, die Köbi in Fässern verpackt in die Schweiz sendet, haben einen guten Wert, aber kein einziges Stück ist eine eigentliche Sensation, die er entsprechend hätte präsentieren können. «Ich war nicht ganz zufrieden, denn ich hatte mir etwas Besseres vorgestellt.» Seinem Bruder Edy und Karin Lenzlinger, die in Aathal die Stellung halten, gelingt es aber trotzdem, die Peru-Mineralien in gute Münze zu verwandeln. Kaum jemand in Aathal ahnt natürlich, welch abenteuerlichen Reisen notwendig waren, um an diese Mineralien zu gelangen.

Jedes Mal, wenn Köbi morgens um vier Uhr aufbricht, um in die Anden hinaufzufahren, tut er dies in der Hoffnung, nun auf ein richtig tolles Stück zu stossen. Während der stundenlangen Fahrten hängt er Tagträumen nach und stellt sich vor, dass gerade in diesem Moment ein sensationeller Fund gemacht wird, der die ganze Sammlerwelt begeistern wird. Schliesslich tauchen immer wieder mal irgendwo auf der Welt solche Traumstücke auf. Warum also nicht hier und jetzt? Doch das Traumstück bleibt ein Traum: «Leider war es mir nicht vergönnt, auf ein richtig tolles Stück zu stossen. Aber vielleicht war das auch ganz gut so: Hätte ich in den Kristallminen etwas Sensationelles gefunden, wäre ich vielleicht nicht auf die Idee gekommen, mich nach Fossilienfundstellen umzusehen. Und dort habe ich ja dann wirklich das grosse Los gezogen...»

Auf seinen Fahrten durch die gebirgigen Gegenden riskiert Köbi immer wieder, an Strassensperren kontrolliert zu werden, sei es durch die Polizei, das Militär, Antiterroreinheiten, Guerillas oder die Minenpolizei. Ein falsches Wort oder ein fehlendes Stück Papier, und man riskiert die Beschlagnahmung des Autos, und zwar auf der Stelle – in einer Gegend ohne Hotels oder Restaurants. Die ewigen Kontrollen zehren an den Nerven. Manchmal gelingt es Köbi, mit Zigaretten oder einer Handvoll Pesos die «Plagegeister» abzuwimmeln. Doch oft muss er die ganze Prozedur über sich ergehen lassen – das Auto ausräumen, alle Gegenstände in der Polizeistation ausbreiten, alles durchsuchen lassen und dann warten, bis der Chef das Verdikt fällt: zahlen oder weiterfahren. Je eiliger man es hat, umso höher fällt der «Wegzoll» aus.

Eine andere Schwierigkeit besteht im Fehlen von Wegweisern und Distanzangaben. Zu jener Zeit gibt es in den ganzen Anden keine Wegweiser oder Routenbeschreibungen. Gelangt Köbi an eine Wegkreuzung, muss er sich bei lokalen Bewohnern erkundigen, wo es weitergeht. Doch die stereotype Antwort lautet: «Defrente – immer geradeaus.» Eine Wegbeschreibung, die sich nicht als besonders hilfreich erweist. Nach der Rückkehr nach Lima ist Köbi jeweils körperlich und psychisch erschöpft. Zu Hause lässt die grosse Anspannung nach und er kann sich im Kreis seiner Familie erholen, mit Blick auf das weite Meer.

«Ich erinnere mich, wie Köbi und ich mit dem VW-Käfer in die über 5000 Meter hoch gelegenen Minen gefahren sind. Ich staunte immer wieder, wie in den gottverlassenen Minenbehausungen die Leute auf blosses Anklopfen an ihren Containerwohnungen bereit waren, Köbi Mineralien zu verkaufen. Grundsätzlich hätten nämlich gar keine Funde aus einer Mine an Dritte weitergegeben werden dürfen. Dass dies aber immer wieder auf ‹wundersame› Art geschah, war mir bewusst, nicht zuletzt deshalb, weil in Lima an versteckten Orten, die nur wenigen bekannt waren, ein entsprechender Handel blühte. Die dünne Bergluft und die grossen Höhenunterschiede schienen Köbi gesundheitlich nichts anhaben zu können. Trotzdem überliess er mir einmal das Steuer, damit er auf der Rückfahrt nach Lima auf dem Beifahrersitz schlafen konnte. Die Nacht war bereits hereingebrochen. Es dauerte nicht lange, bis wir durch eine Strassensperre aufgehalten wurden. Köbi realisierte das kaum. Das Wetter war lausig schlecht, sodass die Posten sich nicht lange mit der Kontrolle des VWs aufhielten, der ja ohnehin nur mit Ausländern besetzt war. Die Gesteinssammlung auf dem Rücksitz des VWs übersahen sie geflissentlich. Ihr Licht reichte nicht bis zum Hintersitz – dank einigen Dollarscheinen. Sie liessen uns ungehindert weiter in die Dunkelheit fahren. Trotz der bürgerkriegsähnlichen Zustände, die damals in Peru herrschten, hatte ich aber nie Angst: Mit Köbi fühlte ich mich immer sicher.» (Karin Lenzlinger)

Köbi ist sich bewusst, dass auch die Einheimischen an den unzähligen Strassensperren denselben Schikanen ausgesetzt sind. Wobei er selber mehr noch als die anderen ins Portemonnaie greifen muss, um den Weg fortsetzen zu können. Deshalb achtet er immer darauf, genügend 20-Dollarnoten auf sich zu tragen. Auch die Piriteros sind denselben Schikanen ausgesetzt. Das bringt Köbi auf eine Idee. In Lima gibt es an der Universität San Marcos ein Mineralienmuseum. Die Vitrinen sind mit minderwertigen Belegstücken aus den peruanischen Minen ausstaffiert. Was in Lima auf der Strasse verkauft wird, ist oft von wesentlich besserer Qualität. Köbi schlägt der Direktion des Museums und dem neu gegründeten «Verein zur Förderung der Mineralogie» vor, dass die Piriteros der Museumssammlung pro Jahr ein gutes Stück stiften und dafür eine Geschenkurkunde der Universität erhalten, die sie dann bei den Strassensperren den Polizisten gleichsam als Passierschein unter die Nase halten können. Diese Idee wird sofort gut aufgenommen. Nach wenigen Wochen reisen die Piriteros mit ihren Gönnerausweisen. Die Direktorin der Mineraliensammlung der Universität ist äusserst zufrieden über den Zuwachs an schönen Mineralien, denn gerade in dieser Zeit ist praktisch kein Geld da für Neuanschaffungen.

Der Vorteil, mit dem Gönnerausweis zu reisen, dauert allerdings nur ein halbes Jahr, bis die Kontrollposten an den Strassensperren ihr Passiergeld wieder einfordern. Und somit schwindet auch das Interesse der Piriteros am «Club Mineralogico del Perú», zu dessen Ehrenmitglied Köbi ernannt worden ist. Doch die Schulung über den internationalen Mineralienmarkt, den Köbi den Piriteros offeriert, wird begeistert aufgenommen. Er erinnert sich gerne an diese Piriteros: «Das waren richtig flotte Typen.»

Köbi und seine Familie leben nun bereits seit einigen Monaten in Peru. Köbi hat mithilfe einer Studentin recht gut Spanisch gelernt. Sein «Schulbuch» ist allerdings speziell: Es handelt sich um eine Einführung in die Archäologie von Peru – ein Wälzer von rund 500 Seiten. So schlägt Köbi gleich zwei Fliegen auf einen Schlag: Er lernt nicht nur Spanisch, sondern macht sich gleichzeitig mit der präkolumbianischen Geschichte Perus vertraut, der er auf Schritt und Tritt begegnet. Allein Lima verfügt über mehrere international bekannte archäologische Museen, darunter auch das berühmte Goldmuseum «Oro del Perú». Gerne verbindet Köbi die Ausflüge zu den Minen mit Ausflügen zu den archäologischen Stätten wie Machu Picchu, Cuzco, Chan Chan, Lambayeque, Chavín de Huantar oder Chancay.

Endlich kommt der Tag, an dem Köbi zusammen mit seinem einheimischen Begleiter Fredy Hermosillo Richtung Süden fahren kann. Der Weg führt der berühmten Küstenstrasse «Panamericana» entlang Richtung Süden. Auf der einen Strassenseite das Meer und auf der anderen nichts als Wüste. Mal Steinwüste, mal Sandwüste, mit Dünen wie in der Sahara. Ein erstes Ziel ist Nazca, bekannt für die geheimnisvollen Scharrlinien, die Erich von Däniken als Werk von Ausserirdischen interpretiert.

Danach geht es weiter Richtung Sacaco. Fredy kennt dort einen Mann namens Carlos Martín, der ihnen Auskunft über den «Dinosaurierfriedhof» geben kann. Carlos ist ein Mann von etwa 40 Jahren, der einen Olivenhain bewirtschaftet. Bei Kilometer 540 des Panamericana Highway führt ein holpriger kleiner Weg zur Estancia, dem Farmhaus von Carlos Martín und seiner Frau Josefina mit den beiden Kindern. Die Behausung der Familie besteht aus Adobe (luftgetrockneten Ziegeln) und Palmblättern, die als notdürftiges Dach dienen. Ihren Lebensunterhalt bestreitet die Familie durch die Kultivierung von 300 bis 400 Olivenbäumen, mit denen sie sich mehr schlecht als recht über die Runden bringt. Das Haus besteht aus drei Räumen und ist mehr als nur spärlich eingerichtet. Der eine Raum dient der Familie zum Kochen und Wohnen, ein anderer zum Schlafen.

Im dritten Raum hingegen hat Carlos verschiedene Funde von Fossilien auf einem Tisch ausgebreitet. Es sind Knochen und Zähne von ausgestorbenen Tieren. Neben vielen kleinen und einigen riesengrossen Haifischzähnen liegen Kiefer von ausgestorbenen Pferden, Zähne von Elefanten, ein Schädel von einem Pinguin und zahlreiche Bein- und Wirbelknochen der verschiedensten Tierarten, vor allem von Walen und Delfinen. Köbi ist beeindruckt, vor allem von den handgrossen Haifischzähnen. Diese müssen vom ausgestorbenen Riesenhai Carcharocles megalodon stammen, dem grössten Hai, der jemals gelebt hat und über 20 Meter gross geworden sein soll. «Dieses Sammlungszimmer war fast besser eingerichtet als der Wohnraum der Familie. Das dünkte mich wirklich ausserordentlich: Da lebt die Familie in ärmlichsten Verhältnissen und reserviert einen ganzen

Raum für alte Knochen. Daraus erkannte ich die Wertschätzung von Carlos für seine Fossilien.»

Ohne Umschweife stellt Köbi Carlos die Frage: «Wo liegt der fossile Wal, der sich in dieser Gegend befinden soll?» Die Antwort ist einfach und verblüffend: «200 Meter vom Haus entfernt.» Tatsächlich: Kaum sind Köbi, Fredy und Carlos einige Schritte in die Wüste gelaufen, erblicken sie die ersten fossilen Knochen. Der starke Wind hat einige Knochen freigelegt, andere mit Sand zugedeckt. Mit Besen und Pinsel fängt Carlos an, die Knochen vom Sand zu befreien. Einige «Pinselstriche» genügen, um das Walfossil vollständig freizulegen. Es liegt auf dem Rücken, hat einen unglaublich grossen Schädel und einen Unterkiefer, der allein schon zweieinhalb Meter lang ist. Sogar die Barten sind versteinert. Köbi ist hin und weg: «Das war etwas vom Erstaunlichsten, das ich je gesehen habe. Links und rechts die endlose Sandwüste und darin dieser Wal, der vor Millionen von Jahren hier verendet war. Es sah einfach unwirklich aus. Seit Generationen lag dieser Wal da, in seinem Grab in der Wüste. Ich war tief berührt. Die Natur birgt einfach die tollsten Überraschungen.»

Und Köbi fasst einen Entschluss. «Ich sagte mir: Dieses Stück darf man nicht einfach so liegen lassen, sonst wird es von der Erosion in wenigen Jahrzehnten zerstört.» Zwar hat Carlos schon vor Jahren eine behelfsmässige Windschutzmauer aufgestellt. Doch die hier ständig stark wehenden Winde und der Wüstensand haben das Skelett gleichsam sandgestrahlt, wodurch die Knochen ihre Konturen teilweise verloren haben. Köbi ist klar: Die Hilfe für dieses einmalige Walfossil muss von privater Seite kommen, denn der Staat hat keine Mittel dafür. Plötzlich spürt er in sich eine Berufung: «Es war wie eine Eingebung. Ich sagte mir: Das ist jetzt deine Aufgabe.»

Die Begegnung mit dem Walfossil hat Köbis Spürsinn angestachelt. «Du, Carlos», fragt er, «liegen da nicht noch weitere Skelette herum?» Carlos Martín schaut ihn kritisch an und sagt dann: «Ja, aber irgendjemandem zeige ich diese nicht. Doch dir werde ich sie zeigen. Es gibt in unmittelbarer Nähe noch andere Walskelette.» Und tatsächlich: Nur ein paar Sanddünen von Martíns Behausung entfernt kann Köbi zwei weitere Walskelette bewundern. Sie sind etwas kleiner als das zuerst besichtigte. Der Zustand dieser beiden ist allerdings schlecht, da die Knochen vom Wüstensand dermassen abgeschliffen sind, dass höchstens noch die Hälfte der Knochen übrig ist. «Wenn es in so kurzer Distanz drei fossile Wale gibt, dann müsste es weitere geben. Ich muss nur richtig suchen», überlegt Köbi. Er mustert nochmals aufmerksam die Fundstücke im «Ausstellungsraum» von Carlos: Haifischzähne verschiedener Grössen – gigantisch gross, etwa fünf Mal so gross wie die Zähne eines heutigen Weissen Hais –, dazu Bruchstücke von Walknochen, Delphinen und anderen Meerestieren, riesige Vogelschädel mit Hakenschnäbeln und noch vieles mehr. Folgerung: In dieser Gegend gibt es noch vieles zu entdecken, und zwar nicht nur Skelette von Walen. Insbesondere wundert sich Köbi über die rätselhafte Zusammensetzung der damaligen Tierwelt: Da liegen die riesigen Zähne von Elefanten vermischt mit Kieferstücken von Pferdeartigen, dann wieder Fossilien von Meerestieren wie Haie, Delphine und Seelöwen. Das ist kurios. Hier müssen miozäne Schichten mit einem Alter von vielleicht fünf bis zehn Millionen Jahren vermischt sein mit Fossilien aus der Eiszeit, das heisst, mit einem Alter von nur etwa Zehntausend bis ein paar Hundertausend Jahren.

Anhand von Luftbildaufnahmen der Gegend und Fotos der Gesteinsschichten gelangt Köbi zur Überzeugung, dass in der weiteren Umgebung von Carlos' Behausung weitere Fossilien zu finden sein müssten. Köbi kauft Carlos aus dessen Sammlung einige Objekte ab und fragt ihn, ob er mithelfen wolle bei der Suche nach Walskeletten, sofern Köbi die Bewilligung für deren Export erhalte. Die Augen von Carlos beginnen zu glänzen. «Ja, das würde mir grossen Spass machen.» Auf dem Rückweg nach Lima hat Köbi 540 lange Kilometer Zeit, sich den Kopf zu zerbrechen: «Ich überlegte, wie ich das bloss anstellen sollte, um zu einer Grabungsbewilligung und Exporterlaubnis zu kommen. Es kam mir vor, als würde ich vor der Chinesischen Mauer stehen und den Eingang nicht finden. Irgendwo in dieser Mauer musste es doch ein Loch geben. Aber ich kannte in Peru keine wichtigen Leute, keine Politiker, keine Wissenschaftler. Wie sollte ich da zu einer Bewilligung kommen?» Zurück in Lima wendet Köbi sich an eine Speditionsfirma, die für ihn die eingekauften Mineralien jeweils in die Schweiz spediert. «Hier müsste doch jemand wissen, wer für eine Exportbewilligung zuständig ist und wer Grabungsbewilligungen erteilt.» Die Speditionsfirma verweist ihn an den Direktor des Naturhistorischen Museums der Universität San Marcos in Lima.

Köbi meldet sich bei Professor Hernando de Macedo, dem Direktor des Museums, und erhält einen Termin. «Ich weiss noch genau: Der Termin war auf einen Wochentag festgesetzt, um 18 Uhr.» Köbi kann seine Aufregung kaum verbergen und meldet sich pünktlich am Eingang des Museums. Draussen ist ein schöner botanischer Garten angelegt, mit zugewachsenen Wegen. Die wenigen Schritte im Museum zeigen ihm, dass alles veraltet ist, ja vergammelt. Die Ausstellungsräume wirken schummrig, die Vitrinen sind nicht beleuchtet, ein modriger Duft liegt in der Luft. Trotzdem ist ihm dieser Ort sofort irgendwie sympathisch. Es ist offensichtlich, dass das Museum bessere Tage gesehen hat, jetzt aber unter Finanznot leidet. Im Inneren gibt es schöne panoramaartige Darstellungen von Naturszenen, zum Beispiel der Guanofelsen, auf denen Guano, also Vogelkot, als natürlicher Dünger abgebaut wurde, was früher, bevor es Kunstdünger gab, eine wichtige Ertragsquelle für Peru darstellte. Heute sind die Guanofelsen geschützt.

Die Spannung steigt. «Ich war unheimlich nervös. Ich befand mich inmitten einer akademischen Umgebung und kam ohne Referenz, als Nobody, hierher. Würde ich mit diesem Hintergrund zu einer Lizenz gelangen? Das Missverhältnis zwischen dem, was ich verlangte und dem, was ich bieten konnte, war mir unangenehm. Aber ich wusste: Da muss ich durch. Ich war mir bewusst, dass dies eine Schlüsselstunde werden würde. Sollte ich sie ‹versemmeln›, hätte ich eine Riesenchance verpasst. Würde ich die Chance packen, konnte etwas ganz Spannendes daraus hervorgehen und meinem Leben eine Wende geben.» Endlich öffnet sich die Türe zum Direktionsbüro. «Jetzt muss ich meinen ganzen Mut zusammennehmen», sagt sich Köbi und tritt ein. «Sind Sie Herr Siber?», wird er von einem älteren, etwas schlapp wirkenden, dunkelhäutigen Mann gefragt. «Ich war auf diese Situation nicht gefasst. Ich hatte einen Menschen erwartet, dem man gleich ansieht, dass er Direktor sein muss. Radebrechend versuchte ich, mein Vorhaben vorzubringen. Mein Spanisch war recht holprig.» Nach wenigen Minuten wird Köbi gefragt, ob er Französisch spreche. Das tönt wie ein Befreiungsschlag und das Gespräch wird auf Französisch fortgesetzt. Da passiert es, dass Köbi ein englisches Wort ins Gespräch einflicht. «Sprechen Sie Englisch?», fragt Professor de Macedo. Köbi bejaht und fühlt sich nun immer sicherer, schliesslich spricht er mit seiner amerikanischen Ehefrau zu Hause immer englisch. Die nächsten Gesprächsabschnitte verlaufen also auf Englisch. Köbi erklärt als eine Art Entschuldigung, dass er sonst Deutsch spreche. «Dann sprechen wir eben Deutsch», schlägt der Direktor vor. Das sitzt. «Ich war unglaublich überrascht und erleichtert, mein kompliziertes Anliegen nicht auf Spanisch vortragen zu müssen. Ich hatte nicht erwartet, dass der Direktor mit den Gesichtszügen eines Inka Deutsch spricht. Dadurch, dass wir die gleichen Sprachen sprachen, waren wir wie durch ein Band miteinander verbunden.»

Köbi ist sich bewusst, dass er für eine Grabungsbewilligung eine Gegenleistung anbieten muss. Er könne sich vorstellen, bietet er dem Direktor an, einen Teil der Funde dem Museum zu überlassen, Fronarbeit für das Museum zu leisten oder auch etwas Geld zu spenden. «Sie kommen zum richtigen Zeitpunkt zu mir», erklärt Direktor de Macedo. «Wir haben vor vier Jahren einen Vertrag mit französischen Paläontologen gemacht, dass diese mit einem Ausschliesslichkeitsrecht für Wirbeltierfossilien graben können und dass sie im Gegenzug ein Walskelett für das Museum bringen. Bis heute haben wir jedoch nichts erhalten, und der Vertrag ist nur noch einen Monat gültig. Wenn er nicht verlängert wird, verfällt er. Zudem bin ich nur noch rund ein Jahr lang Direktor des Museums und möchte etwas Bleibendes hinterlassen.» Spätestens nach diesen Bemerkungen sind bei Köbi alle Ampeln auf Grün gestellt. Das Eis ist definitiv gebrochen. «Wenn die Franzosen den Vertrag nicht bis in einem Monat verlängern, biete ich Ihnen den Vertrag an, wobei ich erwarte, dass Sie innerhalb eines Jahrs ein Walskelett für das Museum bringen. Ich glaube, dass ein Schweizer eher Wort hält als ein Franzose.» Gemäss dem Direktor haben die Franzosen zwar Funde gemacht, aber nur die für die Wissenschaft besonders interessanten Köpfe mitgenommen, da man mithilfe der Köpfe allein die Art bestimmen kann. Der technische Aufwand, ein ganzes Fossil auszugraben und zu präparieren, war für die Franzosen offenbar zu gross. Zudem erhielt das Museum in Lima nie das versprochene Skelett. Und die Walköpfe reisten als «Diplomatengepäck» nach Europa, ohne Gegenleistung für Peru.

Gegen Ende des Gesprächs kommt Professor de Macedo noch auf einen anderen Punkt zu sprechen. Er erwähnt Köbi gegenüber, dass er dringend Schränke brauche, um seine ornithologische Sammlung fachgerecht aufzubewahren. Er, de Macedo, werde sich dann um die Aufsetzung des Vertrags mit Köbi bemühen, den Vertrag der Rechtsabteilung der Universität vorlegen und eine Bestätigung der höchsten Instanz, des Kulturministeriums, einholen, damit die Sache hieb- und stichfest wird.

Köbi schreitet euphorisch aus dem Büro des Direktors. «Noch eine Stunde zuvor hatte ich gezittert. Und jetzt hatte ich den Jackpot geknackt. Unglaublich, was das Leben für eine Wende nehmen kann! Ich weiss nicht, wie das magische Türlein in der Mauer aufgegangen war, aber jetzt stand es mir offen.» Köbi ist sich bewusst, dass er sich jetzt in Geduld üben muss. Der Monat, in dem die Vertragsverlängerung der Franzosen möglich ist, verstreicht ungenutzt. Nun setzen sich de Macedo und Köbi zusammen und arbeiten die Details des Vertrags aus. Nach einigen Korrekturen steht das Papier. Noch ist die Bewilligung aber nicht rechtskräftig. Denn ausgerechnet zu dem Zeitpunkt, in dem die Unterschrift unter das Dokument fällig ist, findet in Peru die Präsidentschaftswahl statt. Erst nach der Wahl des neuen Präsidenten können die Chefbeamten entweder im Amt bestätigt oder neu besetzt werden. Bis dahin dürfen keine Verträge unterzeichnet werden. Es ist eine politisch kritische Zeit in Peru. Präsident Alan García wird gewählt und bestätigt den Wisssenschaftsrat. Zwei Monate später kann der Vertrag unterzeichnet werden und ist rechtskräftig.

Für die Franzosen ist es ein Schock zu vernehmen, dass sie die Verlängerung der Lizenz verpasst haben und die Grabungslizenz an Köbi übergeht. Sie werden sich sieben Jahre später dafür rächen. Köbi aber kann nun – ausgerüstet mit offiziellen Papieren – mit der eigenen Grabung beginnen. Ein neues Abenteuer beginnt. Gleichzeitig macht Köbi sich Gedanken, ob es nicht besser wäre, sein Sabbatjahr zu beenden, nicht zuletzt deshalb, damit seine Töchter nicht nach südamerikanischer Art aufwachsen. Obschon sie in einer Schweizerschule unterrichtet werden, ist ihm aufgefallen, dass sie zunehmend Verhaltensmuster annehmen, die typisch für koloniales Auftreten sind und durchaus dem Stil der gut betuchten Peruaner entsprechen, nicht aber demjenigen ihres Vaters. «Wenn sie zum Beispiel die Hausaufgaben machten, knüllten sie das Papier zusammen und warfen es auf den Boden. Um es aufzuheben, war schliesslich das Dienstmädchen da. Solche Sachen schockierten mich.» Köbi lehnt jede Art von Geringschätzung Dritter ab.

Doch dies ist nicht der einzige Grund: Inzwischen ist der vom Trancemann Austin aus Sri Lanka prophezeite Termin eines Unglücks von Maya verstrichen. Am genannten Datum ist im Hallenbad von Uster, nur wenige Kilometer vom Wohnort der Siber-Familie entfernt, die Decke eingestürzt – 12 Personen starben, 19 wurden schwer verletzt. «Ich vernahm davon durch eine kurze Mitteilung meines Bruders Edy. Ich hatte dieses Hallenbad oft mit meinen Töchtern Yolanda und Maya besucht. Das gab mir wirklich zu denken. Wie war es möglich, dass jemand in Sri Lanka – eine halbe Welt entfernt und so viele Jahre im Voraus – diese tragische Situation voraussagen konnte? War dies nur ein mentaler Trick oder gab es dafür eine logische, empirisch erklärbare Antwort?» Köbi ist froh, dass sich alles zum Guten gewendet hat. Maya ist gesund und er hat ein Ausgrabungsprojekt in Peru, das sonst vermutlich nie zustande gekommen wäre. Glück für beide.

Wale aus der Wüste

Vierzehn Mal reist Köbi in der Folge nach Peru, um seine Grabungslizenz auszukosten. Damit die Grabungen klappen, ist sein ganzes Organisationstalent gefordert. «Mir war klar: Ich brauchte Verstärkung.» Zum Zeitpunkt, an dem die Bewilligung erteilt wird, hat er ausser Carlos Martín niemanden, den er auf die Ausgrabungen mitnehmen könnte. Da erinnert er sich an seinen alten Freund Peter Larson, dem er bekanntlich noch etwas schuldet. Wenn jemand in dieser Situation und Umgebung helfen kann, dann ist es Peter Larson, der seit seiner Kindheit Erfahrung in und mit Wüsten hat. Der Stolz von Köbi, es Larson zu zeigen, dass er es auch alleine schafft, macht nüchterner Überlegung Platz. Köbi greift zum Telefon und erreicht Peter Larson in Süddakota. «Peter, willst du nach fossilen Walen graben? Ich bekomme bald die Exportbewilligung.» «Okay, ich komme», tönt es aus Rapid City. Drei Tage später ist Larson bereits in Lima. «Das finde ich einfach toll an ihm.»

Peter Larson kennt von früher her Susan Hendrickson, eine Taucherin und Abenteurerin, die sich in den unmöglichsten Situationen durchs Leben schlägt, so unter anderem als Schatzsucherin von gesunkenen Schiffen in der Karibik. Auch Köbi kennt Susan: Sie hatte einst Bernsteine und Goldnuggets aus der Dominikanischen Republik aufgekauft und an Köbi weiterverkauft. Köbi erinnert sich an ein ganz spezielles Objekt von Susan, nämlich zwei Skorpione eingeschlossen in einem Bernstein, ein absolutes Traumstück. «Ich hatte noch nie so etwas Ähnliches gesehen, ich bin fast umgefallen, als ich es gesehen habe.» Dieser Fund wurde durch Köbi dem international bekannten Edelsteinexperten Dr. Eduard Gübelin von Luzern verkauft. Dieses Geschäft war für beide sehr lohnenswert, für Köbi dank des Prestiges, an Gübelin verkaufen zu können, und für Gübelin, der ein solches Stück als Illustration für sein Edelsteinbuch suchte.

Köbi ist sich bewusst, dass Susan nicht einmal den Teufel fürchtet, doch macht er sich Gedanken, ob in einem reinen Männerteam eine einzelne Frau nicht Probleme schaffen könnte. Bisher ist das Fossiliensuchen ausschliesslich Männersache gewesen wegen der oft rauen Arbeit in einer rauen Umgebung. Köbi macht Susan klar, dass er zunächst in Peru nach Walskeletten suchen wolle. «Nimm mich trotzdem mit», lautet die Bitte von Susan. Köbi zögert. «Ich hatte damals die vielleicht etwas traditionelle Vorstellung, dass Frauen Umstände machen, wenn es hart wird. Bei der Fossiliensuche muss man bereit sein, auf dem Boden zu schlafen oder Fliegen zu essen. Es kann sehr heiss sein oder sehr kalt. Es kann nichts Richtiges zu essen geben. Und vor allem: Das Resultat kann mager ausfallen, was zum ‹Verleider› führt. Ich wollte deshalb nicht riskieren, dass Frauen zum Klumpfuss werden.» Doch Susan insistiert: «Ich bin nicht heikel, ich kann arbeiten und ich spreche Spanisch.» Schliesslich willigt Köbi ein: «Dann kommst du mal mit.» Es zeigt sich in der Folge, dass die Wahl von Peter Larson und Susan Hendrickson ideal war. Und Susan bricht eine Lanze für andere Frauen: Nach den positiven Erfahrungen mit ihr korrigiert Köbi seine Zurückhaltung und nimmt von da an weitere Frauen zu den Grabungen mit. Das kommt später auch seinen eigenen Töchtern zugute.

Das Team, bestehend aus Köbi, Peter Larson, Susan Hendrickson und Professor Hernando de Macedo, macht sich auf den Weg nach Sacaco und kontaktiert Carlos Martín. Als Hauptquartier dient ein einfaches Hotel im kleinen Fischerdorf Puerto Lomas. Das 300-Seelen-Dorf liegt auf einer mehrere Kilometer ins Meer hinausragenden Halbinsel. Das Hotel «Alojamiento Mechorita» ist wunderschön gelegen über steil abfallenden Felsen mit Sicht auf den Pazifik. Die Hotelzimmer sind spartanisch eingerichtet mit einem eisernen Bettgestell und einem Stuhl. An einem Draht baumelt eine Glühbirne von der Decke. Sonst nichts. «Eine Gefängniszelle in der Schweiz ist ein Luxuszimmer dagegen. Nachts musste man besonders aufpassen, weil manchmal Küchenschaben über den Boden huschten. Wenn es ihnen gelang, die Bettdecke zu erreichen, krochen sie über die Laken und uns hinweg. Auf dem Korridor gabs auch eine Dusche und ein WC – nur so klein, dass man nicht einmal die Türe schliessen konnte, und auch das Wasser fehlte oft.» Köbi findet heraus, dass die Besitzerin des Hotels das Wasser mit einem Zisternenwagen in zehn Kilometern Entfernung abholen lassen muss und dafür Geld braucht. Über Geld verfügt sie aber erst, wenn die Hotelrechnung bezahlt wird. Von da an zahlt Köbi einen Teil der Unterkunftskosten im Voraus, sodass sie zumindest duschen können.

Die Hygiene im Restaurant ist ebenfalls nicht über alle Zweifel erhaben: Dichte Fliegenschwärme tummeln sich auf den Esstischen. Ab und zu greift Mechorita, die Eigentümerin, zu einer Flasche Petrol und wischt die Tische ab. Mit dem Resultat, dass sich die Fliegen zwar für einige Minuten verziehen, dafür aber der Geruch des Essens von den Petroldämpfen überlagert wird. Das Menü ist bescheiden, aber gesund: Fische, Kartoffeln, Zwiebeln, Eier und Kochbananen. Solange nicht starker Wellengang das Auslaufen der Fischerboote verhindert, kommt immer frischer Fisch auf den Tisch – Fisch in allen Varianten: fritierter Fisch, gedämpfter Fisch, panierter Fisch, grillierter Fisch.

«Manchmal gabs einen sehr alten, zähen Güggel. Und manchmal gabs ein Stück Fleisch, von dem wir nicht einmal herausfinden konnten, von welchem Tier es stammte.» (Peter Larson)

Immer wieder erkranken die Teammitglieder an Durchfall. Peter Larson leidet fünf Wochen lang an Durchfall und ist bei der Grabung dermassen geschwächt, dass man von ihm nur noch die Knochen sieht. Aber er hält durch. Dank seinen lustigen Geschichten und seiner Frohnatur sinkt die Stimmung nie auf den Tiefpunkt. «Peter ist immer zufrieden, immer lustig. Er ist nie verdrossen und immer motiviert. Mit ihm gehe ich am liebsten graben. Wir haben viele gemeinsame Züge, wir sind beide Sammler, Motivatoren, Lokomotiven und unser Leben weist erstaunliche Parallelen auf.»

Jeden Tag begibt sich das Team auf Fossiliensuche, von Sonnenaufgang bis Sonnenuntergang, und dies an sieben Tagen in der Woche. Eigentlich fehlt es nicht an Fossilien. Trotzdem erweist sich die Suche nach einem guten Fund als schwierig. Denn die an der Oberfläche lagernden Knochen sind «sandgestrahlt» und deshalb kaum zu gebrauchen. Starker Wind und aufgewirbelter Sand können in dieser Gegend sogar eine Glasflasche in kürzester Zeit durchfeilen. Das Einzige, was dem Wind und dem Sand widersteht, sind erstaunlicherweise weggeworfene Bananenschalen. Köbi weiss, dass sie weitersuchen müssen, bis sie ein Fossil entdecken, das noch nicht von der aggressiven Winderosion ruiniert worden ist. «Es gab Fossilien in rauen Mengen. Es war ein richtiges El Dorado für uns. Wir konnten uns nichts Schöneres vorstellen, als den ganzen Tag in der Wüste herumzulaufen. Mal fanden wir da einen Haifischzahn, dort einen Delphinknochen, dann wieder ein Vogelbein oder einen Seelöwenkiefer.» Es kommt vor, dass das Team an einem einzigen Tag fünfzehn Walskelette entdeckt. Leider liegen sie schon zu lange in der Wüste und sind nicht mehr zu retten.

Die Tage gleichen sich. Am Morgen früh mit dem Auto wegfahren, bis die Fahrspuren sich in der Gegend verlieren. Die ganze Landschaft wird zur Strasse. «Für einen Schweizer, der es gewohnt ist, immer auf festen Strassen zu fahren, auf genau vorgegebenen Routen, war dies ein richtiges Erlebnis: Kilometer um Kilometer zu fahren, wie und wo man will, das fand ich unglaublich toll. Das war eine meiner schönsten Erfahrungen: Einfach quer in die Wüste hineinzufahren. Das Einzige, worauf wir achten mussten, war, uns nicht zu verfahren. Wir durften nie an einen Ort gelangen, wo wir nicht wieder rauskommen würden, denn niemand würde uns dort zu Hilfe kommen.» Köbi lernt schnell, wo er mit seinem VW-Käfer durchfahren kann, ohne im Sand steckenzubleiben. Es ist nur dort sicher, wo der Sand hart und kompakt ist. Dort, wo er locker ist, kanns gefährlich werden. Doch zum Glück sieht man es der Struktur des Sandes an und kann die Route so wählen, dass man nicht einsinkt.

So durchstreifen die Fossiliensucher tagelang die Wüste – zu Fuss, im Rucksack Wasserflaschen, Schnellkleber und Plastiksäcke für Proben, den Fotoapparat umgehängt und den Geologenpickel in der Hand. «Man hätte meinen können, wir befänden uns in der Sahara. Sanddünen und Sandsteine, so weit das Auge reichte. Einige Dünen waren zehn Meter hoch oder noch höher.»

Carlos Martín erweist sich bei den Ausfahrten und Märschen als ausgezeichneter Kenner der Gegend mit einem besonderen Gespür für Fossilien. Mit der Zeit blüht Carlos richtig auf. Er ist mit einer Riesenfreude dabei, scheut keine Mühe und lässt das Team freimütig an seinen Erfahrungen teilhaben.

Nachdem über zwanzig Objekte zur Auswahl stehen und verschiedene Fundorte besichtigt worden sind, entscheidet sich Köbi für einen Fund, ein Walskelett, das er nach Josefina, der Frau von Carlos, benennt. Allerdings ist es schwierig, die Fundstelle zu kennzeichnen – in einer Zeit vor GPS. Zudem dringen vom Meer her immer wieder riesige Nebelschwaden in die Wüste, sodass jede Orientierung schwierig wird. «Man muss sich eine Vielzahl von Kleinigkeiten merken, um sich in der schieren Unendlichkeit nicht zu verlieren.»

In dieser Situation erinnert sich Köbi an die mysteriösen Spuren von Nazca. Diese sind vor vielen Tausend Jahren von den Ureinwohnern in den Wüstenboden gescharrt worden. Köbi entwickelt seine eigene Theorie darüber: «Das sind riesige Figuren wie ein Affe oder ein Kolibri, die aus einer einzigen Linie auf dem Boden gezeichnet sind – so gross, dass die Figuren nur aus der Luft als solche zu erkennen sind. Dass alle Figuren aus einer einzigen Linie gezeichnet sind, muss eine Bewandtnis haben. Man kann der Linie folgen und so die ganze Figur ablaufen. Das brachte mich auf den Gedanken, dass dies ein Orientierungsübungsgelände sein könnte. Vielleicht bekamen Meldeläufer beim Training den Auftrag, eine Figur abzulaufen: Vielleicht mussten sie die Linien in voller Konzentration gehen, damit sie während des Gehens im Kopf die Figur zusammensetzen konnten. Nazca war bekanntlich ein kulturelles Zentrum, das von kriegerischen Nachbarn bedroht war. Die Wachtposten mussten also auch im Nebel fähig sein, Meldungen zu überbringen. Vielleicht sind deshalb die geheimnisvollen Figuren nichts anderes als ein militärisches Trainingscamp zur Orientierung.»

Die Fundstelle «Josefina» erweist sich als Glücksfall. Mit Pickel und Schaufel wird zuerst das Gestein rings um das Skelett abgebaut. Wie hart dieser Sandstein ist, zeigt sich daran, dass ein Pickel aus Stahl nach einer dreiwöchigen Grabung rund zwei Zentimeter kürzer ist. Das Skelett muss untergraben und von unten stufenweise gestützt werden. Immer wieder müssen die Grabarbeiten unterbrochen werden, wenn heftige Winde wehen und loser Sand den Boden entlangwirbelt. Dann hilft nichts anderes, als aufstehen, Augen zu, Staub und Sand entfernen, weiter graben. Besonders schwierig ist es, die Ausgrabung fotografisch zu dokumentieren, da die feinen Staubkörner den Fotoapparat lahm legen können. Als besondere Herausforderung erweist sich das Filmwechseln: Wird geblinzelt, fallen Sandkörner von den Wimpern auf den Film und hinterlassen Kratzer. Doch die harte Arbeit lohnt sich: Nach zehn Tagen ist das Skelett praktisch vollständig ausgegraben. Gleichzeitig werden auch einige gut erhaltene Haifischzähne gefunden. Offenbar haben vor zehn Millionen Jahren Haifische am toten Wal herumgebissen, bevor sein Skelett von Sedimenten begraben wurde.

Nachdem der Wal «Josefina» freigelegt ist, muss das Skelett mit Gipsbinden für die Abreise stabilisiert werden. Doch wo in dieser gottverlassenen Wüste Gips hernehmen? Also fährt Köbi im VW-Käfer 540 Kilometer zurück in die Hauptstadt Lima, um Gips aufzutreiben. Auf der Rückfahrt wird er an einem Kontrollposten angehalten und gefragt, ob er eine Bewilligung für den Transport von Gips besitze. Natürlich nicht. Zum Glück ist Köbi in Begleitung einer Lehrerin der Schweizerschule in Lima. Resolut wehrt sie sich gegen die Schikanen der Polizei: «Hört endlich auf, Ausländer in Peru zu belästigen!» Der Polizist will vermutlich nur etwas Cash erpressen. Der von weither angereiste Gips erweist sich in der Folge als von schlechter Qualität. Er will und will nicht trocknen – und dies in der Wüste! Das Abbinden dauert rund eine Woche statt der üblichen dreissig Minuten. Eine willkommene Gelegenheit also, etwas Abwechslung in den eintönigen und harten Grabungsalltag zu bringen. Geisternacht ist angesagt: Unter der Führung von Carlos Martín fährt das Team eines Nachts in die Wüste zu einem Inkafriedhof. «Ein Spukschloss hätte nicht annähernd die Szenerie bieten können, die wir hier antrafen: Hunderte von weissgebleichten menschlichen Schädeln und Skelettteilen lagen herum. Zwischen den Schädeln lagen Stofffetzen – sie hatten den Inkas als Leichentücher gedient. Herumliegende Gegenstände verrieten, dass Grabräuber hier pietätlos gewütet hatten. Die Dimension der Grabstätte kann man sich kaum vorstellen. Und es war beileibe nicht die einzige: Millionen von menschlichen Skelettteilen liegen in Peru in der Wüste herum. Die Versuchung, Gräber zu plündern, ist für die arme Bevölkerung einfach zu gross.»

Nach diesem nächtlichen Abenteuer geht die Arbeit in der Wüste weiter. Um den acht Meter langen Bartenwal abtransportieren zu können, muss er in kleinere Stücke zerlegt werden, und zwar so, dass man diese in Aathal wieder perfekt zusammenfügen kann. Nur, wie bricht man ein solches Steinungetüm auseinander? Die Schwanzwirbelsäule lässt sich anhand schon vorhandener Risse in Teilstücke zerlegen. Der Schädel jedoch will sich vorerst nicht vom Rumpf trennen lassen. Deshalb muss eine andere Methode gefunden werden, um das überlange Stück in manövrierbare Stücke zu zerteilen. Köbis Methode ist brachial: Drei Leute springen gemeinsam auf Rumpf und Schädel. So entsteht ein sauberer Riss, an dem die Teile voneinander getrennt werden können. Und schon stellt sich das nächste Problem: Die Skelettteile müssen auf Holzpaletten gebunden werden. Doch Holz ist in der Wüste Mangelware. Erst in 80 Kilometern Entfernung wird Köbi fündig und kann Holz beschaffen – allerdings handelt es sich dabei um teures Tropenholz.

Die Paletten werden nun mit den Skelettteilen beladen. Pro Palette kommen 200 bis 500 Kilogramm zusammen. Insgesamt dürften es sechs oder sieben Paletten gewesen sein, auf die das Walskelett verteilt wird. «Die Paletten wurden auf haarsträubende Art und Weise auf einen Lastwagen verladen. Wir hatten uns von einer 80 Kilometer entfernten Lastwagenwerkstatt ein Krangestell geborgt, mit dem sonst Motoren ausgehoben werden. Wir brachten das Gestell in Schwingung und hievten so die Paletten mit Schwung auf den Lastwagen.» Damit der Lastwagen überhaupt bis zur Fundstelle fahren kann, muss erst ein Weg von mehreren Hundert Metern vom Sand freigeschaufelt werden. Nach einem halben Tag ist das Walfossil endlich auf der Ladefläche des Lastwagens verstaut. Doch der Fahrer beschliesst, nicht die freigeschaufelte Fahrspur zu benützen, sondern quer durch den Sand davonzufahren. Prompt bleibt er im Sand stecken. Wieder wird das Team zum Schaufeln abdelegiert. Zwei Stunden später ist es geschafft! Köbi ist überwältigt. Die Entdeckung und Ausgrabung des Walskeletts erfüllt ihn mit grosser Genugtuung. Kein Wunder also, möchte er das Ereignis gebührend feiern, doch in diesem verlassenen Nest ist kein Champagner aufzutreiben. So greifen Köbi und das Team zu einer Flasche «Chicha», dem lokalen Maisbier, das schon von den Inkas getrunken wurde, und taufen den Fund auf den Namen «Josefina».

«Es war Kirbys Idee, den Skeletten einen Namen zu geben. So konnten wir einfacher über die verschiedenen Funde reden.» (Peter Larson)

Die anschliessende Reise führt den alten Wal die 540 Kilometer nach Lima, und von dort an den Hafen Callao, wo der Fund in einen 40-Fuss-Container verladen wird. Im Laderaum eines Schiffs gelangt er durch den Panamakanal nach Rotterdam und anschliessend per Bahn nach Basel, von wo aus er per Lastwagen nach Aathal gebracht wird. Dort wird behelfsmässig ein Zelt aufgestellt, in dem das Walskelett sorgfältig präpariert und in einer vierzehntägigen Sonderschau ausgestellt wird. 5000 Besucher sind begeistert vom Wal aus der Wüste. Danach wird «Josefina» dem Staatlichen Museum für Naturkunde in Stuttgart verkauft. Der Bartenwal aus dem Miozän kann heute im Schloss Rosenstein in Stuttgart bewundert werden. Wie vereinbart liefert Köbi dem Universitätsmuseum in Lima die gewünschten Schränke für die ornithologische Sammlung.

Vor seiner Abreise in die Schweiz steckt Köbi Carlos Martín Geld zu mit der Bitte, in der Wüste nach weiteren möglichen Funden Ausschau zu halten. Tatsächlich findet Carlos einen gewaltigen Schädel von fast einem Meter Länge, der einer ausgestorbenen Krokodilart zugeordnet werden kann. Diese Art ist mit einer langen, dünnen, zähnestrotzenden Schnauze ausgestattet und mit heute in Indien lebenden Gavialen verwandt. Der Krokodilfund ist deshalb für Köbi äusserst wertvoll. Als Finderlohn schenkt er Carlos eine Pumpe mit Benzinmotor, damit er seine Olivenhaine besser bewässern kann. Leider kann Carlos sich nicht lange daran erfreuen, denn die Pumpe wird ihm in einer Nacht-und-Nebel-Aktion gestohlen. Als nachhaltiger entpuppen sich die kleinen Geschenke, die Köbi als Dank für Carlos' wertvolle Hinweise jeweils mitbringt. Köbi hat nämlich festgestellt, dass die Familie Martín nur einen einzigen Teelöffel besitzt. Also bringt er jeweils Teller, Tassen und Besteck mit – Dinge, die für uns selbstverständlich sind – und vergrössert so den Hausrat der Familie Martín.

Die folgenden Jahre werden für Köbi veritable «Waljahre». Zwischen Mineralien-Einkaufstouren und Sonderausstellungen für die Firma Siber + Siber kehrt er immer wieder nach Peru zurück und findet dort weitere Skelette von Bartenwalen aus dem Miozän, also fünf bis zehn Millionen Jahre alt: «Juan», benannt nach Köbi, der in Spanisch Juan genannt wird; «Jonas», der seinen Weg später in ein naturhistorisches Museum in Japan findet; «Hernando», benannt nach Professor Hernando de Macedo, dem Direktor des Naturhistorischen Museums in Lima, wo das Skelett heute bewundert werden kann (das Skelett wurde vom Siber-Team kostenfrei ins Museum geliefert und dort ebenfalls kostenfrei in der Ausstellung aufgebaut); «S-Wal», mit seiner speziellen S-Form, der heute in Aathal ausgestellt ist; sowie «Fregata», den Wal, den Köbi nach Japan verkaufen kann.

Eine besondere Ehre sollte Köbi einige Jahre später durch die Beschreibung des Walskeletts «Juan» erfahren: Professor Giorgio Pilleri vom Hirnanatomischen Institut der Universität Bern benannte in einer wissenschaftlichen Publikation den Bartenwal als Balaenoptera siberi. «Juan» ist damit das erste Fossil, das den Namen Siber trägt.

Im Verlauf der Grabungen stossen Köbi und sein Team nicht nur auf versteinerte Wale, sondern auch auf Überreste von Riesenpinguinen, Delphinen, Seelöwen und sogar von einem schwimmfähigen Riesenfaultier. Um diese Funde richtig einzuordnen, gesellen sich immer wieder ausgewiesene Spezialisten zum Team. Gordon Hubbell, beispielsweise, der weltberühmte Haispezialist, reist eigens an, um die lokale Haifauna zu studieren. Gordon Hubbell war ursprünglich Direktor des Metro-Zoos in Miami, Florida, und hat sich ein enormes Wissen über lebende und fossile Haie angeeignet, wie vermutlich kein zweiter Mensch auf der Welt. Carlos Martín legt Gordon Hubbell 180 Zähne vor, die er an einem einzigen Ort aufgesammelt hat. «Gordon warf einen Blick auf die Haifischzähne von Carlos, schaffte kurzerhand Platz auf dem Tisch und ordnete die Zähne in Windeseile so an, wie sie einst im riesigen Maul des Hais angeordnet gewesen waren. Das war sehr beeindruckend. Ich hatte vorher nie jemanden gekannt, der die Fähigkeit hatte, von den rund 200 Zähnen eines Haigebisses jeden einzelnen Zahn in der richtigen Position zu identifizieren.»

Ab dem zweiten Jahr der Walgrabungen in Peru ist auch Ben Pabst ständiges Mitglied der Siber'schen Grabungsmannschaft. Ben, der einen Doktortitel in mariner Biologie der Universität Zürich in der Tasche hat, es aber vorzieht, Fossilien zu graben und diese zu präparieren, statt in einem biologischen Labor zu arbeiten, bewährt sich gerade unter schwierigen Bedingungen hervorragend, da er immer für noch so schwierige Problem eine einfache, praktische Lösung findet.

Ein anderer Grabungshelfer, der sich immer wieder mal zum Team gesellt, ist etwas weniger durchschaubar: Er entpuppt sich als Mitglied des peruanischen Geheimdienstes. Zwar versichert er Köbi, aus rein privatem Interesse bei den Grabungen mitzuhelfen. Köbi solls recht sein: «Ich stellte keine Fragen. Solange er bei uns war, würde uns kaum etwas passieren.» Klar ist hingegen die Rolle von Dr. Elmar Heizmann vom Staatlichen Museum für Naturkunde in Stuttgart. Als Zoologe und Paläontologe unterstützt er das Team bei der Bestimmung von Wirbeltieren. Während der Grabungsarbeiten am «S-Wal» erwähnt Köbi Heizmann gegenüber beiläufig, dass in der Nähe das Skelett eines fossilen Seelöwen liege. Heizmann will sich diesen Fund nicht entgehen lassen und schreitet kurz entschlossen zu dem nahe gelegenen Hügel. «Es wurde Mittag, und Elmar war immer noch nicht zurück. Langsam machte ich mir Sorgen. Vielleicht war er ja zu weit in die Wüste hinausgelaufen und hatte sich dort verirrt? Also marschierte ich zum Hügel, um nach Elmar zu suchen. Der Anblick, der sich mir dort bot, wirkte irgendwie skurril: Elmar lag auf dem Boden, als wollte er die Steine von unten betrachten.» Irgendetwas scheint Heinzmann so zu faszinieren, dass er die Zeit völlig vergessen hat. Köbi gesellt sich zu ihm und sieht, wie Elmar versucht, von einem Objekt Sand wegzuputzen. «Da liegt kein Seelöwenskelett, Köbi,», sagt Elmar, «sondern das Skelett eines Pferdes.» «Ich glaubte an einen Scherz. Wir gruben einen Wal aus und daneben sollte ein fossiles Pferd liegen? Das konnte doch gar nicht sein!» Doch Elmar Heizmann legt mit seinen Händen tatsächlich einen Schädel mit Pferdezähnen frei.

Jetzt erinnert sich Köbi, dass er ja schon im «Ausstellungsraum» von Carlos Martín Zähne von elefantenartigen Tieren gesehen hat. Auch diese passen nicht in marine Schichten. Das bedeutet, dass an diesem Ort zwei kaum zu unterscheidende Schichten nebeneinander liegen, die aus verschiedenen geologischen Zeitabschnitten stammen: Die ältere Schicht dürfte aus dem Miozän stammen und zwischen fünf bis zehn Millionen

Jahre alt sein; sie enthält marine Fossilien. Die neuere Schicht ist eiszeitlichen Ursprungs und zwischen zehntausend und einer Million Jahre alt. Aus dieser Zeit stammen die elefantenartigen Tiere und eben dieses Pferd. Der von Heizmann als Pferd erkannte Fund dürfte einer amerikanischen Urpferdeart zuzuordnen sein. Urpferde entwickelten sich ursprünglich auf dem amerikanischen Kontinent und wanderten dann nach Europa und Asien aus. Vor rund zehntausend Jahren starben die letzten amerikanischen Urpferde aus. Pferde wurden erst durch die Europäer nach 1492 wieder eingeführt. Der Grund, warum die Urpferde in Amerika ausstarben, ist nicht bekannt. Eine Theorie besagt, dass die ersten Menschen, welche die Beringsee überquerten und nach Amerika vordrangen, die hier lebenden Pferde und andere Grosssäuger wie das Mammut und das Riesenfaultier ausgerottet haben. Ein Beweis dafür fehlt jedoch.

Kein Wunder also, will das Forscherteam das Pferdeskelett bergen und präparieren, damit es der Wissenschaft erhalten bleibt. Das Unterfangen erweist sich als ausgesprochen anspruchsvoll, denn das Fossil liegt in lockerem Sand. Elmar Heizmann arbeitet unermüdlich, meist auf dem Boden liegend, und gräbt rund um das Skelett sorgfältig den Boden ab, sodass er unter das Skelett gelangen kann. Damit einzelne Knochen nicht abbrechen oder verlorengehen, wird das spröde Skelett mit Bambusrohr verstärkt und mit Polyurethanschaum gesichert. Über das Skelett stülpt er eine riesige Kiste. Jetzt muss er diese nur noch von unten her schliessen – und das ist der schwierige Teil. Holzlatte um Holzlatte wird von unten anmontiert, bis die über zwei Meter lange Kiste geschlossen ist und mit dem Fossil drin gedreht werden kann. Der Aufwand lohnt sich: Das Urpferd kann heute im Staatlichen Museum für Naturkunde in Stuttgart bestaunt werden.

Erst im Verlauf seiner Grabungen in Peru realisiert Köbi, dass Walskelette sowohl für die Forschung als auch aus kommerzieller Sicht interessant sind: «Ich hätte nie gedacht, dass Fossilien von Bartenwalen ein Geschäft sein könnten. Eigentlich suchte ich ja aus Plausch nach ihnen.» Aber natürlich ist der Geschäftsmann Siber nicht abgeneigt, bei aller Begeisterung über die Funde seine Kasse mit Barem zu füllen: Vier Skelette von Bartenwalen aus Peru kann er nach Deutschland und Japan verkaufen. Was Köbi noch nicht ahnt: Der Erlös aus den vier Walskeletten bildet das Startkapital für die Gründung des angedachten Sauriermuseums in Aathal. Es ist ihm aber auch wichtig, möglichst viele Fossilien, die an der Oberfläche herumliegen, einzusammeln, zu präparieren und so den Menschen und der Wissenschaft zugänglich zu machen. «Liegenlassen bedeutet schlicht, dass die Fossilien durch Wind und Sand zerstört werden.»

Deshalb macht er sein Versprechen wahr, den ersten Wal, den Carlos Martín ihm 1985 in der Nähe seiner Behausung gezeigt hat, vor dem Zerfall zu schützen. Statt die versteinerten Überreste freizulegen und abzutransportieren, lässt Köbi kurzerhand über und um den Wal herum an Ort und Stelle ein Lokalmuseum errichten – oder vielmehr ein Mausoleum. Sein Freund und Nachbar René Kindlimann skizziert eine Naturszene mit den urtümlichen Walen und anderen ausgestorbenen Meerestieren, die von einem peruanischen Künstler anschliessend auf ein riesiges, über zehn Meter langes Ölbild gemalt wird.

«Als ich das fertige Bild sah, hat mich schier der Schlag getroffen. Anstelle des Riesenhais, den ich im Vordergrund gezeichnet hatte, stellte der Maler eine Chimäre, die nur etwa eineinhalb Meter gross werden kann, in den Vordergrund. Im Nachhinein fand ich das irgendwie lustig.» (René Kindlimann)

Am 17. März 1990, nach über einem Jahr Planung und Bauzeit, findet die festliche Eröffnung des «Museo de Sitio Sacaco» statt. «Die Zahl 17 ist für mich eine Glückszahl, schliesslich war mir schon in der Primarschule von Lehrer Kolb diese Zahl zugeordnet worden.» Ein katholischer Priester weiht das Gebäude in Anwesenheit lokaler Prominenz, unter ihnen Professor de Macedo, der alte Direktor, sowie Professor Lamas, der neue Direktor des

Naturhistorischen Museums. Die peruanische Presse berichtet prominent über das grosszügige Geschenk, das der Schweizer Forscher und Geschäftsmann Siber dem Staat Peru gemacht hat: «El Commercio», Perus grösste Tageszeitung, bringt einen Artikel auf der Frontseite über die Eröffnung. «Normalerweise kommt man dort nur auf die Frontseite, wenn man ein paar Leute umgebracht hat.» Bei Tanz und Musik wird gefeiert.

Köbi weiss, dass die weiten Wüsten Perus noch unzählige weitere Fossilien bergen. Gerne würde er deshalb im gleichen Stil weiterfahren. Er entwirft Pläne für einen Ausbau des «Museo de Sitio Sacaco». Es soll zu einer Feldstation für wissenschaftliche Forschung werden mit Unterkunfts- und Lagerräumen. Doch dazu soll es nicht mehr kommen. Denn die französische Konkurrenz, deren Vertrag Köbi 1985 übernommen hat, ist in der Zwischenzeit nicht untätig geblieben. Dank politisch-diplomatischem Netzwerk gelingt es ihr, die zuständigen Stellen in Peru davon zu überzeugen, dass Fossilienfunde aus Peru grundsätzlich nur noch an ausländische Institutionen geliefert werden dürfen, die zu etablierten Museen gehören. Als das entsprechende Gesetz erlassen wird, bedeutet dies das Aus für Köbi. Er hat kein bedeutendes Museum im Rücken, sondern gilt als Privatmann, dem vor allem kommerzielle Interessen nachgesagt werden. Gegen das Machtspiel von Staaten gegenüber einem Einzelnen kann Köbi nichts ausrichten. Er muss sogar froh sein, nicht auch noch mit rechtlichen Schritten belangt zu werden. Immerhin hat Köbi die Genugtuung, aus dem Verkauf der vier Walskelette einen finanziellen Grundstock geschaffen zu haben, der es ihm ermöglichen wird, seinen Traum zu verwirklichen: ein Dinosauriermuseum.

Die reichhaltigen und einmaligen Funde aus Peru, ihre wissenschaftlich perfekte Präparation und die anschliessenden Ausstellungen in verschiedenen renommierten naturhistorischen Museen etablieren Köbi in der Fachwelt als angesehenen Paläontologen. Spätestens, als er eine Einladung des paläontologischen Instituts der Universität Zürich für einen Fachvortrag erhält, wird er in der akademischen Welt als Fachmann akzeptiert. Man spürt, dass diese Einladung für Köbi eine Art «Weihe» durch die Wissenschaft bedeutet, dies im Sinne von: «Ich habe es richtig gemacht, meine Arbeiten sind wissenschaftlich wertvoll, Museen und Institute profitieren von meiner qualifizierten Arbeit.»

Aus zeitlicher Distanz betrachtet Köbi das abrupte Ende in Peru als nützlichen und fast schicksalshaft notwendigen Umweg. Der Begriff «Umweg» nimmt dabei für ihn einen besonderen, fast philosophischen Wert an. «Umweg» ist für ihn eine Art Wegweiser, ein aus seiner Erfahrung akzeptierter Vorgang für neue geschäftliche und wissenschaftliche Dimensionen. «Das Leben bringt unerwartete Wendungen. Man darf nie mit einer vorgefassten Meinung an die Lebensgestaltung gehen. Als Schüler lernte ich, Schritt für Schritt vorwärts zu gehen, verkörpert durch einen fixen Lehrplan. Als Filmer lernte ich, dass alles im Fluss sein muss. Es gibt kein eigentliches Stillstehen. Als Student entwickelte ich die Leidenschaft, per Anhalter Europa zu entdecken. Da weiss man nie, bei wem man einsteigt und wie lange die Reise mit der zunächst unbekannten Person geht. Eine solche Reise kann einen Kilometer oder mehrere Hundert Kilometer dauern. Aber auch eine Kurzreise kann wertvoll sein, wenn diese nämlich an einen Ort führt, wo jemand anders mich als Anhalter viel weiter bringt. Ein Anhalter hat zwar ein Ziel im Kopf, doch den Weg und den Zeitaufwand bis zu diesem Ziel kann er nicht selber festlegen. Nur der Mensch, der per Bahn oder Flugzeug reist, hat einen festen Plan, einen direkten Weg, einen geordneten Ablauf. Menschen, die mit einem festen Zeitplan reisen, ärgern sich fürchterlich, wenn der Zug oder das Flugzeug nicht rechtzeitig eintrifft. Das kann ich überhaupt nicht verstehen – etwas, das unplanmässig läuft, macht das Leben doch interessanter, nicht schlechter. Ich habe gelernt, dass Umwege immer wieder dazu führen, neue Ziele anzusteuern, ja, dass gerade der Umweg dazu führt, dass ich mich neu ausrichten kann oder muss und dies jeweils eine besondere Chance ist. Ich habe gelernt, dass in meinem Leben die wichtigsten Sachen auf

Umwegen eingetreten sind. Das Ziel habe ich deswegen jeweils trotzdem nicht vergessen.

Ja, Peru war ein Umweg. Ich musste fünfzig Jahre alt werden, um zu meiner eigentlichen, tief sitzenden Bestimmung zu gelangen. Ich bin nicht sicher, ob es jetzt noch weitere solche Umwege geben wird und wohin diese dann führen, aber ich bin offen dafür. Je länger ich über den Begriff ‹Umweg› nachdachte, desto überzeugter war ich, dass ich mit der Idee eines Dinosauriermuseums auf dem richtigen Weg war. In diesem Projekt würde ich das Unternehmerische, das Künstlerische und das Wissenschaftliche harmonisch verbinden können.»

Damit ist das Kapitel «Peru» für Köbi abgeschlossen. Er weiss nicht einmal, wie es heute um «sein» Museum in Sacaco bestellt ist. Carlos Martín, der die Schlüssel zum Museum aufbewahrt hat, ist in der Zwischenzeit verstorben. Zurückgeblieben sind Fotoalben, in denen denkwürdige Momente der Grabungen und des Museumsbaus festgehalten sind. In Köbis Leben aber beginnt ein neues Kapitel – eines voller Abenteuer, grossartiger Dinosaurierfunde und der Verwirklichung seines Traums.

Auf den Spuren des legendären Dinosaurierjägers Barnum Brown

Nach den Erfahrungen in Peru ist Köbi sich bewusst, dass er für seine nächsten Ausgrabungsprojekte ein geeignetes Gelände finden muss, das erstens spektakuläre Fossilien birgt und zweitens keine Probleme mit der Grabungslizenz hervorrufen würde. «Ich wusste, dass ich zurück in die USA gehen musste, um auf ein solches Gebiet zu stossen. Vor allem aber musste es sich in Privatbesitz befinden. Die Frage war nur: Wo? Es war wieder einmal eine Suche nach der Nadel im Heuhaufen.»

Als Wegweiser dient Köbi nicht nur der «Umweg» über Peru, sondern auch das Buch «Bones for Barnum Brown» von Roland T. Bird. In dem Buch beschreibt Bird, wie er zum Dinosauriergräber wurde und wie er im Auftrag des American Museums of Natural History und dessen legendären Dinosaurierjägers Barnum Brown an verschiedenen Orten an Grabungen teilnehmen konnte. Eine spannende Lektüre für Köbi! Er nimmt das Buch mit in die Badeferien an die ligurische Küste bei Sestri Levante in Italien. Während seine Frau und seine Mädchen das Leben am Strand geniessen und im Meer planschen, vertieft Köbi sich in das Buch. Plötzlich wird seine amerikastämmige Frau Karen durch einen lauten Aufschrei aus dem friedlichen Dahindösen am Strand aufgeschreckt: «They never finished digging!», schreit Köbi aufgeregt («Sie haben die Grabung nie zu Ende geführt!»). Er hat das Kapitel über Browns Grabung von 1934 im Howe-Dinosauriersteinbruch gelesen und dabei realisiert, dass Brown und seine Crew die reichhaltige Fundstelle nach einem überraschend frühen Wintereinbruch überhastet verlassen hatten. Es war ihnen nur wenig Zeit geblieben, die freigelegten Knochen fertig auszugraben, mit Gipsjacken zu versehen und in mit Stroh gepolsterte Kisten zu verpacken. «Ich fand nirgends einen Hinweis darauf, dass die Fundstelle erschöpft war. Auch gab es keine Erklärung dafür, weshalb die Arbeit in den folgenden Jahren nicht fortgesetzt worden war. Lag hier die Nadel im Heuhaufen?»

In Köbis Kopf rumort es: Kann es sein, dass in dem 1934 verlassenen Howe-Steinbruch noch weitere unentdeckte Schätze liegen? Wie steht es mit den rechtlichen Bedingungen? Wie gross ist das finanzielle Risiko? Würde er seine geschäftlichen Verpflichtungen bei Siber+Siber in Aathal mit einem langfristigen Engagement als Ausgrabungsunternehmer in Einklang bringen können? «In meinem Innersten wusste ich es: Auf dem Gelände der Howe-Ranch würde ich wertvolle Funde machen können. Aber eine Garantie dafür gab es natürlich nicht. Ich sah nur eine Möglichkeit, das herauszufinden: Hingehen und an Ort und Stelle abklären, ob ich dort überhaupt graben darf und ob es Anzeichen dafür gibt, dass es sich lohnen könnte.»

Gedacht, getan: 1989 reist Köbi in Begleitung des Biologen und Fossilienpräparators Ben Pabst, der sich schon bei den Peru-Expeditionen als erfahrener Feldkollege bewährt hat, nach Wyoming. Die Howe-Ranch liegt rund 20 Meilen nördlich der kleinen Ortschaft Shell am Fuss der Big Horn Mountains. Köbi ist vor über zehn Jahren schon einmal durch dieses 50-Seelen-Dorf gekommen. Doch damals erhielt er von den lokalen Leuten auf seine Frage nach dem Howe-Dinosaur-Quarry die Antwort, dass dort nichts mehr zu holen sei. Aufgrund seiner neuen Erkenntnisse aus dem Buch hofft er, dass er damals falsch informiert worden ist und kehrt deshalb guten Mutes nach Shell zurück.

Die kleine Ansammlung von Gebäuden wirkt wie ausgestorben. Einzig eine Frau mit riesigem Cowboyhut und rosafarbenem T-Shirt holt ihre Post aus dem Briefkasten. Köbi hält sofort an, um sie zu fragen: «Kennen Sie zufällig die Stelle, die Howe-Quarry genannt wird?» Die Frau lächelt freundlich und schickt ihn zu Liz, der Frau vom General Store, die wisse mehr darüber. Der General Store entpuppt sich als kleiner Gemischtwarenladen und ist nicht zu verfehlen, da er im einzigen Steinhaus von Shell untergebracht ist.

Köbi stösst die Eingangstür zum Laden auf. Uralte Gestelle an der Wand, darauf ein kunterbuntes Gemisch aus Dingen des Alltagsbedarfs – Bier, Kaffee, Motorenöl. Auch eine Sammlung indianischer Pfeilspitzen fehlt nicht. Ben Pabst macht Köbi auf dunkle Gegenstände im Schaufenster aufmerksam. Es handelt sich zweifellos um Bruchstücke von Dinosaurierknochen. Aus dem Hinterraum kommt eine korpulente ältere Dame auf die beiden zu und mustert sie durch ihre Brille. Schnell ist klar, dass es sich bei der Dame um Liz handelt. Köbi bringt sein Anliegen vor, die Dame hört aufmerksam zu. Dann greift sie ohne Federlesen zum Telefonhörer, wählt eine Nummer und beginnt mit der Person am anderen Ende der Leitung zu plaudern. Schliesslich sagt sie: «Hör mal, Gretel, ich habe hier zwei junge Männer aus der Schweiz. Die erkundigen sich nach dem Howe-Dinosaur-Quarry. Ich glaube, die haben Pläne, die alte Fundstelle wieder zu eröffnen. Sie sehen nach anständigen Kerlen aus. Sprich doch selber mit ihnen», und reicht Köbi den Telefonhörer.

Köbi ist völlig überrumpelt. «Wow – plötzlich steh ich mit der Besitzerin der Howe-Ranch in Verbindung, jetzt muss ich aber sofort gut reagieren.» Er erklärt der Eigentümerin sein Anliegen. Diese hört geduldig zu und bittet Köbi, ihr das Projekt schriftlich vorzustellen. Sie und ihr Mann würden dann darüber befinden. Grundsätzlich hätten sie aber nichts dagegen, im Gegenteil, sie hätten immer schon gehofft, dass sich eines Tages jemand für die Fundstelle interessieren würde. Von Köbis Bitte, die Fundstelle noch am gleichen Tag in Augenschein nehmen zu dürfen, wird jedoch dringend abgeraten. Es hätte zu viel geregnet, die Zufahrt sei selbst mit Allradantrieb nicht passierbar. Im ersten Moment denkt Köbi daran, es trotzdem zu versuchen. Schliesslich hat er in den unwegsamen Wüstengebieten der Badlands und von Peru seine Fähigkeiten als Autolenker oft genug unter Beweis stellen müssen. Aber dann kommt er doch zum

Schluss, dass Geduld angebrachter sei. «Ich kannte die Mentalität der Menschen in dieser Gegend. Ich wollte sie nicht vor den Kopf stossen. Und für uns war es ja bereits ein toller Erfolg, dass unser Wunsch zur Wiedereröffnung des Howe-Quarry nicht mit einem kategorischen ‹Nein› abgeschmettert worden war. Trotzdem war es frustrierend. Wir waren 8000 Kilometer um die halbe Welt gereist, und nun blieben uns die letzten wenigen Kilometer zur Fundstelle verwehrt.»

Liz vom General Store erweist sich als gesprächige und gut informierte Quelle. Von ihr vernehmen Köbi und Ben Pabst, dass Gretel Schriftstellerin sei und unter dem Namen «Gretel Ehrlich» schon mehrere Bücher veröffentlicht habe. Ihr Mann, Press Stephens, sei Rancher aus Leidenschaft und züchte Rinder mit hormonfreien Methoden. Er nehme Rücksicht auf die Landschaft und den Boden. Sein Einkommen verdiene er aber als «Outfitter», das heisst, er führe Leute für einige Tage oder Wochen auf einem Ritt mit Packpferden durch die Wildnis, um sie die Schönheit der Natur erleben zu lassen. Köbi schliesst aus diesen Schilderungen, dass Gretel Ehrlich und Press Stephens wohl aufgeschlossene Menschen sind und keine Hinterwäldler, wie sie in dieser abgelegenen Gegend der Big Horn Mountains erwartet werden könnten. Noch aufschlussreicher für ihn ist aber Liz' Information, dass die gegenwärtigen Besitzer der Howe-Ranch diese nur als Weideland benutzen, selber aber die etwas höher gelegene Hudson-Falls-Ranch bewohnen. Das Wohnhaus der Howe-Ranch war jahrelang nicht mehr genutzt worden und vor mehr als zwanzig Jahren bis auf die Grundmauern abgebrannt. Die Howe-Ranch ist also eine verlassene Ranch.

Zurück in der Schweiz erarbeitet Köbi den von Gretel und Press verlangten Projektbeschrieb zur Wiedereröffnung des Howe-Dinosaur-Quarrys. Eigenhändig bringt er den Briefumschlag zur Post. Einige Wochen später trifft die Antwort aus Wyoming ein: Köbi und sein Team werden zu einer Testgrabung eingeladen. «Das war für mich das schönste Weihnachtsgeschenk, das ich mir denken konnte!»

1990 treffen Köbi, seine Frau Karen, die Töchter Cécile (5) und Alicia (4) sowie Ben Pabst wieder in der Ortschaft Shell ein. In einem Camper fahren sie auf dem Highway 14, zuerst Richtung Osten und dann auf einer geteerten Seitenstrasse nach Norden. Nach etwa zehn Meilen ist es vorbei mit der angenehmen Fahrt auf der asphaltierten Strasse, und es beginnt ein Geholper auf der Naturstrasse. Der Weg führt vorbei an bestellten Feldern und Abzweigungen zu Ranchhäusern. Die majestätischen Big Horn Mountains kommen in Sicht, ihr oberstes Felsband auf fast 3000 Metern Höhe leuchtet weithin. Die Strasse windet sich steil abfallenden Flanken entlang und zwängt sich dann durch eine enge Talsperre. Dahinter öffnet sich eine kleine Ebene. An ihrem Ende erhebt sich der Rainbow Hill, ein Hügel aus buntgestreiftem Sedimentgestein, der seinem Namen alle Ehre macht. Spätestens jetzt wird Köbi klar, dass er sich in einem geologisch einzigartigen Gebiet befindet: «Es gab hier einen Anflug von Märchenhaftigkeit, von Vorsintflutlichkeit. Es war einfach alles so speziell, dass ich das Gefühl hatte, hier könnten ausserordentliche Dinge zu finden sein. Das war aber eher ein Gefühl als eine wissenschaftliche Erklärung.»

Die weitere Anfahrt zur Howe-Ranch verläuft nun noch abenteuerlicher: Der Weg führt weg von der Naturstrasse auf einen kaum sichtbaren Gebirgsweg. Köbi muss den Camper sorgfältig über ausgewaschene Stellen lenken. An steilen Böschungen schwankt das Fahrzeug gefährlich. Jetzt erst versteht Köbi, weshalb Gretel Ehrlich ihm beim letzten Mal von einer Fahrt abgeraten hat – bei Regenwetter gibt es hier wirklich kein Durchkommen. Und selbst jetzt, bei trockenem Wetter, verhindert nach rund zwei Kilometern ein sumpfiges Loch die Weiterfahrt: Eine mehrere Meter breite und zwei Meter tiefe Bodenwanne verunmöglicht es weiterzufahren. Das ersehnte Ziel – das Tor zur Howe-Ranch – ist jetzt nur noch 200 Meter entfernt. Zum Glück findet sich in der Nähe, etwas abseits der Fahrspur, ein kleines Stück einigermassen flachen und trockenen Bodens – ideal, um den Camper dort für die Nacht abzustellen.

Köbi und Ben sind so aufgeregt, dass sie sofort einen Blick auf das verheissungsvolle Gelände der Howe-Ranch werfen wollen. Karen und die Kinder kümmern sich derweil um das Einrichten des Camps. In Bergschuhen – die Ranch befindet sich auf 1650 Metern über Meer und Klapperschlangen sind zahlreich – stapfen Köbi und Ben los, um sich einen ersten Überblick zu verschaffen. Die Ranch liegt in einem kleinen Tal, das von zwei Hügelzügen begrenzt wird. Kein Haus, keine Strasse ist zu sehen, nur eine kaum mehr sichtbare Jeep-Spur. Das Wohnhaus hat vermutlich bei einer kleinen Baumgruppe am Ende des Wegs gestanden. Auf einem grossen Feld wächst grünes Gras. Es ist der einzige grüne Fleck im Tal, das von Wüstenpflanzen und den silbrig-grauen Sträuchern des Wüstensalbeis bewachsen ist. Köbi steht da und saugt diesen Anblick in sich auf, atmet tief den würzigen Duft des Wüstensalbeis ein, diesen charakteristischen Geruch von Wyoming. In Gedanken versetzt er sich über 50 Jahre zurück. Was hatte sich 1934 hier wohl abgespielt? Warum war Barnum Brown nicht zurückgekommen, um weiterzugraben? Hatte jemand anderes später diese Fundstelle fertig ausgegraben? Und vor allem: Wo befand sich die Fundstelle?

Diese Fragen sollen am nächsten Tag beantwortet werden. Es dauert nicht lange, bis Köbi und Ben die ehemalige Grabungsstätte entdecken. Die Grubenwände sind zwar eingestürzt und die Natur hat längst wieder vom Boden Besitz ergriffen, trotzdem ist die alte Grabungsstelle gut zu erkennen. «Es war einfach ein sensationelles Gefühl, an der Stelle zu stehen, wo Barnum Brown einen ganzen Dinosaurierfriedhof mit Skeletten von mindestens 25 Individuen ausgegraben hatte. Vielleicht standen wir in diesem Moment bereits auf Millionen Jahre alten Knochen, die nur darauf warteten, von uns ausgegraben zu werden.» Gewissheit darüber soll eine kurze Nachgrabung liefern. Doch mit Pickel und Schaufel ist diese nicht zu bewerkstelligen. Für Köbi und Ben ist klar: Hier muss ein Bagger her. Doch das ist ohne Bewilligung des Landbesitzers natürlich nicht möglich.

Die Gelegenheit, mit den Landbesitzern ins Gespräch zu kommen, ergibt sich noch am gleichen Abend. Familie Siber und Ben Pabst sind bei Gretel Ehrlich und Press Stephens auf der Hudson-Falls-Ranch zum Nachtessen eingeladen. Gretel und Press erweisen sich als äusserst aufmerksame Gastgeber, die ihren Gästen neben Speis und Trank auch spannende Geschichten aus der Gegend auftischen. Köbi ergreift die günstige Gelegenheit, um sein Projekt vorzustellen und um eine schriftliche Vereinbarung zu bitten, damit der Howe-Quarry wieder eröffnet werden kann. Press will mit seinem Hausjuristen einen entsprechenden Vorschlag ausarbeiten. Er und Gretel betonen beide, dass sie nicht an Geld interessiert seien, sondern daran, die Naturschönheiten der Ranch zu erhalten. Bis der Entwurf zur Vereinbarung vorliegt, dürfen Köbi und Ben das Gelände der Ranch weiter erkunden und von Hand Testgrabungen durchführen.

Nach einigen Tagen erscheint Press hoch zu Ross beim Camper. Die Nachrichten, die er überbringt, sind nicht eben erfreulich und auch für ihn selber verblüffend: Sein Anwalt hat die Eintragungen im Grundbuchamt überprüft und dabei festgestellt, dass die jetzigen Eigentümer nur die Oberfläche der Howe-Ranch nutzen dürfen, also das Weideland und das Wasser. Das Nutzungsrecht für alles, was unter der Oberfläche liegt, ist im Besitz der Erben von Barker Howe. «Es war ein Schock. Jetzt wurde mir auch klar, warum seit 1934 keine Nachgrabungen durchgeführt worden waren: Die Erben von Barker Howe sind womöglich über ganz Amerika verstreut. Wie sollte ich die bloss finden?» Die Flinte ins Korn zu werfen und angesichts des schier unüberwindlichen Hindernisses einfach aufzugeben, ist nicht Köbis Art. Im Gegenteil: Schwierigkeiten scheinen ihn geradezu anzustacheln. Schliesslich heisst eines seiner Mottos: «Probleme sind dazu da, gelöst zu werden.»

Die Gelegenheit, das Motto in die Tat umzusetzen, bietet sich schneller als erwartet: Ein erneuter Wintereinbruch macht den Weg zurück ins Tal unpassierbar. Die Familie Siber und Ben Pabst sitzen auf der Howe-Ranch fest. Press kommt ihnen mit zwei Packpferden zu Hilfe. Köbis Kinder Cécile und Alicia sind zu klein, als dass sie den weiten Weg zu Fuss zurücklegen könnten. Sie dürfen mit dem Gepäck auf dem Rücken der Pferde ins Tal reiten. «Wir anderen kamen eine Stunde später mit kiloschweren Lehmklumpen an den Schuhen bei der Landstrasse an.» Zum Glück werden sie dort schon von Gretel Ehrlich erwartet und mit dem Auto in ein Motel in Greybull gebracht, der nächstgelegenen Stadt, wo sie ein paar Tage bleiben, bis die Zufahrtstrassen wieder passierbar sind.

Zurück in der Schweiz macht Köbi sich auf eine Suchexpedition der besonderen Art: Er schreibt die Erben an, welche die Grabungsrechte zur Howe-Ranch besitzen, und stellt ihnen sein Projekt vor. Lange hört er nichts. Dann, endlich, eine Antwort von einem Familienteil, aber völlig unverbindlich, weder positiv noch negativ. Die Zeit drängt. Köbi muss die Grabung für den Sommer organisieren. Inmitten der Vorbereitungen – die Flugtickets sind bereits gebucht – erreicht ihn ein Brief aus Wyoming: Ein Enkel der Familie Howe schreibt, er sei strikt dagegen, dass Dinosaurierknochen der Howe-Ranch ins Ausland vergeben würden, er könne daher sein Einverständnis für die Grabungsarbeiten nicht geben.

Was nun? Eigentlich müsste Köbi unter diesen Voraussetzungen die Reise absagen. Aber er sagt sich: «Wer nichts wagt, kann auch nichts gewinnen», und setzt sich mit seinem Team, bestehend aus dem mehrfach bewährten Präparatoren und Kollegen Ben Pabst und den Neulingen Olivia Gross und Esther Premru, trotzdem ins Flugzeug nach Amerika. Erst in den Wolken über dem Atlantik weiht er sein Team in die Schwierigkeiten ein. Natürlich nicht, ohne sich vorher einen Plan B ausgedacht zu haben: Falls ihnen die Grabung auf der Howe-Ranch wirklich verweigert würde, böte sich eine andere Grabungsstätte an, auf der nach 35 Millionen Jahre alten Säugetieren oder nach 50 Millionen Jahre alten fossilen Fischen gesucht werden könnte. Er selber gibt sich eine Woche Zeit, um das Howe-Ranch-Projekt zu retten und bittet sein Team solange um Geduld.

«Köbi erzählte uns in blumigsten Ausführungen, was er über den Howe-Quarry gelesen hatte und wie er sich die Grabungen dort vorstellte. Kein Wunder, sassen wir voller Erwartungen und Spannung im Flugzeug.» (Esther Premru)

Nach der Ankunft in Denver mietet Köbi einen geländegängigen Pick-up und besorgt Grabungsutensilien und Campingausrüstung. Nach zehnstündiger Fahrt erreicht das Team Greybull, wo es sich in einem Motel einquartiert. Köbi kontaktiert die Howe-Erben und schlägt ihnen eine gemeinsame Besprechung vor. Im Restaurant «Liza's» in Greybull treffen sich Köbi und sein Team mit den Howe-Erben, zwei Herren in Cowboyhüten mit ihren Frauen in hübschen Blusen. Erst jetzt erfährt Köbi, dass es noch einen weiteren Zweig der Familie gibt, der über Kalifornien und den Staat Washington verstreut ist. Doch zum Glück sind an der Besprechung im «Liza's» genügend Anteilsrechteinhaber anwesend, um einen Entscheid treffen zu können. Nach der Begrüssung erklärt Köbi sein Projekt, die Wiedereröffnung des Howe-Dinosaur-Quarrys. Die Mienen der Erben verdüstern sich. Bevor sie über eine Grabungslizenz verhandeln wollen, möchten sie aus ihrer Sicht erklären, was damals zwischen ihrem Grossvater, Barker Howe, und dem Paläontologen des American Museums of Natural History, Barnum Brown, abgelaufen war. Offenbar gab es da noch ein ungelöstes Problem.

Aus Sicht der Erben war ihr Grossvater damals von Brown über den Tisch gezogen worden. Barker Howe war vorerst sehr angetan vom weltgewandten Barnum Brown. Er hoffte, dass dessen Funde auf seiner Ranch ihm endlich den ersehnten Wohlstand bringen würden. Allerdings hatte Barker Howe seine eigenen Vorstellungen über die versteinerten Knochen auf seinem Land: Er war überzeugt davon, dass sie von Tieren stammten, die in der biblischen Sintflut umgekommen waren. Dass die Knochen von ausgestorbenen Riesenreptilien stammten, die vor vielen Millionen Jahren gelebt hatten, hielt er für dummes Geschwätz. Dass die Knochen aber einen Wert haben mussten, ging ihm auf, als er eines Tages mit Ross und Wagen zum General Store in Shell fuhr und ihm dort einige Knochen vom Wagen gestohlen wurden.

Barker Howes Hoffnungen auf einen bescheidenen Wohlstand durch die Grabung auf seinem Land erfüllten sich jedoch nicht. Die Funde von Barnum Brown waren zwar eine grosse Sensation und wurden in der amerikanischen Presse weiterum gefeiert. Finanziert wurde die Grabung von der Sinclair Oil Company, die heute noch im Logo das Bild eines grünen Langhalsdinosauriers führt. Alle profitierten von den aufsehenerregenden Funden: Das American Museum of Natural History in New York erhielt über 2500 Knochen von mindestens 20 Langhalsindividuen; Barnum Brown wurde berühmt; doch er, Barker Howe, der Landbesitzer, ging leer aus. Grossvater Howe war enttäuscht und wütend. Er wollte sich nicht so billig abspeisen lassen und stellte eine Rechnung in der Höhe von 20'000 Dollar an das Museum of Natural History, als Entschädigung für seine Umtriebe durch die Grabung von Barnum Brown. Daraufhin wurde ihm kühl mitgeteilt, dass das American Museum of Natural History die Politik verfolge, Landbesitzer für Fossiliengrabungen nicht zu entschädigen. Barker Howe empfand dies als schreiende Ungerechtigkeit. Doch er war nicht der Typ, der schnell klein beigibt und reichte eine Klage ein. Der Gerichtsentscheid fiel gegen ihn aus. Die Begründung: Barker Howe habe seine Einwilligung zur Grabung gegeben, es habe kein formelles Arbeitsverhältnis vorgelegen und über eine Entschädigung habe keine Abmachung bestanden. Die einzige Abmachung bestand darin, dass für den Besuch der Grabungsstätte 10 Cents pro Person zu bezahlen waren. Hunderte von Menschen hatten damals den beschwerlichen Weg in die abgelegene Gegend unter die Füsse genommen, um das Sauriergrab zu bestaunen. In der Folge erhielt Barker Howe einen Check in der Höhe von 145 Dollar – für ihn der pure Hohn. Einige Jahre später musste Barker Howe die Ranch aufgeben, weil sie ihn und seine Familie nicht mehr ernähren konnte. Aber vorher wollte er unbedingt sicherstellen, dass das American Museum of Natural History nie mehr etwas von der Howe-Ranch würde nehmen können, ohne auch etwas dafür zu geben. Aus diesem Grund liess er per Gerichtsbeschluss die Fossilienrechte für alle Zukunft auf seine Familie eintragen.

«Als ich diese Geschichte hörte, erkannte ich, dass dem Grossvater, einem ehrlichen und hart arbeitenden Menschen, durch die feinen Herren und cleveren Anwälte von der Ostküste Unrecht geschehen war, umso mehr, als die Howe-Familie damals in bitterer Armut lebte. Ich spürte, dass die Nachkommen von Barker Howe auf eine Art später Gerechtigkeit aus waren, auch wenn ich nicht recht wusste, welcher Art die sein sollte.» Köbi ist deshalb bereit, für die Lizenz einen akzeptablen Preis zu zahlen. Er bittet die Erben um 24 Stunden Bedenkzeit, in denen er seine eigenen finanziellen Möglichkeiten sowie die Erwartungen der Howe-Nachkommen abwägen kann. Rechtzeitig übermittelt er seinen Vorschlag an die Erben. «Als nach ein paar Tagen das Okay für die Grabungslizenz eintraf, waren unsere Freudenschreie bestimmt in ganz Wyoming zu hören!» Der Vertrag wird auf fünf Jahre abgeschlossen mit der Möglichkeit, aus dem Vertrag auszusteigen, falls die Fundstätte nicht ergiebig sein sollte. Fürs erste Jahr wird eine Pacht von 3000 Dollar vereinbart, für die folgenden Grabungsperioden eine solche von je 5000 Dollar (damals fast 10'000 Schweizer Franken).

Nun ist die Grabung also doch noch gerettet. Die Spannung ist gross, ob tatsächlich noch Dinosaurierknochen im Boden lagern. Die Viererguppe aus der Schweiz begibt sich am folgenden Morgen früh zum Howe-Quarry und wartet dort ungeduldig auf den Baggerführer mit seinem Bagger, der aus 20 Kilometern Entfernung langsam angefahren kommt.

> *«Als wir zum Steinbruch hinauf fuhren, mussten wir immer wieder aussteigen und ein Bachbett zuschaufeln, damit wir überhaupt weiterfahren konnten. Manchmal war es sehr rutschig und richtig gefährlich. Und vor allem holprig, so holprig, dass wir beinahe eine Hirnerschütterung bekamen.» (Esther Premru)*

Am 20. August 1990 stottert der Bagger den schmalen Feldweg hinauf zur Howe-Ranch und eröffnet mit seinen Schaufeln den Steinbruch – 56 Jahre, nachdem Barnum Brown ihn überstürzt hatte verlassen müssen. Das Siber-Team, Gretel Ehrlich und Press Stephens als Landbesitzer sowie einige Nachkommen von Barker Howe als Lizenzgeber wohnen diesem denkwürdigen Anlass bei und applaudieren, als der Bagger den ersten Dinosaurierknochen freilegt. Mehrere Stunden bearbeitet der Bagger die harten Gesteinsschichten, immer sorgfältig darauf bedacht, einen halben Meter über der Knochenschicht zu bleiben, damit diese nicht zerstört wird. Diese Schicht wird nachher vom Grabungsteam von Hand abgetragen. Bevor der Baggerführer jedoch entlassen wird, hat Köbi noch zwei weitere Aufgaben für ihn: Das Loch, das die Zufahrt für Fahrzeuge zum Dinosauriersteinbruch erschwert, soll ausgebaggert und darin ein Rohr verlegt werden, sodass es möglich wird, mit einem Personenwagen bis zur Grabungsstelle zu fahren. Auf ausdrücklichen Wunsch von Köbi vertieft der Baggerführer zudem an einer Stelle das Bett des Bachs, der unweit des Camps vorbeifliesst. So entsteht ein natürlicher Swimming-Pool, in dem sich das Team jeweils erfrischen kann – bei Tagestemperaturen von über 40 Grad eine äusserst willkommene Abkühlung. Köbi als Wasserratte nutzt seinen Swimming-Pool jeweils drei Mal am Tag, zum ersten Mal gleich nach dem Aufstehen.

Anfangs versorgt sich das Team mit Trinkwasser von einer 300 Meter höher gelegenen natürlichen Quelle, wo frisches Wasser unter einer Sandbank hervorsprudelt. Bald werden jedoch die täglichen Aufstiege zum Wasserholen zu mühsam und das Team überlegt sich, wie es einfacher zu Trinkwasser kommen könnte.

«Um das Wasser von der Quelle ins Camp zu leiten, kauften wir sämtliche Gartenschläuche in der Gegend auf, so ungefähr 30, und schraubten sie zusammen. Wenn die Sonne den ganzen Tag darauf schien, konnten wir am Abend warm duschen. Wenigs-

tens die ersten beiden, für die beiden anderen war das Wasser wieder kalt.» (Esther Premru)

Das Camp der «Gräber» wird unter einigen schattenspendenden Cottonwood-Bäumen eingerichtet und besteht aus Zelten sowie einem alten Wohnwagenanhänger, der ausgestattet ist mit Bett, Tisch und Gaskocher – Köbis Reich. Von Sonnenaufgang bis Sonnenuntergang arbeitet das Team unter der sengenden Sonne mit Geologenpickel, Ahle, Messer und Stichel im Steinbruch und löst sorgfältig Gesteinsbrocken um Gesteinsbrocken. Bald sind mehrere Knochen freigelegt, so ein fast vier Meter langer Schwanz mit rund 30 Wirbeln in Serie. Ein grosser Teil der Arbeit gilt der Dokumentation, für die jedes Fundstück nummeriert, aufgezeichnet, fotografiert und so für die spätere wissenschaftliche Auswertung festgehalten wird.

«Nach Fossilien zu graben, bedeutet körperliche Schwerstarbeit. In den ersten beiden Wochen tut einem alles weh, was wehtun kann. Man spürt schmerzende Muskeln an Stellen, von denen man gar nicht gewusst hat, dass man dort welche hat. Dazu kommen blaue Flecken, Sonnenbrand, Mückenstiche, attackierende Viecher in den Ohren und am Hals. Trotzdem kann man am Abend fast nicht aufhören mit Graben – es nimmt einen so wunder, ob vielleicht noch etwas Tolles zum Vorschein kommt, es ist wie ein Fieber. Manchmal haben wir am Abend weitergearbeitet, bis wir nichts mehr sehen konnten.» (Esther Premru)

Vor dem wohlverdienten Feierabend müssen jedoch alle Kessel und Werkzeuge ordentlich weggeräumt und die Fundstelle abgedeckt werden. Darauf legt Köbi grossen Wert. Bei einem der häufigen Gewitterregen könnten sonst die frisch ausgegrabenen Knochen Schaden erleiden. Erst dann folgt der gemütliche Teil mit Nachtessen, Zusammensitzen, Geschichten erzählen.

«Das Licht der untergehenden Sonne brachte die Farbenpracht der Gesteinsschichten zum Leuchten. Kaum waren die Farben

verblasst, begannen die Sterne am dunklen Himmel zu leuchten. Eine unglaubliche Stille breitete sich aus. Manchmal zündeten wir ein Lagerfeuer an und brätelten unsere Steaks oder Pouletschenkel über dem Feuer. Es war sehr romantisch, unter dem weiten Sternenhimmel am flackernden Feuer zu sitzen. Köbi hat mir einmal die Wega gezeigt, das ist ein ganz hell leuchtender Stern im Sternbild der Leier. ‹Das ist mein Stern›, hat er gesagt. Er hat auch immer abenteuerliche Geschichten erzählt, das kann er gut. Er erzählt so mitreissend, dass es einen richtig ansteckt und begeistert.» (Esther Premru)

Die Tage am Fuss der Big Horn Mountains vergehen wie im Flug. Die Ausbeute nach vier Wochen Arbeit kann sich sehen lassen: Rund 350 Knochen von langhalsigen, pflanzenfressenden Dinosauriern können eingegipst und zum Abtransport verpackt werden, aber auch einige seltene Stücke von Dinosaurierhaut. Die insgesamt 600 Kilogramm schweren Funde werden im Auto verstaut, nach Denver gefahren und von dort aus mit dem Flugzeug in die Schweiz geflogen. Hier müssen die Fundstücke in zeitraubender Kleinarbeit gründlich gereinigt, gehärtet und wie ein Puzzle zusammengesetzt werden. Ein kleiner Schuppen neben dem Mineraliengeschäft von Siber + Siber in Aathal wird für das Bearbeiten der Knochen eingerichtet, das erste Dinosaurierknochenpräparatorium, sozusagen ein Vorläufer des heutigen, fünfmal grösseren Labors des Sauriermuseums.

Bevor Köbi in die Schweiz zurückkehrt, schaltet er in New York einen kurzen Aufenthalt ein. Ein Besuch des American Museum of Natural History gehört für ihn in New York zum festen Bestandteil all seiner USA-Reisen. Diesmal ist er sich bewusst, welche Rolle das Museum bei den ersten Grabungen auf der Howe-Ranch gespielt hat. Er meldet sich beim Direktor des Museums an, der ihn umgehend empfängt. Köbi erzählt ihm, dass er die alte Fundstelle von Barnum Brown im Howe-Steinbruch in Wyoming wieder eröffnet habe, und bietet an, dass das Museum mit seinen Leuten die Ausgrabung wissenschaftlich begleiten könne, während er, Köbi, die Grabung finanziere. «Mir schien das ein faires Angebot zur Zusammenarbeit. Ich wollte ein gutes Ausstellungsstück finden. Das Museum hatte kein Geld für eigene Grabungen, musste aber an einer wissenschaftlichen Auswertung interessiert sein. Eine typische Win-Win-Situation also. Dachte ich wenigstens.» Doch der Direktor winkt schroff ab mit der Begründung, dass das Museum nicht mit Amateuren wie Köbi zusammenarbeite. Damit beendet er das Gespräch und Köbi findet sich völlig konsterniert wieder in den Ausstellungsräumen. Der Stachel sitzt tief. Auf dem Weg nach draussen schwört sich Köbi: «Die wärdet sich no wundere.»

Dramatische Momente um einen sensationellen Fund

Die Gelegenheit, «es denen zu zeigen», bietet sich schon im nächsten Jahr. Ben Pabst reist mit dem Grabungsteam voraus. Köbi Siber stösst erst später dazu. Er hat noch dringende Geschäfte in Aathal zu erledigen und hofft, dass seine Leute in der Zwischenzeit bereits grössere Skelettteile freigelegt haben. Doch er wird enttäuscht: «Die Ausbeute war unerwartet mager. Ben machte mich darauf aufmerksam, dass die Abstände zu den einzelnen Knochen immer grösser wurden, die Knochen selber hingegen immer kleiner. Das konnte nur eines bedeuten: Die Fundstätte war erschöpft.» Das sind schlechte Nachrichten. «Wir hatten noch nicht genug Knochen gegraben, um unser Ziel zu erreichen – ein zumindest zu 50 bis 60 Prozent komplettes Dinosaurierskelett.»

Köbi und Ben haben schon im vorhergehenden Jahr festgestellt, dass es auf der Ranch noch andere Fundstellen geben müsste. Von nun an verbringen sie jeden Tag bis zu zwei Stunden damit, das Gelände zu erkunden und zu prospektieren. Das heisst, sie suchen mit den Augen die Oberfläche ab und halten Ausschau nach Anzeichen von Dinosaurierknochen. Wenn ein versteinerter Knochen Tausende von Jahren an der Oberfläche liegt, zerfällt er meist in kleine Bruchstücke, die wie gewöhnliche Gesteinssplitter aussehen. Doch das geübte Auge erkennt an der charakteristischen Form und der rötlichen, weissen oder beigen Farbe, dass es sich um einen Knochen handelt.

Sind Köbi und Ben nicht sicher, ob es sich bei einem «Stein» um einen fossilen Knochen handelt oder nicht, wenden sie den «Zungentest» an: Sie halten das fragliche Objekt kurz an die Zunge; bleibt es an der Zunge kleben, so ist es fossiler Knochen. Hält es nicht, dürfte es sich mit grosser Wahrscheinlichkeit um einen gewöhnlichen Stein handeln. Sind an einer Stelle zahlreiche versteinerte Knochensplitter anzutreffen, gilt es herauszufinden, aus welcher Schicht diese herausgewittert sind. Da Bruchstücke im Allgemeinen talwärts rutschen, suchen Köbi und Ben die direkt oberhalb liegenden Stellen ab. Sofern die Verwitterung nicht schon zu weit fortgeschritten ist, müssten sie dort auf ein in anstehendem Gestein liegendes Skelett stossen. Das wenigstens ist die Hoffnung. Aber nur eine Testgrabung kann letztlich klären, ob die Grabung an dieser Stelle wirklich erfolgreich wird. Da Köbi und Ben mit der Zeit etliche solcher vielversprechender Stellen lokalisieren, müssen sie sich für die lohnendsten entscheiden.

Doch von Hand ist dies ein Ding der Unmöglichkeit. Also muss wieder ein Bagger her – bei einem Anfahrtsweg von 20 Kilometern eine teure Angelegenheit von mehreren Tausend Dollar. «Die Stellen, an denen wir unser Glück versuchen wollten, befanden sich ausserhalb des Steinbruchs von Barnum Brown. Die Landbesitzer, Press und Gretel, hatten uns eingeschärft, nichts zu tun, was die Landschaft verschandeln würde. Deshalb baten wir sie um Erlaubnis, an weiteren Stellen Testgrabungen durchführen zu dürfen. Die Howe-Erben als Lizenzgeber hatten wir bereits informiert, dass die alte Grabungsstätte nichts mehr her gab. Wir wussten: Wenn wir jetzt nichts finden, ist es endgültig vorbei mit Grabungen auf der Howe-Ranch.»

Am Tag, als der Bagger auffährt, ist die Spannung deshalb gross. Um die Zeit bis zur Ankunft des Baggers optimal zu nutzen, jagt Köbi die ganze Mannschaft so früh an die Arbeit, dass nicht einmal mehr Zeit bleibt fürs Frühstück. Die Stelle, an der der Bagger als Erstes hineingräbt, bekommt deshalb vom Team den Namen «No-Breakfast-Quarry». Das Problem mit all den möglichen Fundstellen besteht darin, dass die fossilienreiche Morrison-Schicht durch Schotter aus der letzten Eiszeit überdeckt und durch Humus und Büsche zugedeckt ist. Es ist also schwierig, ihren Verlauf zu erkennen. Köbi entschliesst sich deshalb, vom Bagger an sieben verschiedenen Stellen einen

Sondiergraben ausheben zu lassen. Der Bagger schaufelt sich also in den Berg hinein, Schaufel um Schaufel. Erste Knochen kommen zum Vorschein. Ist das nun der herbeigesehnte Fund, ein möglichst ganzes und gut erhaltenes Skelett? «Wir merkten bald, dass es sich bei den Knochen nicht um ein zusammenhängendes Skelett handelte. Einzelne Knochen interessieren uns wenig. Davon gibt es Tausende. Nein, wir wollten unbedingt ein zusammenhängendes Skelett finden.»

Die nächste Stelle ist die, auf die Köbi schon von Anfang an die grösste Hoffnung setzt. Es handelt sich um eine drei Meter hohe Felsnase aus fast weisslichem Sandstein. Der Bagger trägt den Felsvorsprung ab und lässt die riesigen Gesteinsbrocken ins Bachbett hinunterdonnern. Eine riesige Staubwolke entsteht. An diesem Tag wird im wortwörtlichsten Sinn viel Staub aufgewirbelt – ein Omen für die Ereignisse, die bald folgen sollten. Denn während der Bagger an der Arbeit ist, überfliegt rein zufällig ein kleines Flugzeug das Gelände. Dessen Insassen werden durch die Staubwolke auf die Arbeiten an der Erdoberfläche aufmerksam. Niemand vom Siber-Team beachtet jedoch das Flugzeug, niemand ahnt, dass dieser Flug zehn Tage später dramatische Folgen haben wird. Zu gross ist die Spannung, was nach dem Abtrag der Felsnase zum Vorschein kommen wird.

Nach ein paar Stunden beendet der Bagger seine Arbeit. Zurück lässt er ein Trümmerfeld aus grossen und kleinen Gesteinsbrocken. Das Team macht sich an die Handarbeit: «Wir hoben jeden losen Stein auf, schauten ihn von vorne und hinten an. Falls auch nur ein winzigstes Knochenstück darin zu sehen war, packten wir es ein, falls das Stück später wichtig werden sollte. Schon nach einer halben Stunde rief jemand: ‹Achtung! Schwanz! Raubsaurier!›. Ein Schwanzwirbel nach dem anderen kam hervor. Da stieg das Fieber, das kann man sich gar nicht vorstellen. Das war es, was wir uns immer erträumt hatten! Ein Skelett, bei dem die Knochen noch im Verband liegen und erst noch das Skelett eines Raubsauriers, das musste der Jackpot sein!»

Am ersten Tag werden zwölf Schwanzwirbel freigelegt. Dann kommt ein Oberschenkelknochen hinzu, und zwar genau an der Stelle, an der er aus anatomischen Gründen auch erwartet werden kann. Jetzt steigen die Erwartungen ins Unermessliche. «In solchen Momenten muss man aufpassen, dass die Fantasie nicht mit einem durchgeht. Das ist einfach so: Sobald man eine Serie von zusammengehörenden Knochenteilen findet, fängt man von einem vollständigen Skelett an zu träumen, man kann gar nicht anders.»

Ausgerechnet jetzt muss Köbi für ein paar Tage weg, um in Denver einer geschäftlichen Verpflichtung nachzukommen. Er ist völlig kribbelig und wartet jeden Abend ungeduldig auf einen Anruf von Ben Pabst. Doch der muss ja erst zwei Kilometer weit zum nächsten Nachbarn fahren, um zu einem Telefonanschluss zu gelangen. Endlich, endlich, kommt der erlösende Anruf von Ben mit der Meldung: «Wir haben den Schädel gefunden, es ist definitiv ein Allosaurus, er ist fantastisch erhalten.» «In jener Nacht machte ich vor Aufregung kein Auge zu. Ich dachte, das kann ja gar nicht wahr sein. Jetzt haben wir einen international bedeutenden Fund gemacht. Einfach sensationell.»

Unter der Leitung von Ben arbeitet das Team weiter und legt das Skelett von oben frei. Nach einer Woche kehrt Köbi zur Howe-Ranch zurück. Die Mannschaft begrüsst ihn niedergeschlagen und mit düsterer Miene. Ben hat Köbi bereits vorgewarnt, dass es Probleme gibt, aber dass es so schlimm sein würde, hat Köbi sich nicht vorstellen können.

Während Köbis Abwesenheit ist der Sheriff zur Grabungsstätte gekommen, um dem Team zu eröffnen, dass es nicht weitergraben dürfe. Es bestünde der begründete Verdacht, dass die Grabung auf Land erfolge, das der Regierung gehört. In dem kleinen Flugzeug, das die Stelle während der Baggerarbeiten überflogen hatte, waren nämlich Geometer des Bureau of Land Management, des nationalen Landverwaltungsamts, gesessen. Sie wollten die Gegend am Fuss der Big Horn Mountains kennenlernen zwecks geplanter Vermessungsarbeiten. Die Staubwolke hatte die Geometer auf das Treiben auf der Howe-Ranch aufmerksam gemacht und sie veranlasst, die Grenze zwischen Regierungsland und der privaten Howe-Ranch genauer unter die Lupe zu nehmen. Das Land war seit den 80er-Jahren des 19. Jahrhunderts nicht mehr vermessen worden. In der Folge fährt eine Polizeieinheit auf, sichert das Gelände und bewacht das Allosaurusskelett Tag und Nacht. Niemand darf das abgesperrte Gelände betreten, das Siber-Team darf den «Tatort» nicht verlassen.

Köbi begreift die Welt nicht mehr. «Das konnte doch nicht wahr sein. Wir gruben ja innerhalb des Zauns. Die Landbesitzer wussten, wo wir graben. Die Leute, die hier aufgewachsen waren, mussten doch wissen, wo die Grenze verlief.» Köbi hofft, dass sich das Ganze als Irrtum herausstellt. «Da kann doch etwas nicht stimmen, die Leute von der Regierung müssen sich täuschen», denkt er sich. Als die Geometer eintreffen und mit modernen Geräten den Grenzverlauf vermessen, wird klar: Der Fundort des Allosaurus liegt 80 Meter ausserhalb der Howe-Ranch und somit auf Regierungsland. Köbis Verhängnis besteht darin, dass in den 40er-Jahren ein Zaun verschoben worden war, um einen bequemeren Zugang von der Ranch zum Weideland zu gewährleisten. Offenbar hatte der damalige Besitzer den Viehzaun auf Regierungsland versetzt, denn für das ans Privatland angrenzende Regierungsland hatte er einen langfristigen Mietvertrag. Für ihn hatte der Viehzaun nur praktische Bedeutung. An einen möglichen Fossilienfund hatte damals niemand gedacht. «Es war eine Gemeinheit des Schicksals, uns den Speck dermassen durch den Mund zu ziehen. Wir hatten jahrelang gesucht, gegraben und endlich mal ein weltbedeutendes Stück gefunden. Und eine Woche später wird uns unser bester Fund einfach wieder weggenommen – wegen eines Irrtums, dem sogar die heutigen Landbesitzer und die Inhaber der Fossilienrechte erlegen waren.»

«Wenn einem der Fund des Lebens durch die Lappen geht, ist das schon happig. Man hat Köbi angemerkt, wie sehr ihn das

alles hernahm. Er wurde ganz ruhig und zog sich zurück. Für ihn stand sehr viel auf dem Spiel.» (Esther Premru)

Im Team herrscht eine seltsame Stimmung: eben noch himmelhochjauchzend, nun zu Tode betrübt. Eine Untersuchung wird eingeleitet, ob Köbi und seine Mannschaft allenfalls absichtlich auf Regierungsland gegraben haben, um sich dann mit dem wertvollen Skelett bei Nacht und Nebel davonzumachen. FBI-Beamte tauchen auf und befragen alle Beteiligten. «Es waren die dramatischsten Momente in meinem Leben.» Als ob damit nicht genug wäre, wird die Geschichte von der Presse aufgenommen und hochgespielt.

Am nächsten Tag findet direkt beim Fundort eine Pressekonferenz statt. Und alle kommen sie, um den sensationellen Fund zu bewundern: Vertreter aus der Stadt Greybull, Senatoren von Wyomings Hauptstadt Cheyenne, der Staatspaläontologe und der Staatsarchäologe von Wyoming und vor allem die Presse. In der «Billings Gazette», der grössten Tageszeitung von Wyoming und Montana, erscheint ein grosser Artikel über den Allosaurus, der von der Presse «Big Al» getauft wird – mit Köbis Bild auf der Frontseite. Die Nachricht vom sensationellen Fund verbreitet sich in Windeseile in den Vereinigten Staaten, von Montana bis Florida, von New York bis Kalifornien. Über CNN erfährt man sogar in Tokio vom Big-Al-Fund. Einen solchen Rummel hat Köbi nicht erwartet. Die Experten sind sich einig, dass es sich bei «Big Al» um das am besten erhaltene Raubsaurierskelett aus der Jurazeit handelt. Doch bald dreht sich die Diskusssion nicht mehr um den Allosaurus und seine Bedeutung, sondern um grundsätzliche Fragen: «Darf es sein, dass ein Ausländer in den USA einen wichtigen paläontologischen Fund machen und diesen mit nach Hause nehmen darf?», fragt sich die breite Öffentlichkeit. «Für die Amis war es eben ein Schönheitsfehler, dass der Allosaurus von einem Schweizer entdeckt worden war. Sie lobten den Fund, aber taten alles, um meine Leistung zu schmälern, indem sie zum Beispiel schrieben, ‹They stumbled upon it – sie stolperten darüber›. Wie wenn wir aus lauter Dummheit auf das Skelett gestossen wären. Ich war schockiert und beleidigt.» Plötzlich befindet Köbi sich im Zentrum einer hitzigen Kontroverse. In weiteren Artikeln und Leserbriefen wird diskutiert, ob es verboten werden soll, dass ein paläontologisches Fundstück die USA überhaupt verlassen darf, selbst wenn es auf Privatland gefunden wurde. Das Misstrauen gegenüber Köbi erhält neue Nahrung, als er von einem Journalisten gefragt wird, was er denn mit dem Fund gemacht hätte. Zu diesem Zeitpunkt ist Köbi erst damit beschäftigt, sein Museum in Aathal aufzubauen. «Ich konnte denen doch nicht sagen, dass ich plane, ein Dinosauriermuseum in der Schweiz zu eröffnen. Das war eine Idee, die hätte mir so wohl keiner abgenommen. ‹Was? Sie als Privatmann wollen vorhaben, ein Dinosauriermuseum zu eröffnen, Sie träumen wohl!› Das wäre die zu erwartende Reaktion gewesen, also zog ich es vor, ihnen das zu sagen, was ich bisher mit den besten Fossilien getan hatte, die ich selbst gefunden hatte. Ich hatte sie an die grossen Museen der Welt weitergeliefert. Das war schliesslich die Wahrheit.» In der Presse wird Köbis Aussage so dargestellt, dass der «Knochenjäger» Siber aus finanziellem Interesse in den USA nach Fossilien suche, diese bei Nacht und Nebel ausser Landes schaffe und sie dem Meistbietenden verkaufe: «Bones for sale!», lautet die Schlagzeile. «Darüber habe ich mich sehr geärgert.»

Natürlich wird Köbi auch gefragt, wie viel das Allosaurusskelett denn wert wäre. Arglos beantwortet er die Frage und schätzt den Wert von «Big Al» auf eine sechsstellige Zahl. «Ich war ein ‹Tubel› und völlig naiv, so zu antworten.» Denn einige Tage später findet er sein Bild wieder auf der Frontseite mit der Schlagzeile «Bone-Hunter Siber planned to sell ‹Big Al› for Millions – Knochenjäger Siber wollte ‹Big Al› für Millionen verkaufen.» Der Titel ist nicht nur reisserisch, sondern auch falsch: Köbi hat nie im Sinn gehabt, den sensationellen Fund zu verkaufen, denn «Big Al» sollte eine Attraktion im geplanten Museum werden. «Die Leser erhielten den Eindruck, ich hätte schnell auf

Regierungsland eine Million abholen wollen. Ich ärgerte mich nochmals fürchterlich.»

Der Ärger ist noch nicht vorbei. Denn nun wird gegen Köbi formell Anklage erhoben. Er erhält eine Vorladung nach Cody, einem Touristenort, der nach William Cody, besser bekannt als «Buffalo Bill», benannt ist. Köbi betritt das moderne Verwaltungsgebäude und sucht das Zimmer, in dem sein Fall behandelt wird. Das Zimmer entpuppt sich als Saal mit einem riesigen Tisch. Auf der einen Seite sitzen der lokale Sheriff, der Chef des Bureau of Land Management von Wyoming, zwei Vertreter des FBI, der Staatspaläontologe, der Staatsarchäologe sowie eine Sekretärin. Köbi nimmt auf der anderen Seite des Tisches Platz – allein. Die Anklageschrift wird verlesen. Der erste Punkt betrifft den Vorwurf des «unautorisierten Grabens auf öffentlichem Land». Köbi wird über die Untersuchungsergebnisse informiert: Die Befragungen der Landbesitzer, der Lizenzgeber und anderer lokaler Personen hätten ergeben, dass er auf Staatsland gegraben habe im guten Glauben, sich auf Privatland zu befinden. Er war also unbeabsichtigt auf das Staatsland eingedrungen. Köbi ist erleichtert.

Doch nun wird ein zweiter Vorwurf erhoben: «Beschädigung von archäologisch wichtigen Stätten der Indianer». «Ich dachte, die spinnen, das ist doch völlig absurd!». Es stellt sich heraus, dass der Bagger auf seiner Fahrt zur Howe-Ranch einige Male mit seiner Schaufel ans Strassenbord geschlagen hat. Dabei sind Gesteinsschichten «beschädigt» worden, in denen Steinknollen vorkommen, die von Paläoindianern mit Vorliebe zu Steinwerkzeugen verarbeitet worden waren. «Das war dermassen an den Haaren herbeigezogen. Aber ich erkannte die Taktik: Die bliesen eine Kleinigkeit so auf, dass es schrecklich tönte.» Köbi soll recht behalten: Der einschüchternde Anklagepunkt dient vor allem dazu, einen Deal auszuhandeln. Die Ankläger behaupten, sie hätten diesen Punkt nicht völlig entkräften können, würden jedoch darüber hinwegsehen, wenn Köbi dem Staat sämtliche Dokumente, Fotos und Grabungspläne überlassen würde. Für

Köbi kein Problem. Das hätte er auch ohne die Einschüchterungstaktik getan.

Bevor das «Tribunal» auseinandergeht, hebt Köbi zu einer Schlussrede an: «Ich bin froh, dass Sie alles gründlich untersucht haben. Ich bin überzeugt davon, dass Ihre Untersuchungen korrekt abgelaufen sind. Ihre Leute haben einen guten Job gemacht. Natürlich bin ich enttäuscht, dass ich meinen besten Fund nun abgeben muss. Aber ich hatte Zeit, darüber nachzudenken, was das für mich bedeutet. Als junger Mann habe ich von den USA die Chance erhalten, in Montana zu studieren. Das war sehr grosszügig von den Vereinigten Staaten. Dieses Jahr war für mich unglaublich wichtig. Ich lernte viel und nahm unzählige Eindrücke mit nach Hause. Ich wäre heute nicht hier, wenn ich dies alles nicht erlebt hätte. Ich habe von Ihnen gelernt: Yes, I can. Diese Haltung hat mich tief beeindruckt. So sehr, dass auch ich als Schweizer zu mir sagte: Ja, ich kann. Ich kann einen Dinosaurier ausgraben. Jetzt geht mein wichtigster Fund in den Besitz der amerikanischen Öffentlichkeit über. Damit habe ich meine Schuld zurückbezahlt.»

Köbis Rede scheint dem Gremium Eindruck zu machen. Zwar erhält er nicht wie erhofft einen Abguss von seinem Fund. Und auch keine Entschädigung an die Grabungskosten, da das Gesetz dies nicht vorsieht. Doch einige Jahre später organisiert der anwesende Direktor des lokalen Bureaus of Land Management einen Abguss des Allosaurusschädels und überreicht ihn strahlend dem Finder. Dieses Replikat ist heute im Sauriermuseum in Aathal ausgestellt, zur Erinnerung an den ersten bedeutenden Fund. «Das hätte er nicht tun müssen, das war eine reine Geste.» Derselbe Chefbeamte taucht einige Jahre später auf seiner Europareise bei Köbi auf und schaut sich dessen Museum an. «Ich musste mich dagegen wehren, als Grabräuber abgestempelt zu werden. Und dabei habe ich überraschend einen Freund gewonnen.»

Freunde gewinnt Köbi nicht nur im Bureau of Land Management, sondern vor allem in der Bevölkerung von Wyoming:

«Nimm dir den besten Rechtsanwalt, du musst gegen die Regierung kämpfen, das sind richtige Blutsauger.» Mit solchen und noch härteren Worten versuchen die Leute, Köbi Mut zu machen. Doch das entspricht nicht seinem Stil. «Meine Überlegungen gingen in eine andere Richtung: Du hast jetzt deinen besten Fund verloren. Jetzt musst du nur die Lehren daraus ziehen und weitermachen, dann findest du bestimmt bald wieder einen bedeutenden Fund.»

Wyoming ist ein Cowboy-Staat, in dem der Pioniergeist weiterlebt. Mit seinem Allosaurusfund und der anschliessenden Kontroverse hat Köbi in ein Wespennest gestochen. In den grossen Staaten des Westens – Montana, Nevada, Idaho, Utah, Wyoming – befindet sich bis zur Hälfte des Landes im Besitz der Zentralregierung. Diese «Public Lands», so die vorherrschende Meinung der lokalen Bevölkerung bis in die 1980er-Jahre, sollten für alle da sein, als eine Art Allmend. Die Bewohner nutzten das Regierungsland, um zu fischen, zu jagen, Kräuter zu sammeln oder Samen von Wildblumen zu ernten. In den 80er-Jahren fand jedoch in Washington D.C. ein Umdenken statt. Die Zentralregierung fand, es könne nicht angehen, dass jeder sich einfach auf «Public Land» bedienen könne, wie er wolle. Ohne grosse Ankündigung wurden neue Gesetze in Kraft gesetzt. Plötzlich standen jene, die sich auf Regierungsland bedienten, als Diebe da. Das galt vor allem auch für Fossiliensucher, die nun sogar verhaftet wurden – so geschehen der Tynsky-Familie, die seit Generationen in Wyoming, nahe der Stadt Kemmerer, nach Fischfossilien grub. Die Leute von Wyoming kümmerten sich nicht gross um die neuen Gesetze. «Das war so, wie wenn die Bergler bei uns sagen: ‹Die in Bern unten sollen doch nur reden, wir machen, was wir wollen›.»

Doch für die Bewohner des amerikanischen Westens kommt es noch schlimmer: Zu Beginn der 1990er-Jahre müssen Besucher auf den Guest-Ranches dem Bureau of Land Management eine Gebühr zahlen, wenn sie auf ihrem Ausritt über Regierungsland reiten. Kein Wunder, sind die Leute von Wyoming nicht gut zu sprechen auf das Landverwaltungsamt, das ihnen vorkommt wie ein Vogt aus fremden Landen, der sie unterdrückt und ihnen die alt hergebrachten Rechte wegnimmt. «Wir Schweizer verstehen das ja nur zu gut.» Aus diesem Grund schlagen die Wellen nach Köbis Fund so hoch. Sein Fall wird auch politisch ausgeschlachtet, in dem Max Baucus, Senator von Montana, einen Gesetzesentwurf einreicht, der besagt, dass sämtliche Wirbeltierfunde dem Staat gehören sollen – selbst wenn sie auf Privatland gefunden werden. Der Gesetzesvorschlag kommt jedoch im Senat nicht durch. Denn auch die Öl- und Kohle-Lobby wehrt sich dagegen.

Während die Wogen in Presse und Politik hoch schlagen, liegt das «Corpus Delicti» weiterhin in seinem Steingrab auf der Howe-Ranch. Da der Staat Wyoming weder über das nötige Geld noch über die geeigneten Leute verfügt, um «Big Al» auszugraben, wird der Fund öffentlich ausgeschrieben. Sieben Repräsentanten grosser Museen finden sich zur Besichtigung ein. Den Zuschlag erhält etwas überraschend das Museum of the Rockies in Bozeman, Montana. Es ist Herbst geworden, und das Team des Museums unter der Leitung von Jack Horner muss sich beeilen, um den Allosaurus noch vor Wintereinbruch zu bergen. Als Köbi einige Jahre später «seinen» «Big Al» in Bozeman besuchen will, ist er enttäuscht: «Er war nicht im Original öffentlich aufgestellt, sondern lag in einer Schublade im Lagerraum!»

Die Geschichte von «Big Al» hat in den USA die Gemüter erregt. Informationstafeln erinnern nun allerorten an den denkwürdigen Fund, so in Greybull, Cody oder Worland. Doch auf keiner Tafel wird der Finder erwähnt. «Da merkte ich: Es hat den amerikanischen Nationalstolz verletzt, dass ich als Schweizer, als Nobody, daherkomme und diesen tollen Saurier entdecke. Ich habe es fertiggebracht, eine Grabungsbewilligung zu erhalten, nachdem grosse Institutionen dies nicht geschafft hatten, weil die Howe-Erben nicht mit Museen zusammenarbeiten wollten. Ich habe ‹Big Al› zehn Meter neben dem Weg entdeckt, auf dem all die grossen amerikanischen Dinosaurierspezialisten zum Howe-Dinosaur-Quarry hinaufgepilgert und an der Fundstelle vorbeigelaufen sind. Das war ihnen vermutlich mehr als ein bisschen peinlich. Deshalb wurde ich wohl dermassen attackiert und mit Dreck beworfen. Aber ich lasse das nicht auf mir sitzen. I'm here to clear my name – ich bin hier, um meinen Namen reinzuwaschen. Und wenn es 20 Jahre dauern sollte. Mein Stolz und mein Ehrgeiz waren geweckt.»

Auch wenn Köbi als Einzelner gegen Windmühlen kämpft, gelingt es ihm in kleinen Schritten, die Menschen von seinen guten Absichten und seiner einwandfreien Arbeit zu überzeugen: Er kann ein freundschaftliches Verhältnis aufbauen zum Staatspaläontologen von Wyoming, zum Staatsarchäologen und zum Direktor des lokalen Bureau of Land Management. «Wir machen unsere Arbeit mit schweizerischen Vorstellungen von Qualität. Damit konnte ich punkten.» Für die lokale Bevölkerung organisiert er eine Ausstellung, in der er Bilder und Objekte der Grabungen zeigt und seinen Standpunkt darstellt. Der Journalist der «Billings Gazette», der die tendenziösen Artikel geschrieben hatte, veröffentlicht einen ganzseitigen Bericht, in dem Köbi seine Sicht der Dinge darstellen kann. «Ich wusste: Die Wahrheit wird sich durchsetzen. Und eigentlich ist es gar nicht schlecht, wenn man unterschätzt wird. Mir ist das viel lieber als auszurufen: Ich bin der Grösste und ich mach es am besten!» Typisch für Köbis Fähigkeit, aus allem einen positiven Aspekt herauszufiltern, ist seine fast trotzige Reaktion auf die Schlammschlacht: «Ich wusste jetzt ja, wie man ein vollständiges Skelett findet. Also würde ich es auch ein zweites Mal schaffen.» Ein noch besserer Fund vier Jahre später sollte ihm recht geben...

Peter in den Mühlen der Justiz

Immer noch aufgewühlt von den turbulenten Ereignissen um «Big Al» reist Köbi nach Denver an die grosse Mineralienmesse. Er weilt gerne dort, denn: «Man trifft dort immer auch Kollegen und alte Bekannte.» Diesmal trifft Köbi seinen guten alten Freund Peter Larson. Köbi erzählt ihm die dramatische Story um «Big Al». Peter hört ruhig zu und sagt dann: «Kirby, du wirst es nicht glauben, aber mir ist auch so eine Katastrophe passiert wie dir, nur noch viel schlimmer.» Bei der Geschichte, die Köbi von Peter Larson zu hören bekommt, sträuben sich ihm tatsächlich alle Haare.

Peters Geschichte beginnt kurz nach dem gemeinsamen Abenteuer bei den Walen in Peru. Peter und Susan wurden ein Paar, und Susan folgte Peter nach Hill City in Süddakota, wo Peter und sein Bruder Neal zusammen mit ihrem langjährigen Businesspartner Bob Farrar eine Fossilienfirma betreiben. Hill City liegt in den touristisch attraktiven Black Hills. Rund um die Black Hills liegen diverse Fundstellen der fossilienreichsten Schichten in Nordamerika. Es gibt hier die berühmten White-River-Badlands mit Ursäugern aller Art; es gibt spektakuläre Ammoniten, deren Schalen zum Teil erhalten sind und die in allen Regenbogenfarben irisieren; und es gibt jede Menge Saurier: Mosasaurier, Hadrosaurier, Ceratopsier und den berühmten Tyrannosaurus rex.

Nachdem Susan Hendrickson eine Weile als Volontärin bei den Larsons gearbeitet hat, ist sie erschreckt über deren geschäftliche Ineffizienz. Ihre Kritik: zu viel Liebhaberei und zu wenig Geschäftssinn. So könne das nicht weitergehen, findet sie und beginnt, Vorschläge für eine straffere Führung zu unterbreiten. Aber die Larson-Gruppe lässt sich ihr Vergnügen nicht so schnell wegnehmen – auch nicht das Freibier ab zwei Uhr Nachmittags. So kommt es zu mehr oder weniger offenen Konflikten.

Anfangs Sommer 1991 sind die Larsons wieder auf Feldexkursion unterwegs zum Dinosaurierknochengraben auf der Ruth-Mason-Ranch. Da platzt einem Fahrzeug ihrer Wagenkolonne ein Reifen. Aber da ist kein Ersatzrad. Jemand hat das Reserverad bereits eingesetzt. Es bleibt also nichts anderes übrig, als mit einem Fahrzeug die 20 Meilen zur nächsten Stadt zu fahren, um einen neuen Reifen zu kaufen. Der Tag im Feld, auf den sich alle gefreut haben, ist damit futsch. Susan ist wütend über die Ungeschicklichkeit und Sorglosigkeit der Larson-Brüder. Sie schimpft sie Trottel und Taugenichtse und beschliesst, in der Zwischenzeit allein auf Dinosauriersuche zu gehen. Bisher ist sie immer nur im Gefolge der Larsons unterwegs gewesen. Jetzt will sie ihre Selbstständigkeit beweisen. Sie schnallt sich den Rucksack und die Kamera um, ergreift einen Geologenpickel und macht sich auf in die endlose Prärie. In der Ferne locken ein paar schokoladenbraune Hügel: Das sieht nach Hell-Creek-Formation aus. Susan weiss: In der 70 Millionen Jahre alten Hell-Creek-Formation ist die Möglichkeit gross, auf einen Dinosaurier zu stossen. Das Land gehört zwar nicht zur Ruth-Mason-Ranch, für die die Larsons eine Grabungsbewilligung besitzen. Aber die Maurice-Williams-Ranch ist noch wenig abgesucht worden. Susan wird ganz aufgeregt: Da gibt es vielleicht noch etwas zu entdecken. Und wie…!

Nach einigen Stunden kehren die Larsons mit dem geflickten Reifen zum Pick-up zurück. Susan sitzt bereits wieder dort und meint gelassen: «Ich glaube, ihr solltet besser mal da drüben bei den Schoko-Hügeln nachschauen. Da wittern grosse Schwanzwirbel heraus. Ich denke, es könnte ein T.rex sein, aber ihr müsst selber mal nachschauen!» Daraufhin lassen die Larson-Brüder ihre Fahrzeuge ein zweites Mal stehen und eilen zu den Hügeln. Peter Larson kennt sich gut in den Knochenformen aus. Er muss die Wirbel nicht lange untersuchen, um zu wissen, was er da vor sich hat: einen Tyrannosaurus rex, den grössten Fleischfresser, der jemals auf diesem Planeten gelebt hat. «Das muss ein Riesenvieh gewesen sein.» Das erkennt Peter schon an den Schwanzwirbeln. Einigermassen brauchbare Skelette von T.rex sind noch nicht viele gefunden worden, weshalb die Aussicht auf eines der seltenen Stücke Peter und seine Crew natürlich elektrisieren. Peter vergewissert sich, dass sich der Fundort tatsächlich auf Privatland befindet und vereinbart mit dem Landbesitzer mündlich 5000 Dollar für die Grabungsbewilligung. 5000 Dollar für einen nicht ausgegrabenen Dinosaurier sind ein absolut üblicher Betrag und zudem alles Geld, das die Larson-Brüder flüssigmachen können. Und wer weiss, im schlechtesten Fall würde es ein Schwanz bleiben und sonst nichts.

Eine Gruppe von sechs Leuten macht sich an die Arbeit und fördert nach drei Wochen den grössten und vollständigsten T.rex zutage, der jemals gefunden worden ist. Zu Ehren der Finderin wird er «Sue» getauft. Neal Larson, Peters Bruder, findet dies einen sehr passenden Namen, umso mehr, als im Radio gerade Johnny Cash's Song «A Boy named Sue» gespielt wird, als Neal an der Fundstelle eintrifft.

Peter und Neal Larson sind völlig aus dem Häuschen. Seit ihrer Kindheit haben sie von einem eigenen Museum geträumt. Als Buben haben sie ihre gesammelten Fossilien, Mineralien und Steine in einer alten Scheune ausgestellt und von den übrigen Familienmitgliedern 5 Cents Eintritt für ihr «Museum» verlangt. Nun scheinen sie kurz vor dem erträumten Ziel zu sein: «Sue» soll auf Tournee gehen und so Geld einbringen, mit dem ein richtiges Museum gebaut werden könnte, in dem sie die Hauptattraktion sein würde. Doch bevor es so weit ist, muss «Sue» noch präpariert werden. Zwanzig Monate lang arbeiten die Larsons und ihre Mitarbeiter an «Sues» Überresten. Über 2000 Menschen schauen den Präparatoren während dieser Zeit über die Schulter, denn die Kunde vom gewaltigen Tyrannosaurusskelett hat sich in Windeseile verbreitet.

Eines Tages – Peter steht gerade unter der Dusche – ruft ein Mitarbeiter, er solle doch schnell kommen, auf dem Gelände des Black Hills Institute wimmle es von FBI-Beamten. Peter denkt an einen schlechten Witz. Doch der vermeintliche Witz entpuppt sich als bittere Realität: Über 35 Bundespolizisten mit der gelben Aufschrift «FBI» auf den blauen Jacken sperren das Gelände ab, mit sauren Mienen und dem Gewehr im Anschlag. Sie beschlagnahmen nicht nur den Tyrannosaurus-rex-Fund, sondern auch gleich alle Feldtagebücher, Grabungsdokumente, Videokassetten, Zeichnungen, Fotos, Buchhaltungsunterlagen, Telefonverzeichnisse, ja, sogar Briefe von Schulkindern, die auf eine Antwort warten. Peter fleht die Verantwortlichen an, «Sue» am Institut zu belassen, damit sie auf dem Abtransport keinen Schaden nehmen würde. Doch die Justiz kennt kein Erbarmen, alle Teile von «Sue» werden abgepackt und verladen. «Sue» wird weggebracht – unter lautstarkem Protest von 200 Einwohnern der Ortschaft Hill City, vielen erschütterten Schulkindern und unter den Augen der zahlreich erschienenen Medienschaffenden – und in einem provisorischen Lagerraum in Rapid City eingelagert.

«Tränen flossen aus meinen Augen und ich empfand eine abgrundtiefe Traurigkeit. Es war, als sei ein Mitglied meiner Familie gestorben. Sie haben uns ‹Sue› weggenommen, in die wir 5000 Arbeitsstunden und 200'000 Dollar investiert haben. Sie haben uns ‹Sue› weggenommen, die Hauptattraktion unseres geplanten Museums. Sie haben ‹Sue› gekidnappt, ‹Sue›, die einmal lebendig war, und haben sie eingesperrt in Stahlbehälter in einem Boilerraum. Wir müssen sie zurückkriegen!» (Peter Larson)

Peter Larson will für seinen Tyrannosaurus kämpfen und geht dafür vor Gericht. Köbi hat Verständnis für Larsons Entschlossenheit – schliesslich kamen dessen Grosseltern und Eltern als Pioniere nach Amerika und mussten auch für ihre Rechte kämpfen. Trotzdem ist Köbi davon überzeugt, dass Larson die falsche Strategie wählt: «Peter ist die offenste, sympathischste Person, die man sich denken kann, ein ehrlicher, aufrichtiger Amerikaner. Hätte er ein paar kleine Fehler zugegeben, hätten sie ihn springen lassen.»

So aber gerät Larson vollends in die Mühlen der Justiz. Sämtliche Transaktionen seines Black Hills Institutes werden unter die

Lupe genommen. Und es kommt, wie es kommen muss, wenn alles schiefläuft: Unter den Tausenden von Transaktionen finden die Untersuchungsbeamten einige wenige, welche die Vermutung auf Gesetzesverletzungen zulassen. Peter Larson wird angeklagt, in zwei Fällen Zollgesetze gebrochen zu haben, da er die Zollformulare nicht richtig ausgefüllt hat. Konkret handelt es sich um zwei Walskelette, die Peter Larson zusammen mit Köbi in Peru ausgegraben und die er als «ohne kommerziellen Wert» deklariert hat, da der Wert der Funde vor allem wissenschaftlicher Natur ist. Trotzdem hat er sie für gutes Geld verkauft. Köbi trägt für seine Funde immer die Expeditionskosten als Wert in die Zollformulare ein, da ja niemand wissen kann, wie viel ein Skelett beim Verkauf einbringen wird.

Das Gericht befindet Peter Larson für schuldig wegen «bandenmässigen illegalen Handels mit Fossilien». Der Anklage gelingt es, in diesem Punkt durchzukommen, weil in der Sammlung der Brüder Larson einige Fossilien lagern, die zweifelsfrei von «Public Land» stammen. Das ist der wunde Punkt. Denn Fossiliengraben auf «Public Land» ist juristisch gesehen illegal. Das Recht ist in diesem Punkt allerdings unklar. Es gibt den sogenannten «Antiquity Act» von 1910, in dem das Suchen und Ausgraben von Antiquitäten auf öffentlichem Grund verboten wird. Das Verbot bezieht sich ursprünglich auf Artefakte von Paläoindianern. Das Gesetz präzisiert nicht, ob auch Fossilien unter das Verbot fallen. Die akademisch gebildeten und meist an grossen Museen oder Universitäten arbeitenden Paläontologen sind überzeugt davon, dass mit dem «Antiquity Act» auch Fossilien gemeint sind. Diese Unsicherheit hat in den 1980er-Jahren die heftige Diskussion entfacht, ob es den freien Fossiliensammlern, Hobbypaläontologen und Fossilienhändlern erlaubt sein solle, auf «Public Land» zu sammeln – eine Diskussion, die Köbi mit seinem «Big Al»-Fund unabsichtlich noch weiter angestachelt hat.

Peter Larson sass in einer nationalen Kommission zur Ausarbeitung eines neuen Gesetzesentwurfs. Selbstverständlich hat er sich dort stark gemacht für einen freien Zugang aller zu öffentlichem Grund. Doch schliesslich hat die akademische Seite obsiegt, die politisch besser verknüpft und organisiert war als die unabhängigen Hobby- und Berufspaläontologen. Das Sammeln von Fossilien auf «Public Land» gilt nun definitiv als illegal. Gewisse Fundstücke in der Sammlung der Larson-Brüder stammen aus öffentlichem Grund, wurden also illegal gesammelt. Der Schuldspruch fällt entsprechend happig aus: Zwei Jahre Gefängnis, von denen Peter Larson 18 Monate absitzen muss. Für Peter und Köbi ist klar, dass mit diesem Gerichtsentscheid versucht wird, einen Opponenten mundtot zu machen. Denn auch in den meisten öffentlichen Sammlungen und zahlreichen privaten Sammlungen lagern Fossilien von «Public Land», doch hier wird nicht nachgefragt, wie die Objekte in die Sammlungen gekommen sind.

Der Fund des Tyrannosaurus rex ist vor Gericht interessanterweise nicht Teil der Anklage. Verurteilt wird Peter Larson wegen des Zollvergehens und der illegalen Fossilien in seiner Sammlung. Offenbar kann ihm im Zusammenhang mit dem Tyrannosaurus-rex-Fund «Sue» nichts Widerrechtliches angekreidet werden. Trotzdem erhält er «Sue» nicht zurück. Für Peter völlig unverständlich. Auch Köbi kann darob nur den Kopf schütteln: «Das war am schwierigsten zu verstehen.»

Köbi besucht seinen Freund im Gefängnis – eine einschneidende Erfahrung, die ihm bis heute an die Nieren geht.

«Es war ein ganz spezieller Tag, als Kirby mich besuchen kam. Das Gefängnis ist ja nicht ein lustiger Ort für einen Besuch, und es lag auch nicht unbedingt am Weg. Dass Kirby trotzdem gekommen ist, war einfach grossartig!» (Peter Larson)

Peter bleibt auch hinter den Gefängnismauern umtriebig: Er unterrichtet die anderen Insassen in Geologie, schreibt ein Buch über den Tyrannosaurus rex und schmuggelt das Manuskript auf geheimnisvollen Wegen aus dem Gefängnis.

Die Geschichte ist aber mit Peter Larsons Verurteilung noch nicht zu Ende. Der Landbesitzer findet, er sei mit den 5000

Dollar, die er von Larson erhalten hat, zu kurz gekommen. Das Gericht entscheidet, dass das Skelett von «Sue» öffentlich versteigert werden soll. Bei Sotheby's, einem der traditionsreichsten Auktionshäuser der Welt, soll «Sue» unter den Hammer kommen. Auch Köbi verfolgt die Versteigerung mit grossem Interesse. «Wir waren total gespannt darauf zu sehen, wie viel so ein Skelett Wert hat. Ich schätzte es auf 1,5 bis 2 Millionen Dollar.» Köbi liegt mit seiner Schätzung weit daneben: Der Hammer fällt bei sagenhaften 8,6 Millionen Dollar. Der Zuschlag geht an das Field Museum in Chicago, Illinois. Hinter dem Kauf stehen die Fast-Food-Kette McDonalds und der Medienkonzern Disney als Sponsoren, die nochmals einige Millionen aufwerfen, um «Sue» fertig präparieren zu lassen. Dieses finanzielle Engagement erlaubt es den beiden Grosskonzernen, mit dem attraktiven Raubsaurier für ihre Produkte zu werben. «Dinosaurier als Produktemaskottchen», kann Köbi da nur spotten.

Peter Larson bleibt als grosser Verlierer zurück. Was sein grösster Triumph hätte werden sollen, bringt ihn nicht der Erfüllung seines Traums näher, sondern ins Gefängnis. Nicht einmal die Kosten für die bereits geleistete Präparation werden ihm zurückerstattet, und sein Name wird in der Hype um T.rex «Sue» totgeschwiegen. Trotzdem kommt es für Peter zu einem kleinen Happy End: Es gelingt ihm, anhand des Skeletts Indizien für das Geschlecht von «Sue» zu finden. Neal hatte während der Ausgrabung vermutet, dass es sich bei «Sue» aufgrund der Grösse wahrscheinlich um ein Männchen handle und Johnny Cash's Song «A Boy named Sue» perfekt dazu passe. Doch Peter widersprach, denn er glaubte, dass «Sue» ein Weibchen gewesen war. Was er aufgrund seiner Untersuchungen glaubt beweisen zu können, auch wenn seine Argumente bis heute nicht ganz unumstritten sind.

«Peter Larsons Geschichte ist nicht meine Geschichte. Aber sie gehört zu meiner Geschichte, denn sie zeigt, wie heiss das Thema in den USA war. Ich habe im richtigen Moment losgelassen. Peter wollte kämpfen und musste dafür büssen. Ich habe von meinem Vater gelernt, dass man ein gewisses Mass an Ungerechtigkeit ertragen können muss. Das gehört einfach zum Leben. Man kann nicht erwarten, immer und überall gerecht behandelt zu werden. Manchmal ist es ja auch umgekehrt, und dann beklagt man sich auch nicht, wenn man vom Schicksal bevorzugt behandelt wird. Wenn das Schicksal einem mal ein Bein stellt, darf man sich nicht zu sehr beklagen. Dann stolpert man halt. Aber man steht wieder auf und nimmt die nächste Hürde in Angriff.» Was Köbi unverdrossen tut.

Die Dinosaurier kommen nach Aathal

Ein Traum ist zerronnen – der Traum vom sensationellen Fund. Die Entdeckung von «Big Al» hätte Köbi Siber in der paläontologischen Fachwelt die langersehnte Anerkennung bringen können und seinen Namen als erfolgreicher Fossiliengräber unwiderruflich gefestigt. Das bittere Ende und das Totschweigen seines Anteils am fantastischen Allosaurusfund geht Köbi tief unter die Haut. Doch wie so oft in seinem Leben öffnet sich genau in diesem Moment eine andere Tür: die Tür zu seinem eigenen Museum.

Wie Peter Larson trägt auch Köbi schon lange den Traum in sich, ein eigenes Fossilmuseum einzurichten. Seit Köbi 1977 die Riesenschildkröte «Archelon» in die Schweiz gebracht und mit ihr Besucher in Scharen nach Aathal gezogen hat, lässt ihn der Gedanke an ein eigenes Museum nicht mehr los. Einerseits reut es ihn, dass er das einmalige Objekt, die grösste Schildkröte der Welt, aus der Hand gegeben hat. Andererseits spürt er, dass die meisten Fossilienmuseen nicht so sehr darauf bedacht sind, Fundstücke für ihre Schausammlungen anzukaufen, wie das grosse Museen für ihre Mineralien- und Kristallsammlungen tun. Einige Museen haben ihre Ankaufspolitik absichtlich beschränkt und ihren Kuratoren untersagt, Objekte von Fossilienhändlern anzukaufen. Der Fossilienhandel soll geächtet werden. Denn zwischen den Paläontologen, die für öffentliche Museen arbeiten und den «freien» Paläontologen, die auf eigene Rechnung suchen, präparieren und vielleicht sogar vom Verkauf der Fossilien leben, bestehen grundlegende Differenzen. Unter der restriktiven Ankaufspolitik einiger Museen leiden Fossilienhändler wie Köbi. Er, der sich als Lieferant von Schaufossilien für die grossen Museen der Welt sieht, realisiert, dass der Kreis potenzieller Abnehmer schwindet. Aber was tun mit seinen Funden, die in den letzten Jahren immer besser und bedeutender geworden sind?

Der Gedanke liegt nah: ein eigenes Museum einrichten. «Es war mir von Anfang an bewusst, dass dies schwierig sein würde. Denn praktisch alle Museen, die ich kannte, wurden kräftig von der öffentlichen Hand unterstützt. Für mich war klar, dass ein eigenes Museum selbsttragend sein musste. Weder unsere Firma Siber+Siber noch meine Familie mit den vier Kindern würden bereit sein, über längere Zeit ein defizitäres Privatmuseum zu unterstützen, um so mein Steckenpferd zu finanzieren, oder anders gesagt: das Hobby eines sehr aus den Fugen geratenen Fossilienliebhabers.»

Doch wie soll Köbi das bewerkstelligen, genügend Besucher anzuziehen, um die Kosten des Unterhalts, der Raummiete und des Personals allein durch Eintrittsgelder zu decken? Immerhin würden die Ausstellobjekte «nur» Fossilien sein, das heisst, Überbleibsel uralter Organismen. Oder wie es einer seiner Freunde mal ziemlich drastisch ausgedrückt hat: «Sibers Qualitätsleichen».

In Köbis Kopf dreht sich das Gedankenkarussell. Seit Jahren verfolgt ihn schon die Idee eines Privatmuseums. In dieser Zeit ist seine eigene Fossiliensammlung beachtlich gewachsen – sie umfasst über 2500 Stücke. Viele davon dürfen sich sehen lassen und sind – mindestens für europäische Verhältnisse – ausserordentlich: Die Kollektion von Fischfossilien und anderen Organismen aus den Green-River-Schichten von Utah, Colorado und Wyoming; die Badlands-Kollektion mit den Vorfahren der heutigen Säugetiere; die Ammonitenkollektion, die Seelilienkollektion. Die Sammlung umfasst fast alle geologischen Zeitalter und alle ausgestorbenen und heute noch lebenden Tierklassen. Aber würde sich das allgemeine Publikum überhaupt dafür interessieren? Würden die Besucher wirklich Dutzende oder Hunderte verschiedener Trilobiten, Korallen, Pflanzen, Haizähne oder Schnecken sehen wollen?

Eigentlich, so überlegt sich Köbi, interessiert das breite Publikum an der Paläontologie vor allem eines: Dinosaurier. Zufällig gerät Köbi das Buch «Jurassic Park» von Michael Crichton in die Hände. Als er hört, dass der Regisseur Steven Spielberg dieses Buch verfilmt, fällt es ihm wie Schuppen von den Augen: Dinosaurier müssen im Zentrum seines Museums stehen. Als er auch noch vernimmt, dass bewegliche Dinosaurierfiguren von «Dinamation» aus den USA und von «Kokoro» aus Japan in herumreisenden Gastausstellungen Rekordbesucherzahlen in die europäischen Zoos locken, ist er entschlossen: «Bevor jemand auf die Idee kommen würde, mit Plastikfiguren eine grosse Dinosaurierschau in der Schweiz anzubieten, wollte ich das selber tun. Und zwar mit einer Ausstellung, die auch Originalknochen von Dinosauriern zeigt. Ich betrachtete das Thema ‹Dinosaurier› als mein Thema, das ich mir nicht von Veranstaltern nehmen lassen wollte, die noch nie einen Originalknochen ausgegraben hatten.»

Köbi hat ja bereits Erfahrung mit dem Ausstellen von Dinosauriern: 1980 hat er den für Wien bestimmten Edmontosaurier in Aathal ausgestellt. Inzwischen verfügt er über weit mehr Originale, Replikate und Modelle, mit denen er eine bedeutendere Ausstellung präsentieren kann. Seine Ausstellungen haben bisher zwei Wochen gedauert und bis zu 10'000 Besucher angezogen. Nun aber will er eine Ausstellung planen, die zehnmal grösser ist und die mindestens 50'000 Besucher erreicht, damit er einigermassen über die Runden kommt. Würde das klappen? Oder würde das Risiko in einem Desaster enden? «Die Dinosaurier waren das spektakulärste Kapitel der Entwicklungsgeschichte des Lebens auf unserer Erde. Ich sagte mir, dass man damit doch das Publikum müsste begeistern können. Aber vielleicht war es besser, die Sache nicht gleich als permanentes Museum anzukündigen, sondern als einmalige temporäre Ausstellung. Falls es funktionierte, konnte ich die Ausstellung immer noch in ein dauerhaftes Museum umwandeln. Oder eben nicht.»

1991, im selben Jahr also, in dem «sein» «Big Al» ihm durch die Lappen geht, erfährt Köbi zufällig von einem holländischen

Fossilienhändler, mit dem er schon seit einiger Zeit zusammenarbeitet, von einer Dinosaurierausstellung in einem kleinen holländischen Dorf. Köbi will sich diese unbedingt anschauen und fliegt nach Amsterdam. Tatsächlich: Im schmucken Dörfchen Denekamp nahe der deutsch-holländischen Grenze findet er das Haus eines Arztes, das in das älteste regionale Naturkundemuseum der Niederlande umgewandelt worden ist. Die eigentliche Dinosaurierausstellung ist als Sonderschau in einem riesigen Bierzelt auf der Wiese hinter dem Haus untergebracht. Die Urzeitkolosse entpuppen sich als wahre Publikumsmagneten: Zu Tausenden pilgern die holländischen und deutschen Besucher zu den Dinosauriern nach Denekamp. Die ausgestellten Objekte bestehen zu einem grossen Teil aus Leihgaben. Auch ganze Dinos aus Abgüssen sind zu bewundern, so zum Beispiel ein Brachiosaurus von 23 Metern Länge, dessen Original in Berlin steht. «Ich war tief beeindruckt. Für die damalige Zeit war diese Ausstellung wohl das Beste, was man in Europa zu Gesicht bekommen konnte – mit Ausnahme der grossen Museen in Berlin, London und Brüssel. Für eine temporäre Ausstellung waren die Exponate einfach super. Und das in einer Kleinstadt wie Denekamp, die nicht viel grösser ist als Aathal.»

Einige Monate später erfährt Köbi von seinem holländischen Kollegen, dass die Ausstellug über 200'000 Besucher erreicht hat, und dass der Kurator des Museums aus gesundheitlichen Gründen einen Abnehmer sucht für die Dinosaurierausstellung. «Das ist meine Chance, schoss es mir durch den Kopf. Da muss ich einfach zupacken!» Und das tut er: In einem Telefongespräch einigt er sich mit seinem Geschäftspartner in Holland, dem Fossilienhändler, darauf, dass jeder 150'000 D-Mark beisteuert, um den Kaufpreis von 300'000 DM zusammenzubringen. Beide würden gemeinsam die Ausstellungsobjekte besitzen und für ihre Zwecke nutzen können.

«Ich hatte in den USA beobachtet, wie die Dinosaurier immer populärer wurden. Ein Beispiel dafür war das berühmte American Museum of Natural History in New York, ein Mekka für

Dinosaurierfans. Ich hatte bemerkt, wie in diesem Museum von Jahr zu Jahr die Dinosaurierabteilung im Museumsshop wuchs. Waren vor zehn Jahren ein paar wenige Artikel und einzelne monochrome Dinosauriermodelle angeboten worden, so waren Mitte der 80er-Jahre bereits mehrere Gestelle mit den verschiedensten Dinosaurierartikeln gefüllt, von der Dinokrawatte über Dinoschmuck bis hin zum Dinobleistift und Dinoschlüsselanhänger. Später entstand neben dem eigentlichen Museumsshop ein zweites Lokal ausschliesslich für Dinosaurierartikel, mit einer Riesenauswahl von mehreren Dutzend Dinosauriermodellen in allen Grössen und Farben. In den Räumen, in denen die berühmten Originaldinosaurier standen, nahe beim berühmten Tyrannosaurus-rex-Exemplar, stand eine mobile Einheit des Dinoshops und verkaufte Dinoartikel direkt ans meist jugendliche Publikum. Dinos lagen voll im Trend. Die Dinosaurierwelle aus den USA würde einige Jahre später auch auf Europa und die Schweiz überschwappen. Das war für mich so sicher wie das Amen in der Kirche.»

Für Köbi ist klar: Die Zeit ist reif. Mit einem Dinosauriermuseum könnte er in diesem zukunftsträchtigen Markt eine Nische besetzen. «Doch nur wer zuerst kommt, hat die besten Chancen. Und diese Chance wollte ich mir nicht entgehen lassen.» Diese Überlegungen und die Begeisterung für die Möglichkeit, die sich ihm nun bietet, seinen Traum zu verwirklichen, lassen Köbi jede Vorsicht vergessen: Ohne schriftlichen Vertrag steigt er in das Geschäft ein. Der holländische Geschäftspartner ist bereit, die Hälfte der geforderten Summe für den Deal zu bezahlen. Doch während Köbi seinen Anteil zusammenkratzt, lässt das Geld des Holländers auf sich warten. Die Ausstellungsobjekte werden auf zwei Lastwagen verladen und in die Schweiz gefahren. Ein geeigneter Raum dafür ist allerdings noch nicht vorhanden. Köbi erfährt erst jetzt, dass das grösste Objekt, der 23 Meter lange Brachiosaurus, zur Hälfte einem Dritten gehört und er deshalb nur die Hälfte davon für seine Ausstellung bekommt. «Einen halben Dinosaurier konnte ich ja nicht gut ausstellen, ich brauchte einen ganzen.» Also aktiviert er all seine Beziehungen und treibt in seinem grossen Bekanntenkreis die fehlenden Stücke auf, um den halben Brachiosaurus zu vervollständigen.

Doch jetzt stellt sich ein neues Problem: Wohin damit? «Ich war überzeugt davon, dass das Museum in nächster Nähe zum Mineraliengeschäft liegen muss, auch wenn es dadurch vom Kulturbezirk der Stadt Zürich weit entfernt sein würde. Aber ich wollte das Geschäft und das Museum zusammenhalten, damit sie nicht auseinanderfallen.» Natürlich hat Köbi längst ein Auge auf ein geeignetes Objekt geworfen: Auf der gegenüberliegenden Strassenseite von Siber+Siber in Aathal steht ein leerstehendes flaches Fabrikgebäude. Es handelt sich um eine ehemalige Baumwollspinnerei, die in den 60er-Jahren für kurze Zeit als Teigwarenfabrik umgenutzt worden war. Seit den 80er-Jahren steht das Gebäude leer. «Das wäre doch ein geeigneter Standort für das Museum!», denkt sich Köbi, und setzt sich mit den Eigentümern in Verbindung. Die wollen jedoch das flache Gebäude nicht einzeln vermieten, sondern ein ganzes Immobilienpaket mit weiteren Liegenschaften verkaufen. Der Preis: 8 Millionen Franken – ein Betrag, der die Möglichkeiten der Firma Siber+Siber bei Weitem übersteigt. Köbi sucht in der näheren und weiteren Umgebung nach anderen geeigneten Objekten – vergeblich. Erneut setzt er sich mit dem Besitzer der alten Baumwoll-Teigwaren-Fabrik in Verbindung und bietet ihm an, das Gebäude während fünf Monaten für eine Ausstellung zu mieten. Die Eigentümer gehen ursprünglich von einer Monatsmiete von 30'000 Franken aus, müssen jedoch einsehen, dass Köbi nicht gewillt ist, eine solche Summe zu bezahlen. «Wie viel können Sie sich denn überhaupt leisten?», fragen die Eigentümer schliesslich. «5000 Franken pro Monat», kommt Köbis prompte Antwort. Die Eigentümer willigen ein. «Ich war überrascht, dass sie auf mein Angebot einstiegen. Ich glaube, sie hatten dringend Geld nötig, und das war eine Zeit, in der es wenig Interessenten gab für alte Spinnereigebäude.»

Nun hat Köbi endlich ein Zuhause gefunden für die Fossilien aus Denekamp und diejenigen aus seinen eigenen Grabungen. Es ist jedoch eine provisorische Behausung, denn sollten die Eigentümer doch noch einen Käufer finden, müsste Köbi mit seiner Ausstellung das Feld räumen. Und bevor die Urechsen endgültig einziehen können, müssen das Dach geflickt, die provisorischen elektrischen Anschlüsse definitiv installiert und das Abwasser angeschlossen werden. Während die Arbeiter hämmern und klopfen, beschäftigt Köbi sich mit dem Konzept der Ausstellung. In der Rekordzeit von vier Monaten ist die Ausstellung fixfertig und kann für die Besucher geöffnet werden: Im April 1992 öffnet das Dinosauriermuseum von Aathal zum ersten Mal seine Tore. Die Schau «Dinosaurier in Aathal» ist als temporäre Ausstellung angekündigt. «Falls es nicht rentiert hätte, hätten wir wieder aussteigen können.» Doch die Vorsicht ist unbegründet: Über 90'000 Besucher wollen die Dinosaurier sehen, für Köbi und sein Team ein grosser Erfolg – auch finanziell. Zu diesem erfreulichen Ergebnis mitgeholfen haben mag die Tatsache, dass der Zoo Zürich im gleichen Jahr eine Dinosaurierausstellung mit beweglichen Plastikfiguren präsentiert und «Aathal» und Zoo sich werbemässig gegenseitig unterstützen.

Die Freude über den Erfolg wird allerdings getrübt durch Schwierigkeiten mit dem holländischen Geschäftspartner. Der hat nämlich seine Hälfte der 300'000 DM für die Denekampausstellung immer noch nicht überwiesen. Dass aus den damals vereinbarten Arbeitsleistungen nicht viel geworden ist, kann Köbi verschmerzen. Aber dass der Anteil des Holländers am Kauf der Ausstellung einfach ausbleibt, empfindet er als Affront. Um den schlechten Businesspartner loszuwerden, überweist Köbi selber dessen Anteil nach Denekamp, im Glauben, nun alleiniger Besitzer der Ausstellung zu sein und dem Holländer nichts mehr zu schulden. Doch dieser gibt keineswegs klein bei: Er erscheint in Begleitung eines Rechtsanwalts und verlangt seinen Anteil am Gewinn der Ausstellung. Köbi ist entrüstet: «Was, der will sich noch seinen Anteil auszahlen lassen, obwohl er zur Ausstellung weder Arbeit noch Geld beigesteuert hat?» Doch Köbi muss sich von seinem Hausjuristen belehren lassen: Er ist eine schlechte Partnerschaft eingegangen. Obwohl der Holländer seinen Anteil nicht geleistet hat, steht ihm juristisch gesehen die Hälfte des Gewinns zu. Zähneknirschend stellt Köbi einen Check über 100'000 Schweizer Franken aus – die Hälfte des Ausstellungsgewinns. Der Holländer zieht zufrieden ab. Von nun an sind Köbi und sein Bruder alleinige Besitzer der Dinosaurierausstellung. Und weil diese bis anhin so gut gelaufen ist, entscheiden sich die Siber-Brüder, die temporäre Ausstellung «Dinosaurier in Aathal» in ein permanentes Museum mit dem Namen «Sauriermuseum Aathal» umzuwandeln.

In den Folgejahren jedoch sinken die Besucherzahlen dramatisch. 1993 finden noch 65'000 Besucher den Weg nach Aathal, 1994 sind es gar nur noch 35'000. «Ich merkte: Das funktioniert irgendwie nicht. Unser ganzer Betrieb war auf mindestens 50'000 bis 65'000 Besucher ausgerichtet. Ende Jahr hatten wir einen Verlust von 200'000 Franken eingefahren. So konnte es nicht weitergehen. Also setzte ich mich mit meinem Bruder an einen Tisch, um einen Entscheid zu fällen: Ziehen wir es durch oder klemmen wir ab?» Köbi und Edy Siber klemmen nicht ab, sondern ziehen es durch, mit den nötigen Sparmassnahmen. Alles wird reorganisiert. Das Personal wird auf ein Minimum reduziert, die teuren Kinoreklamen und Zeitungsinserate werden gestrichen. Stattdessen wird auf ein neues Konzept gesetzt: «Ich sagte mir, dass wir zusätzliche Attraktionen brauchen, mit denen wir Jahr für Jahr von Neuem auf unser Museum aufmerksam machen können.»

Und wie so oft im Leben von Köbi Siber bietet sich auch in diesem Moment wieder die Chance, die Idee in die Tat umzusetzen: Köbi wird angeboten, die Wanderausstellung «500 Jahre Goldrausch», zu der Siber + Siber einen Teil der Ausstellungsstücke beigetragen hat, auch in Aathal auszustellen. Darunter sind Raritäten wie das grösste je in Europa gefundene Gold-Nugget, das so gross ist wie zwei Fäuste, oder kalifornische Gold-Nuggets von mehreren Kilogramm Gewicht. Aus der berühmten Minenschule Freiberg in Sachsen stammen liebevoll hergestellte historische Modelle von Goldminen, Stampfanlagen, Belüftungsanlagen und weiteren Einrichtungen zur industriellen Goldgewinnung. «Das waren unglaubliche Objekte», schwärmt Köbi noch heute. Nach der sechsmonatigen Ausstellung ist für Köbi klar: «Das bringts!» Eine Ausstellung mit so viel Gold aus der Natur und so viel Geschichte zum Goldabbau ist noch nie in der Schweiz gezeigt worden. Zeitungen, Fernsehen und Radios berichten darüber in der ganzen Schweiz. Ein neues Konzept ist gefunden! Und Köbi beschliesst, von nun jedes Jahr eine neue Ausstellung zu organisieren, mit der er Werbung machen und neue Besucher nach Aathal locken kann.

Allerdings muss Köbi auch feststellen, dass die bauliche Situation in den hinteren Räumen des Museums noch völlig unbefriedigend ist: Es gibt Räume ohne Heizung, ohne Strom, ohne Wasser, im Boden öffnen sich zum Teil gähnende Löcher, durch das Dach tropft der Regen, der Garten ist völlig verwildert. «Das war ein dermassen ‹gfürchiger› Zustand, einfach fürchterlich.» Für Renovationen fehlt aber das Geld. Was tun? Auch diesmal ist Köbi um eine Lösung nicht verlegen: Er kontaktiert das Arbeitsamt, wo während der Rezession in der Baubranche zahlreiche arbeitslose Bauarbeiter gemeldet sind. Köbi finanziert das Baumaterial und den Lohn eines Vorarbeiters, das Arbeitsamt schickt ihm arbeitslose Arbeiter. Auf diese Weise wird dem Museumsgebäude Jahr für Jahr ein neuer Saal angefügt, in dem neue Objekte oder Sonderausstellungen Platz finden. «Das war die Lösung! Gerade mit den Sonderschauen können wir jedes Jahr Werbung machen. Leute, die zwei oder drei Jahre nicht mehr ins Museum gekommen sind, erleben so zwei oder drei neue Ausstellungsteile. Das begeistert die Besucher. Viele kommen so mehrmals wieder.» Bis heute sind 17 Spczialausstellungen ins Museum integriert mit Themen wie «Fussspuren der Dinosaurier», «Eier, Embryos und Babys», «Vom Aussterben der Dinosaurier», «Gefiederte Dinosaurier», «Flugsaurier», «Meeresmonster», «Die Saurier der Schweiz» etc. Diese Ausstellungen bereichern das Museum.

Die Zahlen geben Köbis Konzept recht. Mittlerweile besuchen jedes Jahr um die 90'000 Menschen das Dinosauriermuseum. «Jetzt wir sind wieder dort, wo wir vor zwanzig Jahren angefangen haben, aber auf viel stabilerer Basis. Dazu beigetragen hat ein pädagogisches Konzept mit Führungen, Workshops, Geburtstagsfeiern, Übernachtungen, Schulunterlagen, etc. Am Anfang hatten wir ja keine Ahnung, welches Echo wir überhaupt hervorrufen können.» Mit dem Sauriermuseum hat Köbi sich einen Traum erfüllt. Und er hat für sich selber eine wichtige Erkenntnis gewonnen: «Ich habe gemerkt, dass es mir mindestens ebenso viel Spass macht, Ausstellungen zu kreieren, wie Knochen auszugraben.» Der Unternehmer, der Forscher und der Künstler in Köbi haben sich gefunden.

Spektakuläre Funde, ein Streik und Skelette im Keller

Die nun folgenden Jahre werden äusserst erfolgreich. Mehrere Dinosaurierskelette werden ausgegraben, zum Beispiel die Diplodocus-Langhalsdinosaurier mit den Feldnamen Diplodocus «H.Q.1» und Diplodocus «H.Q.2», Camarasaurus «E.T.» oder Diplodocus «Dino Quattro». Allerdings ist der sich einstellende Erfolg nicht einfach ein Selbstläufer: Köbi muss dafür einige Anpassungen vornehmen und sich Gedanken machen über das zukünftige Konzept seines Museums.

Die wichtigste Anpassung betrifft das Grabungsteam. Bei den Testgrabungen im Howe-Quarry 1989 waren Köbi und Ben Pabst noch zu zweit gewesen, 1990 stiessen die Studentinnen und Teilzeitpräparatorinnen Olivia Gross und Esther Premru zum Team, 1991 zwei weitere Volontäre aus dem Umfeld des Sauriermuseums. Doch das reicht immer noch nicht. Köbi schwebt vor, drei Gruppen zu bilden, bestehend aus fünf bis sieben Grabungshelfern. So liesse sich die Grabungssaison verlängern und intensivieren. Seine Rechnung ist simpel: «Mehr Leute können mehr Quadratmeter abgraben, und je mehr wir graben, umso höher wird die Wahrscheinlichkeit, etwas Vernünftiges zu finden. Bloss: Wenn ich jetzt so viele Leute brauche, kosten mich die Reisespesen und Lohnkosten ein Vermögen.» Bis anhin hat Köbi seinen Ausgräbern die Reisekosten erstattet und ein bescheidenes Salär ausbezahlt. Das liegt bei einem vergrösserten Grabungsteam nicht mehr drin. Aber wo soll er Leute herbekommen, die bereit sind, wahre Knochenarbeit zu leisten, sengende Hitze zu ertragen, einfachste Lebensbedingungen und lästige Insektenstiche auf sich zu nehmen – gratis und franko, und dafür erst noch die Reisekosten selber zu bezahlen?

Köbi findet eine günstige und effektive Lösung: In einem Interview mit der Tageszeitung «Zürcher Oberländer» lässt er beiläufig die Bemerkung fallen, er suche Freiwillige, die bereit wären, sich für drei Wochen zu verpflichten, in Wyoming nach Dinosauriern zu graben. «Die Idee schlug ein, wie ich es selber nie erwartet hätte. In nur drei Tagen trafen über fünfzig Bewerbungen ein. Ich dachte: Um Himmels willen, wie sollen wir das nur bewältigen?» In der Folge werden die potenziellen Dinosauriergräber nach Aathal eingeladen. Jeder von ihnen erhält fünfzehn Minuten, in denen er sich, seine Motivation und Eignung präsentieren kann. Die drei Grabungsleiter Köbi Siber, Ben Pabst und Esther Premru hören sich die Bewerber an und stellen sich ihre Teams zusammen. Jeder Leiter kann für seine Gruppe fünf Helfer auswählen.

«Ich hatte zufällig in der Zeitung gelesen, dass Volontäre für Ausgrabungen in Wyoming gesucht wurden und meldete mich. Seither war ich an sieben Grabungen dabei. Es fasziniert mich, dass ich der erste Mensch bin, der das sieht, was ich entdecke und ausgrabe. Bereits der Gedanke an die Möglichkeit, etwas Neues zu finden, elektrisiert mich. Beim Graben nach Dinosauriern merkt man, wie unwichtig man als Mensch für die Erdgeschichte ist – nichts weiter als ein kleiner Furz auf dieser Kugel. Das ist für mich ein richtig befreiendes Gefühl.» (Esther Wolfensberger).

Ben Pabst ist der Erste, der mit seinen Leuten nach Wyoming reist. Das Camp auf der Howe-Ranch ist inzwischen besser eingerichtet: Es gibt fliessendes Wasser, der alte Camper zum Kochen ist gegen ein grösseres Modell ausgetauscht worden, und aus einigen Brettern ist eine Freilufttoilette mit herrlichem Blick aufs ganze Tal entstanden. «Unser Camp entspricht zwar nicht ganz einem Hilton-Hotel, aber uns gefällts trotzdem dort.»

Trotz dieser verbesserten Bedingungen hat das Team von Ben Pabst mit unerwarteten Schwierigkeiten zu kämpfen. Nach starken Regenfällen bleibt das Wasser im Loch der Grabungsstelle liegen, was einerseits die Grabungen behindert, anderseits den Mücken eine willkommene Brutstätte bietet. Myriaden von «Gnats» (Stechmücken) und «Biting Flies» (Stechfliegen) machen dem Team das Leben schwer. Zu Hunderten umschwirren die lästigen Insekten die Grabenden, krabbeln in Augen und Ohren oder beissen winzige Hautfetzen aus den Armen. Zwar versuchen die Freiwilligen, sich wie Imker mit einem Netz um den Kopf zu schützen, doch die Plagegeister finden immer irgendwo einen Weg zur nackten Haut, um zuzubeissen.

«Wir verbrachten die Hälfte unserer Arbeitszeit damit, auf die Stechmücken und Stechfliegen einzuschlagen. Und dies bei brütender Hitze und einer äusserst geringen Luftfeuchtigkeit. Wenn die Luftfeuchtigkeit unter 5 Prozent fällt, kann es für die Gesundheit gefährlich werden. Wir haben deshalb über 5 Liter Wasser pro Tag getrunken. Zudem besorgten wir uns Schattennetze, um uns ein bisschen vor der sengenden Sonne zu schützen.» (Ben Pabst)

Trotz geschwollener Augen und malträtierter Arme gelingt es dem Team Pabst, Überreste eines Langhalsdinosauriers auszugraben, der auf den Namen «Aurora» getauft wird. Zu Hause in Aathal wird Köbi von Ben Pabst telefonisch über den Stand der Arbeiten informiert. Doch Köbi zeigt sich über «Aurora» nicht besonders erfreut. Er sagt zu Ben: «Hör zu, ich habe langsam genug von all diesen Langhalsdinos. Wir haben nun schon Reste von sieben Langhalsdinosauriern gefunden, von allen nur 10 bis 40 Prozent eines vollständigen Skeletts. Jetzt wollen wir endlich mal etwas Besseres finden. Mit diesen Teilfunden verzetteln wir uns bloss. Wir investieren viel Zeit und Geld ins Graben und Präparieren, und am Schluss haben wir doch nichts Rechtes. Ben, such doch etwas anderes!»

So etwas muss man Ben nicht zweimal sagen, denn er hat einen untrüglichen Spürsinn. Er prospektiert gerne und findet immer wieder vielversprechende neue Grabungsstellen. So ist es auch diesmal: Nur 100 Meter vom Howe-Quarry entfernt fängt

Ben mit seinem Team erneut an zu graben und stösst gleich auf ein richtiges Knochennest. Das Fieber in der Mannschaft steigt, denn die Knochenfunde deuten auf etwas Grösseres hin. Wieder ein Langhalsdinosaurier zwar, aber trotzdem anders: Die gefundenen Knochen scheinen weder zu einem Diplodocus noch zu einem Camarasaurus zu passen. Aber was könnte es dann sein? Bevor jedoch das Team Pabst das Rätsel lösen kann, wird es vom Team Premru abgelöst.

Esther Premru und ihre Leute graben weiter, unterstützt von einem Bagger, der ihnen durch das Abtragen der obersten Schichten viel mühevolle Muskelarbeit erspart. In der grossen Menge von Überresten finden sie endlich auch einige sogenannte «diagnostische» Knochen, anhand derer sie das Skelett einwandfrei identifizieren können. Die typischen Rückenplatten lösen das Geheimnis, das die Erde während Millionen von Jahren für sich behalten hat: Hier liegt neben einem weiteren Langhalsdinosaurier ein Stegosaurus begraben! Es handelt sich um den ersten Stegosaurierfund in der Gegend des Big Horn Basin.

Aber die Knochen dieses Stegosaurierskeletts liegen leider nicht im Verband, das heisst Beinknochen, Rippen und Wirbel liegen wild durcheinander vermischt. Und bald wird auch klar, dass mehr als die Hälfte des Skeletts bereits vor Jahrtausenden verlorengegangen ist. Die Erosion, die dem Gebiet der Howe-Ranch ihre heutige Form gegeben hat, hat auch in die Knochenschicht hineingefressen. Das Gestein samt den Knochen ist längst zu Staub zerfallen. Es bleibt nur noch ein schäbiger Rest.

Als Köbi und seine Mannschaft eintreffen, widmen sie sich nur kurz dem Stegosaurusfund. Der Stego scheint ein weiterer, aber schwieriger Nebenfund zu sein. Köbi und sein Team setzen alle Hoffnungen auf die übrigen Knochen des «Knochennests». Diese gehören sehr wahrscheinlich zu einem Apatosaurus. Das ist zwar wieder ein Langhalsdinosaurier, aber einer der seltenen. Apatosaurus war früher bekannt, sogar sehr bekannt, unter dem Namen Brontosaurus. 80 Jahre nach seiner Entdeckung stellte man fest, dass der Name schon früher für einen anderen Saurier besetzt worden war. Deshalb musste der Brontosaurus umgetauft werden in Apatosaurus. Das Aufregende am Apatosaurus ist jedoch nicht sein Namenswechsel, sondern die Tatsache, dass bisher kein Apatosaurus jemals mit einem direkt am Hals liegenden Schädel gefunden worden ist. Deshalb bekam Brontosaurus alias Apatosaurus während 80 Jahren einen falschen Schädel aufgesetzt, nämlich einen Schädel von Camarasaurus. Das war natürlich peinlich, und der Fehler musste öffentlich zugegeben und ein korrekter Schädel montiert werden. Diese Episode hat in den 1970er-Jahren in der Paläontologie und bei Dinosaurierfreunden viel Staub aufgewirbelt. Vielleicht findet Köbi nun den Hals des Apatosaurus mit dem dazugehörenden Schädel? «Das war eine ganz spannende Sache für mich. Würde es mir gelingen, den Schädel zu finden, wäre endlich die Bestätigung da, wie der Schädel des Apatosaurus ausgesehen hat.»

Köbi lässt es sich deshalb nicht nehmen, den Hals selber auszugraben. «Ich arbeitete mich Wirbel um Wirbel aufwärts bis zu der Stelle, wo der Schädel sein sollte. Jetzt muss dann der Schädel kommen, jetzt muss dann der Schädel kommen, sagte ich mir immer wieder. Tagelang grub ich in dieser Spannung. Meine Stimmung fühlte sich an wie ein Börsenkurs, der mal steigt und wieder fällt. Doch der Schädel kam nicht. Es war eine riesige Enttäuschung.» Doch unermüdlich gräbt Köbi weiter und stösst schliesslich doch noch auf die Schädelteile, rund fünfzig Stück, vermischt mit ebenso vielen ausgefallenen Zähnen. «Mir kam es vor, als hätte man den Schädel in einen Kartoffelsack gelegt, den Sack geschüttelt und dann ausgeleert, so verstreut lagen die einzelnen Teile.» Köbi kann sich damit trösten, dass ein Schädel, der in Einzelteile zerlegt ist, eigentlich gar kein schlechter Fund ist. Denn so können die Wissenschaftler die Teile von allen Seiten untersuchen und anschliessend zusammensetzen.

Der Apatosaurus wird auf den Namen «Max» getauft, als Abkürzung für «Maximal». Und weil der Stegosaurus an der gleichen Stelle lag wie «Max», wird er «Moritz» getauft. «Das sind sehr passende Namen. Denn der Apatosaurus und der Stegosaurus waren beide etwas schelmische Typen, so wie Max und Moritz, schwierig, aber doch sympathisch.»

Inzwischen ist es September geworden. In den Bergen von Wyoming kann das Wetter nun jederzeit kippen und ein früher Wintereinbruch verhindern, dass die ausgegrabenen Stücke abtransportiert und in Sicherheit gebracht werden können. Es gibt noch viel zu tun: Die Skelettteile von «Aurora», «Max» und «Moritz» müssen aufgezeichnet, eingegipst, verpackt und reisefertig gemacht werden. Köbi fängt an, Druck zu machen. «Ich sagte der Mannschaft: Wir müssen länger arbeiten, wenn wir fertig werden wollen. Von jetzt an arbeiten wir am Abend, bis wir kein Licht mehr haben.» Bei einigen Freiwilligen kommt das nicht gut an. Einer von ihnen fängt zu stänkern an, hetzt die übrigen gegen Köbi auf, sodass schliesslich das ganze Team rebelliert. Die Freiwilligen wollen nur noch Dienst nach Vorschrift leisten, ohne Extrastunden. Sie bezeichnen Köbi etwas pointiert als Sklaventreiber. Warum sollen sie, die ihre Ferien opfern, noch arbeiten bis zum Umfallen? In jener Nacht schläft Köbi schlecht. «So hatte ich mir das nicht vorgestellt. Ich wollte Leute, die aufdrehen können, wenn es sein muss und wenn die Situation es verlangt. Wir mussten diese Knochen retten, das war unsere wichtigste Aufgabe, ob es dafür nun acht, zehn oder mehr Stunden Arbeit am Tag brauchte: Wir mussten das machen, für mich war das nur konsequent. Nur eine ausserordentliche Leistung kann ein ausserordentliches Resultat erbringen. Die Situation verlangte das von uns.»

Am nächsten Tag nach dem Morgenessen ruft Köbi seine Leute zusammen und hält eine kleine Ansprache: «Ich habe gehört, dass einige von euch nicht mitziehen wollen. Wenn jemand nicht mitmachen will, ist er frei zu gehen. Dann will ich ihn aber jetzt nicht mehr in der Mannschaft. Wer bleiben will, setzt sich voll und ganz ein. Ich stelle mich jetzt auf diese Seite. Wer mitarbeiten will, kommt auf meine Seite. Wer das nicht will, steht auf die andere Seite und kann nach Hause gehen.» Die

Freiwilligen zögern. Einige sagen sich, dass sie das jetzt schon noch aushalten bis zum Schluss und stehen zu Köbi hin. Einer nach dem anderen stellt sich auf seine Seite. Am Schluss steht nur noch der «Rädelsführer» auf der anderen Seite. Wenn er nun nach Hause gehen würde, stünde er als Schwächling da. Zähneknirschend wechselt auch er auf Köbis Seite. Der ist zufrieden: Er hat nun wieder eine Mannschaft, die hinter ihm steht. Die verbleibenden Arbeiten können fristgerecht zu Ende geführt werden. Was geschehen wäre, wenn die Mannschaft nicht zu ihm gehalten hätte, daran mag Köbi gar nicht denken.

«Wir haben in den 14 Grabungsjahren im Howe-Quarry insgesamt über 50 Volontäre in die Technik des Dinosauriergrabens eingeführt. Fast alle sind dauerhafte Freunde des Hauses geworden. Die meisten von ihnen kamen mehrmals hintereinander auf Grabungen mit, auch wenn es extrem harte Arbeit ist. Auch meine Töchter habe ich nie geschont, weil sie meine Töchter sind; sie mussten genau gleich anpacken. Aber wer einmal dabei war, ist eben vom Fieber gepackt, und das wird man nicht so schnell wieder los. Der angedrohte Streik von 1995 war das einzige Mal, in dem einer fand, es sei eine zu grosse Schinderei. Im Nachhinein denke ich, dass der ‹Rädelsführer› vielleicht stärker unter der Hitze gelitten hat als wir übrigen. Leute, die grosse Muskelpakete haben und korpulenter sind, ertragen die extreme Hitze offenbar weniger gut. Wir anderen waren dünn und drahtig und schwitzten weniger. Und da war einer, der aussah wie Mister Universe, und der beklagte sich. Von ihm haben wir nie mehr etwas gehört.»

Jetzt, da die Mannschaft wieder am gleichen Strick zieht, gelingt es, in grosser Eile alle Skelettteile einzupacken und in die nächstgelegene Stadt, nach Greybull, zu transportieren. Dort werden sie in der Garage eines befreundeten Lehrers der lokalen Highschool zwischengelagert. Als Gegenleistung hält Köbi Vorträge an der Schule. Während die Mannschaft in die Schweiz zurückfliegt, bleiben Köbi und seine Tochter Maya in den USA, um sich um den Abtransport der kostbaren Fracht zu kümmern. Die vielen in Kartonschachteln und Gipsjacken verpackten Knochen werden auf etwa 20 Paletten geschichtet und festgezurrt. Ein Gabelstapler hievt dann die Riesenmenge von ungefähr 15 Tonnen fein säuberlich verpackter Knochen in den Seefracht-Container. Der kann gerade noch knapp geschlossen werden, so voll ist er – nicht ein einziger Knochen mehr hätte darin Platz gehabt. Der Container reist per Lastwagen von Wyoming nach Montreal, wird dort auf ein Frachtschiff verladen, das den Sankt-Lorenz-Strom hinunterfährt und den Atlantik überquert. Im Hafen von Antwerpen wird der Container auf die Bahn verladen und in Basel auf einen Lastwagen umgeladen. Nach sechswöchiger Reise erreicht der Container schliesslich Aathal – eine reiche Ausbeute ist an ihrem Bestimmungsort angekommen.

Während der Container quer durch Amerika reist, kehren Köbi und Maya nochmals zur Howe-Ranch zurück. Es hat bereits zum ersten Mal geschneit – höchste Zeit also, die Fundstellen zuzudecken, die Werkzeuge zu reinigen und im Schuppen zu versorgen. Während Maya im Camper rumort und putzt, kümmert Köbi sich um die Fundstellen. «Da entdeckte ich einen Knochen, der nicht fertig ausgegraben war. Ich ärgerte mich zuerst, dass er nicht so gegraben worden war, wie er hätte gegraben werden müssen. Ich grub weiter und entdeckte weitere Knochen. Sie waren rhythmisch angeordnet, wie Wirbel. Ich kam total ins Fieber. Ich lief zu Maya und sagte ihr: Du, Maya, ich habe etwas ganz Unglaubliches gefunden.» Die Tochter ist alles andere als begeistert und ruft: «Nein, jetzt fängst du nicht noch mal an! Jetzt haben wir doch schon aufgeräumt. Das kannst du jetzt wirklich nicht machen! Ich will endlich weg von hier!» Maya will nach sechs Wochen in der Abgeschiedenheit endlich weg, zu Freunden nach Kanada. Sie weiss nur zu gut, was es heisst, wenn Köbi vom Fieber gepackt wird. Schliesslich kennt auch sie die Geschichte, die im Familienkreis oft genug erzählt worden ist:

«Wir, das heisst, Köbi, Karen, Alicia und ich waren bereits eine ganze Weile, eigentlich schon fast den ganzen Tag, durch die Badlands von Wyoming marschiert. Da fand mein Vater das Skelett eines Oreodonten, eingebettet in viel Stein. Köbi war überglücklich über diesen unerwarteten Fund. Auf keinen Fall wollte er ihn liegen lassen. Es gab nur eine Möglichkeit, die schwere Fracht zu transportieren: Mein Vater und meine Mutter fassten je einen Rucksack voll mit schweren Gesteinsbrocken. Dazu noch jeder ein schweres Steinpaket in den Händen. Eine anstrengende Sache. Nun galt es, so schnell wie möglich aus den Badlands zu kommen, bevor uns ein drohender Regensturm erreichte. Alicia und ich waren bereits müde, stapften aber tapfer hinter den Eltern her. Da fiel Alicia hin – ausgerechnet in einen Kaktus, dessen Stacheln sich in ihr Knie bohrten. Unter Schmerzen und Tränen bat sie, ins Camp zurückgetragen zu werden, sie muss damals etwa vier Jahre alt gewesen sein. Doch Köbi liess sich nicht erweichen, er wollte unbedingt den Oreodonten ins Camp bringen, und dazu brauchte er unsere Mutter. So schleppten meine Schwester und ich uns die zwei Kilometer zum Camp zurück. Erst dort wurde das Knie verarztet. Ich kann mich zwar nicht mehr an alle Details erinnern, aber so viel weiss ich noch: Alicia war stinksauer auf unseren Vater.»
(Cécile Siber)

Immerhin erhält Köbi von Maya noch einen Aufschub von wenigen Stunden, die er dazu nutzt, weitere Knochen auszugraben. «Ich dachte die ganze Zeit: Das kann doch nicht wahr sein! Jetzt haben wir am letzten Tag, in den allerletzten Stunden, den vermutlich besten Fund der Saison gemacht. Und ausgerechnet jetzt muss ich gehen. Aber ich sah ein, dass es wirklich keinen Sinn hatte, weiter zu graben, ich würde den Fund in der Eile nur beschädigen, und ausserdem war die Wetterlage unstabil. Schweren Herzens musste ich dem Skelett ‹Ciao› sagen.»

Es wird ein langer und harter Winter für Köbi: Die ganze Zeit fiebert er in den Gedanken an den Fund. Denn noch hat er keine Ahnung, auf wessen Knochen er in den letzten Stunden

Präsentation des Oberschenkelknochens eines Langhalsdinosauriers namens «E.T.» im neu eröffneten Sauriermuseum Aathal. Das Hintergrundbild stellt die Szene dar, die zum Dinosauriermassengrab führte. Eine längere Dürrezeit zwang die Pflanzenfresserdinos, sich bei einem Wasserloch aufzuhalten, wo sie leichte Beute von räuberischen Allosauriern wurden. Die Knochen der toten Tiere versanken im feinen Schlamm, wodurch sie bis heute konserviert wurden.

Der Sensationsfund, der durch die Lappen ging: Eben erst entdeckt, muss der als «Big Al» bekannte Fund des Siber-Teams an den Staat abgegeben werden. Nachmessungen des Terrains haben ergeben, dass der Fund 80 Meter ausserhalb des Privatlands lag.

Dia: Köbi erhält drei Jahre später einen Abguss von «Big Al's» Schädel – ein Geschenk des Bureau of Land Management.

Die Arbeit im Steinbruch macht Spass: Sie fühlt sich an wie Bildhauerarbeit, nur ist die Form im Gestein schon vorgegeben. Die Knochen sind meist fragil und müssen gehärtet werden.

Die Diggergruppe feiert Köbis Geburtstag. Zum saftigen Steak ab Grill gibt es auch den obligaten Geburtstagskuchen mit Kerzen.

Nach dem «Big Al»-Fund interessiert sich auch das amerikanische Fernsehen für Köbis Arbeit. Hier interviewt ihn ein Team des Public Broadcasting Systems für einen Dokumentarfilm über die in den USA heftig geführte Diskussion, ob nur noch amerikanische Museen das Recht haben sollen, nach Dinosauriern zu graben.

In Wyoming leben die Legenden des alten Wilden Westens: Im Fotostudio von Cody schlüpft Köbi für ein Souvenirbild in die Rolle des Pioniers und Cowboyhelden Buffalo Bill und des Outlaws, der sein Land und seine Rechte (auf die Dinoknochen!) mit der Waffe (Schaufel) verteidigen muss.

Der zweite, noch bessere Allosaurierfund wird zuerst während eines Jahrs im Museum von Neuchâtel ausgestellt, bevor er ins Sauriermuseum Aathal zurückkehrt. Hier mit dem Ausstellungsgestalter Jacques Ayer (links), einer Museumsmitarbeiterin und dem Präparator Ben Pabst.

Als Hauptprobe für die Welttournee werden die drei besten Funde von der Howe-Ranch an den Münchner Mineralientagen von 1998 im Original aufgebaut.

Die Dinosauriergrabung von 2001: Ein Knochenfeld tut sich nach nur zehn Tagen Feldarbeit auf, gerade rechtzeitig, um für ein angemeldetes Filmteam aus Japan für Aufnahmen bereit zu sein.

Hier feiert das Siber-Team den frisch erstellten Unterstand. Er schützt das Team und seine Ausrüstung vor zu viel Sonne sowie Regen und Wind.

Ein Grabungsbild mit Seltenheitswert: Die Knochen einer Schwanzwirbelsäule liegen nicht zerstreut, wie so oft, sondern alle in der ursprünglichen Reihenfolge.

Die Grabungsmannschaft von 2002, bestehend aus Köbi Siber, Emanuel Tschopp, Rabea Lillich, Toni Fürst, Nicola Lillich, Dimitri Brosens und Maya Siber, sitzt um das frisch eingegipste Riesenschulterblatt eines rekordverdächtigen Sauropoden.

Das Traumstück von 2002: Anschliessend beginnt der Streit um die Fossilienrechte. Seither liegt der Howe-Steinbruch still.

Die Ersatzgrabung auf der Red-Canyon-Ranch bringt unverhofftes Glück: Ein nahezu vollständiges Stegosaurierskelett kommt zu Tage, das vielleicht beste der Welt.

Zwei Freunde durch dick und dünn: Peter Larson und Köbi (anglisiert «Kirby») Siber. Von Peter hat Köbi sein Training in Feldarbeit erhalten.

Die Tyrannosaurus-rex-Grabung in Montana (USA) spielt sich vor laufender Kamera ab und wird beim Publikum zum Spektakel.

Mit seiner dritten Frau, Gloria Razzetto, reist Köbi nach Spanien, Portugal, Mexiko, Kuba, Brasilien und immer wieder nach Santo Domingo in der Dominikanischen Republik.

Die Ausstellung «Dinorama» von 2006 in Shell, Wyoming, die vorgesehen war als «Appetitmacher» für ein geplantes Lokalmuseum, wird wegen der kurz darauf folgenden Finanz- und Bankenkrise nie eröffnet.

Zurück auf die Howe-Ranch: Die Triumphgefühle nach vier Jahren Kampf vor Gericht sind verfrüht. Die neuen Landbesitzer wenden sich wenig später gegen ihren früheren Mitstreiter.

Eine neue Entdeckung im Jahr 2007: Dinosaurierfussspuren im Turfan-Becken von China. Raubsaurier hinterliessen vor 150 Millionen Jahre hier ihre Fussabdrücke.

120 Millionen Jahre alte Fussabdrücke von grossen Raubdinosauriern im Paluxy-River von Texas, USA, werden gereinigt, vermessen und fotografiert.

Anlässlich des Charles-Darwin-Jahrs 2009 stehen die Dinosaurier des Sauriermuseums Aathal in der Halle des Zürcher Hauptbahnhofs. Ein unerwarteter Nebeneffekt resultiert im Ehrendoktortitel.

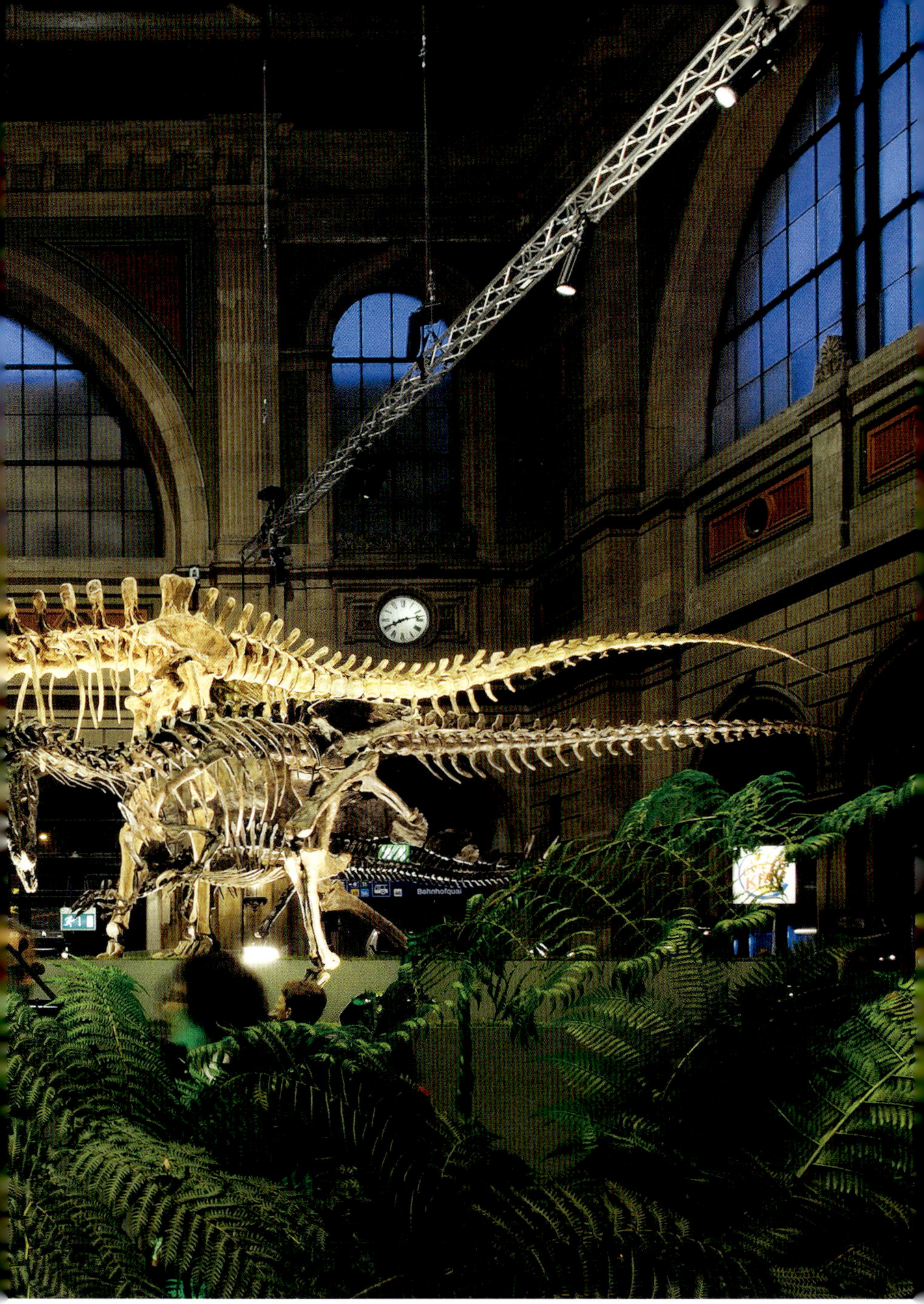
Bahnhofquai

Grosse Ehre an der Universität Zürich: Die Empfänger der Ehrendoktortitel der Universität Zürich des Jahres 2010 mit dem Rektor Prof. Andreas Fischer (hintere Reihe Mitte, Köbi rechts neben dem Rektor).

Die Sammlung von Originaldinosauriern aus eigener Grabung wächst. Bis 2014 sind es zehn Exemplare.

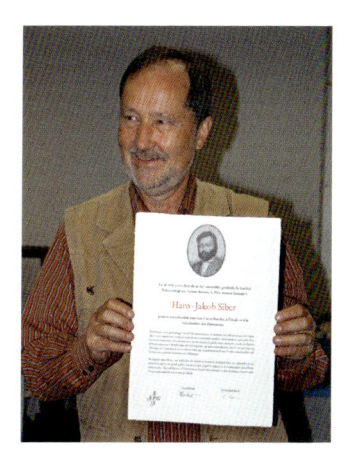

Ein emotionaler Moment. Vom Präsidenten der Schweizerischen Paläontologischen Gesellschaft erhält Köbi die Amanz Gressly-Auszeichnung.

Bruder Edy Siber, der hilft, wo er kann: Hier bei einem Spontaneinkauf von Dinosaurierpuppen für Köbis Sammlung von Dinosaurierkuriositäten.

Geburtstagsfeier zum Siebzigsten im Wildwest-Saloon. Sogar der Kuchen ist mit einem Dino verziert.

Ein verspielter Moment auf der Grabung 2013 mit seinen Töchtern Yolanda, Cécile und Alicia: «Knochenarbeit kann Spass machen.»

Nicht so ernst gemeint! Die Mitglieder des Grabungsteams von 2013 posieren im Steinbruch für ein Kalenderbild nach dem Vorbild der Dinosauriergräber vor 100 Jahren.

Spät eine neue Liebe gefunden: Seit 2013 sind Köbi und die Kamerunerin Georgette Onana ein Paar.

Ein Blick in die Dinosaurierhalle des Sauriermuseums mit den typischen Relief-montagen der Originale von der Howe-Ranch.

im Howe-Stephens-Quarry gestossen ist. Immer wieder fragt er sich: «Was kommt dort bloss heraus?» In einem aber ist er sich sicher: «Es sah verdammt gut aus.» Diesmal war es bestimmt kein weiterer Langhalsdino.

Wiederum sind es Ben Pabst und seine Mannschaft, die im nächsten Sommer als Erste zur Howe-Ranch zurückkehren. Diesmal weiss die Gruppe genau, wo sie graben muss. Wenige Tage später macht Ben sich auf den weiten Weg zum nächsten Nachbarn, um in Aathal anzurufen. Er muss sich kurz fassen und sagt nur: «Hey, das ist nicht ein Dino, das sind zwei: das Bein eines Stegosaurus und der Schwanz eines Allosaurus. Beide liegen artikuliert, das sieht sensationell aus.» Ende der Durchsage.

Nun ist Köbi natürlich vollends aus dem Häuschen. Ein Allosaurus! Und erst noch artikuliert, das heisst, die Skelettteile sind «richtig» angeordnet, wie beim lebendigen Tier. Sollte ihm doch noch ausgleichende Gerechtigkeit widerfahren, nachdem ihm «Big Al» durch die Lappen gegangen war? Als Köbi in Wyoming eintrifft, haben Ben Pabst und seine Leute den Stegosaurus und den Allosaurus bereits zur Hälfte ausgegraben.

Es ist jetzt schon klar, dass die beiden Funde bedeutend sind, und dass sie Köbi für den 1991 verlorenen Fund des Allosaurus entschädigen würden. Nun endlich scheint die Zeit für seinen Triumph gekommen! Die Namen für die beiden Dinosaurierskelette werden entsprechend gewählt: Der Stegosaurier erhält den Feldnamen «Victoria» (Sieg!), der Allosaurier wird «Big Al Two» genannt. Schliesslich ist er nicht weniger gut als der Fund von «Big Al», der ihm damals abgenommen worden ist und dessen Finder die Amerikaner so geflissentlich vergessen machen wollten. «Big Al Two» soll für immer daran erinnern, wer die beiden Allosaurier im Big Horn Basin von Wyoming entdeckt hat. Mit «Victoria» und «Big Al Two» ist das Siber-Team nun endgültig entschädigt worden für den herben Verlust vor fünf Jahren.

Doch damit nicht genug. Eines Tages – es ist bereits halb dunkel – ruft die Volontärin Barbara von Arb: «Ich habe einen

Schwanz gefunden!» Wirbel um Wirbel, Knochen um Knochen legt die gelernte Operationsschwester frei, bis feststeht, dass es sich um das fast vollständige Skelett eines Othnielosaurus handelt. Der Othnielosaurus ist ein wenig bekannter, relativ kleiner Dinosaurier. Ein ausgewachsenes Exemplar dieser Pflanzenfresserart wurde meist nicht grösser als ein bis zwei Meter. Othnielosaurus werden fast immer dort gefunden, wo auch Knochen von Diplodocus, Stegosaurus oder Allosaurus vorkommen. Jedoch gilt für Othnielosaurus noch mehr als für die grossen Dinosaurer: Gute Funde mit zusammenliegenden Skeletten sind selten, sehr selten. Der neue Fund wird zu Ehren der Finderin «Barbara» genannt.

Mit dem Othnielosaurus «Barbara», dem Allosaurus «Big Al Two» und dem Stegosaurus «Victoria» haben Köbi und seine Leute nun in kürzester Zeit drei gut erhaltene Dinosaurierskelette entdeckt. «Das mussten wir uns zuerst einmal auf der Zunge zergehen lassen: Drei sehr gut erhaltene Dinosaurierskelette in einer Grabungssaison an einer einzigen kleinen Grabungsstelle von vielleicht nur 10 x 20 Metern! Das war wirklich ausserordentliches Glück!» Aus den Grabungsberichten der frühen Dinosauriergräber, die zwischen 1880 und 1920 die meisten amerikanischen Dinosaurierskelette ausgegraben hatten, weiss Köbi, dass diese die allergrösste Mühe hatten, gut erhaltene Skelette zu finden. Immer und immer wieder stellte sich nach anfänglicher Euphorie Ernüchterung ein, weil sich die Funde nur als Teilskelette herausstellten. So kommt es, dass auch heute noch in den grossen Museen von Amerika die meisten berühmten Exemplare aus mehreren Individuen zusammengesetzt sind. So ist zum Beispiel der Diplodocus des Carnegie-Museums in Pittsburgh, Pennsylvania, aus mindestens drei verschiedenen Teilfunden zusammengesetzt, die aus verschiedenen, bis zu 100 Kilometer entfernten Fundplätzen stammen. Auch Allosaurus und Stegosaurus sind stark zusammengesetzte Skelette von Fundstellen wie dem Cleveland-Lloyd-Quarry in Utah. Tausend und mehr lose Knochen kamen dort zusammengeschwemmt vor. Die entsprechenden Knochen von unzähligen verschiedenen Tieren wurden zu einem Tier zusammengebaut – mit entsprechenden Unsicherheiten, zum Beispiel über die genaue Anzahl der Hals- oder Schwanzwirbel.

Und nun kommt Köbi mit seinen Leuten und findet auf einem Haufen gleich drei über 90-prozentige Skelette. «Ich freute mich einfach wahnsinnig. Endlich, im verflixten siebten Jahr unserer Grabungen, hatten wir den Jackpot geknackt! Aber nach all den Erfahrungen um ‹Big Al› wollte ich kein grosses Tamtam darum machen. Ich sagte mir: Achtung, jetzt muss ich vorsichtig sein. Ich habe zwar einen Vertrag und grabe definitiv auf Privatland. Aber wer weiss schon, ob nicht aus einem hintersten Winkel irgendein Gesetz oder ein Vorwand ausgegraben wird, um uns diesen Fund wieder abzujagen. Deshalb müssen die Entdeckungen unter uns bleiben. Bis die Funde die USA verlassen haben, bringen wir sie nicht an die grosse Öffentlichkeit.»

Diesmal helfen auch der Landbesitzer und die Inhaber der Fossilienrechte mit, die Geschichte unter dem Deckel zu halten. Auch sie wissen, dass eine zu frühe Mitteilung neue Schwierigkeiten heraufbeschwören könnte. Dinosaurierfunde, das ist jetzt allen klar, sind eben mehr als nur wertvolle Funde. Hätte es sich um Kohle oder Erdöl oder andere Bodenschätze gehandelt, hätte vermutlich kein Hahn danach gekräht. Aber Dinosaurier sind so etwas wie «nationale Schätze». Die Allgemeinheit betrachtet Dinosaurierfunde nicht nur unter dem rein juristischen Aspekt. Juristisch ist wirklich nichts einzuwenden: Die Dinosaurier gehören Köbi und seinem Museum. Doch darüber hinaus bestehen «moralische Ansprüche». Irgendwie fühlen sich einige Amerikaner in ihrem Nationalstolz verletzt, wenn ein Ausländer einer «ihrer» besten Dinosaurier abführt. «Nun, da ich Amerika 1991 schon meinen besten Fund, den Allosaurus ‹Big Al› überlassen hatte, glaubte ich, meine ‹moralischen› Verpflichtungen dem Gastland gegenüber mehr als erfüllt zu haben. Ich bekam jetzt nur den gerechten Lohn für meine Arbeit und für mein eingegangenes Risiko!» Der Deckel bleibt zu: Erst, nachdem «Big Al Two», «Victoria» und «Barbara» heil in Aathal angekommen sind, erfährt die Presse in den USA von den spektakulären Funden.

Im Keller des Sauriermuseums liegen nun einige Tonnen von Dinosaurierskelettteilen. Was nun? Präparieren? Verkaufen? Eine Möglichkeit wäre, die Stücke zu verkaufen und sich mit dem Erlös finanziell zu sanieren. «Mein Bruder Edy und ich hätten uns damit zur Ruhe setzen können. Aber das ist nicht mein Stil.» Und langsam, ganz langsam entwickelt sich eine Vision: die Vision vom international bedeutenden Dinosauriermuseum in Aathal.

Im 1991 eröffneten Sauriermuseum von Siber + Siber liegen zwar bereits einige Originaldinosaurierknochen, hauptsächlich jene aus dem ursprünglichen Howe-Dinosauriersteinbruch. Aber eben, das sind die für die Morrison-Formation typischen Teilskelette, die sich nur schwer zu einem ganzen Skelett zusammenfügen lassen. Beim Rest der Ausstellungsstücke in Aathal handelt es sich – wie bei den meisten Dinosaurieraustellungen auf der ganzen Welt – um Replikate, also um Abgüsse von berühmten Dinosaurierfunden aus aller Welt. Doch nun verfügt Köbi mit «E.T.», «Victoria», «Barbara» und «Big Al Two» über vier Weltklassestücke. Dies führt ihn zu einer neuen Beurteilung seines Ausstellungskonzepts: Wie wäre es, wenn er seine Funde nicht verkaufen, sondern in seinem eigenen Museum ausstellen würde?

Bei der Gründung des Sauriermuseums hat Köbi nicht davon zu träumen gewagt, dass er eines Tages über bedeutende eigene Funde von Weltklasse verfügen würde. «Plötzlich sah ich neue Möglichkeiten, das Sauriermuseum als wichtige Institution auf die Weltkarte der Dinosauriermuseen zu setzen. Mit diesen vier guten Dinos aus der Morrison-Schicht würden wir zur Spitze gehören.» Bloss: Die guten Stücke sind ja erst ausgegraben, nicht präpariert. Für die Präparation jedes einzelnen Dinosauriers rechnet Köbi mit einem finanziellen Aufwand von

50'000 bis 150'000 Franken. Nochmals so viel dürfte es kosten, sie auszustellen. «Woher nehme ich bloss dieses Geld? Und wie kann ich weiter zu Geld kommen, wenn ich meine besten Stücke nicht verkaufe?» Fragen, die ihm einiges Kopfzerbrechen bereiten. Doch die Aussicht, vier der vollständigsten Skelette, die je in der Morrison-Schicht gefunden wurden, im eigenen Museum ausstellen zu können, versetzt ihn in Begeisterung. «Sogar wenn ich meinen Überenthusiasmus abziehe, ist es immer noch wahnsinnig, was wir gefunden haben: Wir als Ausländer und Nobodys haben Skelette gefunden, die alles Bisherige in den Schatten stellen. Das hat mich unglaublich beflügelt.»

Dem Rätsel auf der Spur

Die Grabungen werden fortgesetzt, Jahr für Jahr. «Es bestand ja die Chance auf weitere gute Funde – jetzt, wo wir das Rezept gefunden hatten, wie und wo wir graben mussten. Weshalb also sollten wir aufhören?» Mit immer grösseren Mannschaften reist Köbi jeden Sommer nach Wyoming, um auf der Howe-Ranch zu graben. Das tönt nach Routine. Doch wer Köbi kennt, weiss, dass Routine ihm ein Gräuel ist. Dass es ihm bei den Grabungen auf der Howe-Ranch nicht langweilig wird, dafür sorgen die immer neuen Knochenfunde und die Spannung, die sich einstellt, wenn wieder etwas gefunden wird. «Je mehr Knochen wir finden, desto glücklicher sind wir.» Um die Glücksgefühle messbar zu machen, stellt Köbi spasseshalber einen «Bone-Barometer» auf mit einer Skala von null bis zehn. Zehn auf der Skala bedeutet: ein vollständiges Skelett. Das Sauropodenbaby «Toni» und der Allosaurier «Big Al Two» erhalten eine Zehn, Diplodocus «Dino Quattro» bekommt eine Sechs, Diplodocus «Twin» und «Triplo» müssen sich mit einer Zwei beziehungsweise einer Eins begnügen.

Eine Überraschung der unliebsameren Art ereignet sich beim Ausgraben des Diplodocus «Aurora»:

«Die knifflige Aufgabe bestand darin, mehrere Hundert Kilogramm schwere, in Gips verpackte Knochenpakete für den Abtransport auf Paletten zu laden. Dazu muss das Fundstück mit grossen Brechstangen gedreht und auf eine bereitstehende Palette geschoben werden. Der Block mit dem Halsstück von Aurora wog etwa 200 Kilogramm. Köbi und ein Helfer stiessen den Block mit aller Kraft von einer Seite, als dieser plötzlich abrutschte und zurückfiel. Ich hatte mich ebenfalls dagegen gestemmt. Es gelang mir jedoch nicht, mein Bein rechtzeitig zurückzuziehen, sodass dieses unter dem Block eingeklemmt

wurde. Ich schrie wie am Spiess. Beide Männer wendeten all ihre Kraft auf und es gelang ihnen, mein Bein zu befreien. Ich traute mich kaum hinzuschauen, denn ich rechnete mit einem offenen Beinbruch. Doch ausser ein paar Kratzern sah man nichts. Mein Vater reagierte gut, indem er kaltes Quellwasser einsetzte und so die Schmerzen und Schwellung linderte. Trotzdem nahmen die Schmerzen in den kommenden Tagen zu. Ich hatte Glück: In Cody, etwa zwei Stunden von unserem Grabungsort entfernt, gab es ein orthopädisches Zentrum. Bei der Untersuchung stellte man Quetschungen fest und eine Überdehnung der Bänder. Mit einer Schiene mit Klettverschluss wurde ich schliesslich entlassen, worauf ich zu den Grabungen zurückkehrte.» (Yolanda Schicker-Siber)

Aber auch die Natur in den rauen Bergen von Wyoming sorgt immer wieder für Überraschungen. Zum Beispiel für heftige Gewitter, die manchmal mitten in der Nacht niedergehen und es giessen lassen wie aus Kübeln. Den nur oberflächlich freigelegten Knochen macht der Regen nichts aus. Doch wenn sie bereits auf drei Seiten freigelegt sind, wird der Steinsockel, auf dem sie noch stehen, aufgeweicht und die Knochen können herunterpurzeln und beschädigt werden. «Mehr als einmal mussten wir nachts um zwei Uhr aus dem Schlafsack kriechen und in den Unterhosen bei Wind und Wetter eine Plane organisieren, um die Fundstelle abzudecken.» Um wieder ruhig schlafen zu können, wird deshalb die Fundstelle von nun an jede Nacht abgedeckt. Sehr zur Freude der Mäuse. Die freuen sich nämlich über den Schutz unter den Planen und knabbern darunter alles an, was irgendwie knabberbar ist: Bleistifte, Taschentücher, Küchenpapier und anderes mehr. Das wäre an sich harmlos. Doch dort, wo sich Mäuse gerne aufhalten, muss auch mit Klapperschlangen gerechnet werden. «Jeden Morgen, wenn wir die Planen wegnahmen, musste ich meine Leute daran erinnern: Achtung – passt auf die Klapperschlangen auf! Mehr als einmal hat sich nach dem Entfernen der Planen eine Schlange verdrückt.»

Köbi warnt seine Leute auch immer wieder davor, träumend durch die Landschaft zu gehen oder die Hand in ein Erdloch zu stecken. Vor allem wird er nicht müde, sie nachdrücklich darauf hinzuweisen, gut hinzuhören, ob sie irgendwo das Klappern einer Schlange hören. «Klapperschlangen sind immerhin so freundlich, dass sie einen warnen. Wenn man nicht darauf reagiert, kann es fatal ausgehen. Wenn jemand gebissen wird, wird die Körperstelle schwarz, das sieht recht unappetitlich aus.» Köbi hat für den Fall der Fälle kein Schlangenserum dabei. Er hat sich aber erkundigt: «Wir hätten eine Stunde zu fahren bis zum nächsten Arzt – das hätte noch gereicht, um das Antiserum zu spritzen.» Den Grabungsteilnehmern ist nicht immer ganz wohl bei der Sache. Glücklicherweise muss in all den Jahren nie der Ernstfall geprobt werden.

«Es kam schon mal vor, dass wir auch im Vorzelt Klapperschlangen fanden. Und manchmal, wenn nachts mein Rücken die Zeltwand berührte, hatte ich das Gefühl, dass auf der Gegenseite etwas entlangschlich. Als ich eines Tages den Wasserschlauch kontrollieren wollte, erblickte ich zwischen den Sträuchern ein kleines Schlauchstück. Ich wollte es aufheben und merkte erst im letzten Moment, dass es sich dabei um eine Klapperschlange handelte. Mit einem Sprung nach hinten rettete ich mich. Zum Glück war nichts passiert, aber der Schreck sass tief. Eine junge Klapperschlange trafen wir regelmässig unter den Planen an: Sie versteckte sich an einem Ort, wo wir später das Sauropodenbaby ‹Toni› fanden – es war, als hätte die Schlange das Babyskelett bewachen wollen. Schlangen gelten schliesslich als Bewacher von grossen Schätzen. Wer schon einen Indiana-Jones-Film gesehen hat, der erinnert sich bestimmt an gewisse Szenen...» (Yolanda Schicker-Siber)

Für Abwechslung sorgt auch die zunehmende Zahl von Besuchern. Es hat sich herumgesprochen, dass beim Howe-Stephens-Quarry einiges los ist. Jeden Tag tauchen Besucher auf, die Fragen stellen und sich über den Stand der Grabungen informieren möchten. Es sind Leute aus der Nachbarschaft oder auch solche, die von weither kommen, nachdem sie irgendwie auf Umwegen erfahren haben, dass hier eine Dinosauriergrabung stattfindet. «Die Howe-Ranch ist ja nicht gerade einfach zu finden. Wir staunten, dass uns die Leute trotz der Abgeschiedenheit der Howe-Ranch und trotz der schlechten Zufahrtsstrasse fanden.» Besonders häufigen Besuch erhält das Siber-Team von den umliegenden Guest-Ranches, deren Betreiber einen Augenschein bei der Dinosauriergrabung als zusätzliche Touristenattraktion in ihr Programm aufgenommen haben. Köbi muss jemanden aus seinem Team abdelegieren, um die vielen Besucher zu betreuen. Im Gegenzug wird das Siber-Team auf die Guest-Ranches zu einem richtigen Westernstyle-Abendessen mit Steaks, Bohnen und Maiskolben vom Feuer eingeladen. «Es gab einmal eine Woche, während der wir jeden Abend eingeladen waren. Das war für uns alle immer ein tolles Erlebnis. Unser Social Life war wirklich nicht schlecht, obwohl wir in völliger Abgeschiedenheit lebten. Von daher hätten wir es ruhig länger ausgehalten.»

Zu den Besuchern der besonderen Art gehört auch ein Hase, der regelmässig im Camp vorbeischaut, um Köbis legendären Apfelschnitze abzuholen. Was es mit den Apfelschnitzen auf sich hat, erklärt einer der «Gräber»:

«Die Grabungsarbeiten werden am Morgen jeweils unterbrochen von einem ‹Znüni›, dann folgt das Mittagessen und am Nachmittag ein ‹Zvieri›. Eine Spezialität von Köbi ist es, für alle Teilnehmer der Grabungen Äpfel zurechtzuschneiden. Die Worte ‹Znüni› und ‹Zvieri› sind deshalb fester Bestandteil des Wortschatzes auch aller Anderssprachigen geworden, also auch der Holländer, Amerikaner, Deutschen oder Japaner, die an den Grabungssessions von Köbi teilgenommen haben.» (Emanuel Tschopp)

Ab 1995 befindet sich unter den zahlreichen Besuchern auf der Grabungsstelle auch ein gewisser Mister Scotch (Name aus rechtlichen Gründen geändert). Er hat die Howe-Ranch zusammen mit der etwas höher gelegenen Hudson-Falls-Ranch gekauft, nachdem Press Stephens und Gretel Ehrlich sich getrennt hatten und deshalb die Howe-Ranch verkaufen mussten. Mister Scotch baut sich auf der Hudon-Falls-Ranch ein grosszügiges dreistöckiges Blockhaus, oder vielmehr eine Luxusvilla, und rüstet sie mit allem modernen Komfort aus. Ein- oder zweimal pro Grabungssaison besucht Mister Scotch die Grabungsstätte auf der Howe-Ranch, schaut sich interessiert um und kommentiert: «You boys are doing a fine job.» Die «Boys» und auch die «Girls» werden in die Villa zum Nachtessen eingeladen. Mister Scotch scheint es zu gefallen, dass auf seinem Grundstück nach Dinosauriern gegraben wird. Es herrscht eitel Minne zwischen Köbi und dem neuen Besitzer der Howe-Ranch. Wenn da nur nicht dieses ungute Gefühl wäre, das Köbi im Umgang mit Mister Scotch beschleicht…

Doch Köbi hat keine Zeit, sich um seine diffusen Gefühle zu kümmern. Immer intensiver beschäftigt er sich mit der Frage, was im Gebiet des Big Horn Basins vor Millionen Jahren passiert sein könnte, dass sich hier die Skelette einer derartigen Vielzahl verschiedenster Dinoaurierarten angesammelt haben. Er besucht die Fundstellen von anderen Knochengräbern auf anderen Ranches, in anderen Tälern in der Umgebung. «Unsere Fundstelle ist doch nur ein kleines Fensterchen. Wenn wir uns überlegen, was hier passiert ist, müssen wir das Ganze betrachten.» Was Köbi besonders beschäftigt, ist die Frage, weshalb die Dinosaurier, die sie hier vorfinden, zu Tode gekommen sind und welche Umstände dazu führten, dass ihre Knochen bis heute konserviert werden konnten. Wenn nämlich ein Dinosaurier stirbt, oder auch ein anderes Tier, so werden seine Überreste innert kurzer Zeit in kleinste Teile zerlegt, zuerst von Aasfressern und der Rest von Bakterien. Im Normalfall bleibt schon nach wenigen Jahren gar nichts übrig.

Dass aber eine Fundstelle wie der Howe-Stephens-Quarry zustande kommt, wo ein Dutzend Skelette gefunden werden, viele von ihnen fast vollständig erhalten – das muss ein ausserordentliches Ereignis gewesen sein, das dazu geführt hat. «Ich fragte mich immer wieder: Wäre es möglich, dass dies ein Mega-Ereignis war? Eine riesige Überschwemmung, zum Beispiel? Oder ein Hurrikan? Um diese Frage zu beantworten, brauchte ich Hilfe. Also fragte ich Experten oder holte Studenten, die Untersuchungen anstellen konnten.»

Von nun an werden die Grabungen so angelegt, dass nicht nur möglichst gut erhaltene Skelette gefunden werden, sondern vor allem auch Hinweise darauf, weshalb sie so daliegen, wie sie gefunden werden. Angehende Akademiker stossen zum Grabungsteam und sammeln Material für ihre Master- oder Doktorarbeit; Paläontologen und Geologen besuchen die Grabungsstätte und diskutieren über die Ablagerungsbedingungen. «Das machte die ganze Unternehmung sehr spannend. Ich hatte mir zum Ziel gesetzt herauszufinden, was zum Tod von ‹E.T.›, ‹Victoria›, ‹Big Al Two›, ‹Barbara› und aller anderen Dinosaurier geführt hatte. Was ist die Story dahinter? Dieses Rätsel wollte ich lösen.»

Ein spezieller Fund liefert schon bald eine mögliche Antwort: Das Team stösst auf zwei zehn Meter lange versteinerte Baumstämme. In den Morrison-Schichten sind fossile Bäume allgemein sehr selten. Die poröse Erhaltung macht es aber extrem schwierig, die Baustämme zu bergen. Köbi sieht in den Baumstämmen des Rätsels mögliche Lösung: Es wäre doch denkbar, dass eine grosse Flut die Bäume am Flussufer entwurzelt hat, sodass sie in den Fluss fielen und ihn an gewissen Stellen blockierten. Dahinter könnte sich Schwemmgut angesammelt haben, darunter auch Kadaver von Dinosauriern, die der grossen Überschwemmung zum Opfer fielen. Angeschwemmter Sand und Schlamm könnten die Leichen schnell zugedeckt haben, sodass sie vollständig erhalten blieben. Die nicht vollständig erhaltenen Skelette liessen sich so erklären, dass nach der Flut Raubsaurier die Kadaverteile, die nicht vollständig durch die Sedimente zugedeckt waren, hervorzerrten und frassen. Eine mögliche Erklärung, aber Köbi ist vorsichtig: «Ich hatte viele Fragen, aber noch wenig konkrete Antworten. Ich wollte nicht zu einer voreiligen Schlussfolgerung kommen. Ich war der Ansicht, dass wir noch viel zu wenig wissen.» Aber immerhin hat Köbi nun ein paar wichtige Puzzleteile gefunden, die er zusammenfügen kann. Das Gesamtbild hingegen, was sich vor 150 Millionen Jahren in der Gegend abgespielt haben könnte, ist erst in Umrissen erkennbar.

So kehrt Köbi nach jeder Grabung mit neuen Ideen, Vorstellungen und Hypothesen nach Aathal zurück. Hier erwarten ihn die immer noch unpräparierten Skelette von «E.T.», «Victoria», «Big Al Two» und «Barbara» – ein Schatz, der zwar gehoben, aber mit dem ohne Präparation nicht viel anzufangen ist. Die Weltklassestücke liegen immer noch eingelagert in den Kellerräumen. Immerhin sorgt «Dino Quattro» für einen ersten Finanzierungsschub: Der Diplodocus, auf dessen Knochen sogar noch die Bissspuren eines Fleischfressers zu sehen sind, wird für 400'000 Franken an ein privates Museum in Japan verkauft. Eine stolze Summe, so scheint es auf den ersten Blick. Doch mit dem Geld muss «Dino Quattro» erst noch präpariert werden. Mit dem Rest kann die Präparation der übrigen Stücke wenigstens in Angriff genommen werden.

Köbi reicht ein Gesuch beim Lotteriefonds des Kantons Zürich ein und erhält für den Stegoaurier «Moritz» die Zusage für 60'000 Franken. Der Betrag reicht zwar nicht ganz aus. Aber immerhin kann «Moritz» nun fertiggestellt werden. «‹Moritz› war mit 60'000 Franken Präparations- und Montagekosten noch der Billigste, um schnell einen fertigen Dino zu erhalten, alle anderen hätten viel mehr gekostet.» Wie so oft bei ausgegrabenen Skeletten fehlen bei «Moritz» einige Knochen, unter anderem die Oberschenkelknochen. Für Köbi nicht weiter verwunderlich: «Raubsaurier mögen am liebsten die Oberschenkel, da hat es am meisten Muskelfleisch dran. Wir haben vom Poulet ja auch am liebsten die Schenkel.» Köbi hört sich um und findet ein amerikanisches Team, das ebenfalls kürzlich einen Stegosaurier ausgegraben hat. Der Zufall will es, dass sie genau die Teile gefunden haben, die bei «Moritz» fehlen. Köbi bestellt Abgüsse der fehlenden Teile und verfügt nun über einen vollständigen Satz von Stegosaurierknochen.

Aus den Originalknochen und den Knochen aus dem Fund der amerikanischen Kollegen setzt der Präparator Ben Pabst nun ein ganzes, freistehendes Skelett zusammen und montiert es auf ein Gerüst aus Eisen und Stahl. «Das Ergebnis war einfach überwältigend. Nun stand der Dinosaurier vor uns. Auch wenn wir nur das Skelett hatten, war es, als hätten wir die Plattenechse zurück ins Leben geholt. Ein richtiger, fünf Meter langer Stegosaurus, einer der bekanntesten Dinosaurier überhaupt. Und dieses Stück war nun Teil meines Museums. Einfach toll!»

1997 organisiert Köbi mit dem Stegosaurier «Moritz» eine Spezialausstellung im Sauriermuseum. Später reist «Moritz» zusammen mit zwei weiteren Originalfunden nach München an die grosse Mineralien- und Fossilienmesse. In weniger als einer Woche werden die Originaldinosaurier in Aathal abgebaut und nach München gebracht, dort ausgestellt und wenige Tage später wieder zurück ins Sauriermuseum Aathal transportiert. «Das war so eine Art Hauptprobe für das, was später folgen sollte. Ich war überzeugt, dass wir unsere Dinosaurier auch international zeigen mussten. Dazu war es nötig, die Originale so zu konstruieren, dass wir sie überall auf der Welt hintransportieren und aufbauen konnten. München war der Anfang für die späteren Reisen und Tourneen unserer Dinosaurier um die ganze Welt.»

Dinosaurier auf Weltreise

«Mir passiert es oft, dass mir im richtigen Moment die richtigen Leute über den Weg laufen.» Einmal mehr geschieht dies, als eines Tages Christophe Dufour, der Direktor des Naturhistorischen Museums Neuchâtel, im Museum in Aathal reinschaut. Er hat von der Meteoritenausstellung (der zweiten Sonderausstellung nach der Goldausstellung) im Sauriermuseum gehört und erkundigt sich bei Köbi, ob dieser ihm einige Meteoriten für eine Ausstellung in Neuchâtel verkaufen oder ausleihen könnte. Köbi hilft dem Naturhistorischen Museum gerne mit verschiedenen Ausstellungsgegenständen, zum Beispiel mit einem Auto, das in den USA von einem Meteoriten getroffen worden war, worauf es im Polizeirapport kurioserweise hiess: «Vandalismus eines sehr starken Mannes.» Doch Köbi denkt schon weiter als bis zur Meteoritenausstellung in Neuchâtel und sagt zu Christophe Dufour: «Möchten Sie nicht einmal eine Dinosaurierausstellung machen? Ich hätte hier den vollständigsten Allosaurus, der jemals in Amerika gefunden worden ist, aber wir haben kein Geld, um ihn präparieren zu lassen. Können Sie mir helfen, Geld aufzutreiben für die Präparation? Dann stelle ich Ihnen den Allosaurus ‹Big Al Two› ein Jahr lang zur Verfügung.» Christophe Dufour nimmt es zur Kenntnis, organisiert seine sehr erfolgreiche Meteoritenausstellung und meldet sich ein halbes Jahr später bei Köbi mit der Frage: «Sind Sie immer noch dabei mit der Dinosaurierausstellung?»

Natürlich ist Köbi das! Dufour kann 70'000 Franken für die Präparation von «Big Al Two» auftreiben. Das reicht nicht ganz, sodass Köbi noch etwas drauflegen muss. Ben Pabst übernimmt wieder die Aufgabe der Präparation und der Skelettmontage. Es dauert ein knappes Jahr, dann steht «Big Al Two» in seiner ganzen Pracht da und lockt die Besucher in Scharen nach Neuchâtel. Weit über 85'000 Besucher lassen sich von diesem und drei weiteren Dinosaurierskeletten faszinieren. Die Ausstellung wird zur erfolgreichsten, die das Museum je organisiert hat. Die fruchtbare Zusammenarbeit zwischen dem Naturhistorischen Museum Neuchâtel und dem Dinosauriermuseum Aathal wird auch nach der Ausstellung fortgesetzt: Mitarbeiter aus Neuchâtel nehmen an Köbis Grabungen teil, unter ihnen der junge Geologe Jacques Ayer – heute Direktor des Naturhistorischen Museums Genf. Jacques Ayer ist auch derjenige, der für die Dinosaurierausstellung in Neuchâtel eine ausführliche Begleitbroschüre schreibt, die ein Jahr später als Grundlage für das von Jacques Ayer und Köbi Siber gemeinsam herausgegebene Buch «Die Howe Ranch Dinosaurier» dient.

«Es war eine tolle Sache, mit Christoph Dufour und Jacques Ayer zusammenzuarbeiten. Mein Enthusiasmus, so weiterzumachen, wurde immer grösser. Ich merkte: We're on a roll – wir sind in Fahrt! Wenn man etwas Neues startet, läuft am Anfang alles ein bisschen zäh. Man hat viele Zweifel, ob es auch wirklich klappen wird. Doch jetzt merkten die Leute in meiner Umgebung plötzlich: Da geht etwas, da machen wir mit. Das hat mir unglaublich Rückenwind gegeben.»

Mit dem Wind im Rücken und beflügelt durch den Erfolg der Ausstellung in Neuenburg konzipiert Köbi eine neue Sonderausstellung in Aathal. «DinoDorado» nennt er sie. Sie soll einen Überblick geben über zehn Jahre Grabungsarbeit auf der Howe-Ranch in Wyoming. Bis anhin hat Köbi die gefundenen Skelettteile immer so ausgestellt, wie sie auf der Fundstelle gefunden worden sind: da mal ein Schwanz, dort mal ein paar Rippen. «Ich überlegte mir: Bin ich eigentlich blind? Die anderen Museen haben ja auch nicht mehr Originalknochen und stellen ihre Stücke trotzdem als Ganzes auf. Weshalb soll ich das nicht auch so tun?»

Also schaut Köbi sich alle sechs bisher gefundenen Diplodocusskelette an. Was an Originalknochen zusammenpasst, wird ausgewählt. Etwa 250 Knochen kommen so zusammen, von denen Köbi Abgussformen herstellen lässt. Noch fehlen zu einem kompletten Skelett rund 50 Knochen. Diese lässt Köbi nachmodellieren. Aus den Abgussformen lässt er ein vollständiges Skelett herstellen, das freistehend gezeigt werden kann. Auch das Original, das wegen seines Gewichts und seiner Fragilität nicht freistehend aufgestellt werden kann, wird mit abgegossenen und nachmodellierten Knochen ergänzt. Nun stehen in der neuen Ausstellung «DinoDorado» gleich zwei komplette, 17 Meter lange Langhalsdinosaurier – das Original in liegender Position und der freistehende Abguss, der über drei Stockwerke reicht, vom Kellergeschoss bis zum ersten Stock. «Das Resultat liess sich sehen: Es sah wirklich spektakulär aus! Die Art und Weise, wie die Funde von der Howe-Ranch nun präsentiert wurden, brachte die gewaltigen Dimensionen dieser Urwelttiere zum ersten Mal so richtig zum Ausdruck.»

Mit der Ausstellung «DinoDorado» will Köbi auch die Einmaligkeit seines Museums in Aathal unterstreichen: «Wir zeigen hier unsere eigenen Dinosaurier, die wir selber gefunden, ausgegraben und präpariert haben. Das unterscheidet uns von allen anderen Museen und temporären Ausstellungen von Dinosauriern, wie sie jetzt landauf, landab gezeigt werden. Bei uns begegnet man den Menschen, die diese Arbeit an und mit den Originalknochen vollbracht haben und kann ihnen sogar bei der Arbeit zuschauen.» Die besten Stücke aber lagern immer noch unpräpariert im Keller. «Mir war klar: Jetzt musste ich endlich einen Sponsor finden für ‹E.T.›, ‹Victoria› und ‹Barbara›. Aber wie?» Die Erleuchtung kommt in Nepal. «Es gibt Ideen, bei denen ich noch genau weiss, wie und wo sie mir in den Sinn gekommen sind.»

1997 unternehmen Köbi und seine Tochter Maya eine Geschäftsreise nach Kathmandu in Nepal. Die Reise dient dazu abzuklären, wie weit Nepal sich als Mineralien- beziehungsweise Edelsteinlieferantenland entwickelt hat. Köbi hat gehört, dass in den Bergen des Himalayas ähnliche Bergkristalle gefunden werden wie in der Schweiz, dass es Edelsteinmineralien wie Aquamarine und Turmaline gibt, und dass sogar Ammoniten auf über

3000 Metern Höhe vorkommen. Es gelingt ihm, in Kathmandu interessante Kontakte zu knüpfen und einige schöne Stück für eine Sonderschau in Aathal einzukaufen. Auf der Rückreise machen Köbi und Maya Zwischenhalt in Bangkok und warten im Hotel auf den Weiterflug.

«Ich lag auf dem Bett, starrte zur Decke und dachte über meine Dinofunde nach. Das ist doch widersinnig. Jetzt haben wir die schönsten und vollständigsten Dinosaurierskelette, aber kein Geld, um sie zu präparieren. In der Schweiz wird uns vermutlich niemand helfen. Ich muss mit ihnen ins Ausland gehen, dorthin, wo das Hauptinteresse liegt, nach Amerika oder nach Japan. Ich muss mit ihnen auf Tournee gehen.» Mit dem Blick zur Hotelzimmerdecke entwickelt Köbi kühne Visionen: «Ich stellte mir ein Zelt vor, wie ein Zirkuszelt, in dem wir die Dinos ausstellen und mit ihnen herumziehen würden, wie Fahrende. Oder noch genialer wäre es, wenn wir ein grosses Frachtschiff nehmen könnten, in dem die Dinoschau untergebracht wäre. Damit könnten wir an allen grösseren Hafenstädten der Welt vor Anker gehen, von Marseille bis Beirut, von New York bis Tokio. Es bräuchte nur einen Steg, auf dem die Leute das Schiff betreten könnten, um die Dinos zu bewundern. So etwas hat vor mir noch nie jemand gemacht.» Köbi hat viele Ideen. Doch keine überzeugt ihn so, dass er sie weiterverfolgen möchte. Etwas aber ist ihm deutlich bewusst geworden: «Wenn wir Erfolg haben wollen mit unserem Museum, dann muss ich meine Stücke auf der internationalen Bühne zeigen. Denn bis die Welt endlich feststellt, dass wir in Aathal tolle Originale von Dinosauriern haben, dauert es fünfzig Jahre. Bis dann bin ich längst tot.»

Zufälligerweise erfährt Köbi von seinem Freund Peter Larson von einer geplanten Dinosaurierausstellung in Japan mit dem Thema «Langhalsdinosaurier». Köbi wird hellhörig und nimmt mit dem japanischen Veranstalter Kontakt auf. Köbis Vorschlag: «Falls Sie mir Geld geben für die Präparation, könnte ich mit drei Originallanghalsdinosauriern kommen.» Als die japanischen Veranstalter erfahren, dass Köbi eigentlich sieben originale Dinosaurierskelette hat, sind sie begeistert und sagen: «Dann kommen Sie mit allen sieben!» Nach längeren Verhandlungen wird ein Vertrag abgeschlossen, der Köbi 300'000 Franken einbringt. Mit diesem Geld kann er endlich seine Skelette präparieren lassen.

Alle sieben Originaldinos von der Howe-Ranch – «E.T.», «Big Al Two», «Victoria», «Max», «Moritz», «Toni» und «Barbara» – werden in 45, mit Schaumgummi gepolsterte Kisten verpackt und auf die weite Reise geschickt: zuerst mit dem Lastwagen nach Basel, dann den Rhein hinunter nach Rotterdam und von dort mit dem Schiff nach Japan. In der riesigen Messehalle von Makuhari in Tokio werden unter dem Titel «The World's Greatest Dino Expo» insgesamt 50 Dinosaurierskelette aufgestellt. 43 davon sind Kopien aus Kunststoff, denn die öffentlichen Museen reisen nicht gerne mit Originalen, aus Angst, es könnte ihnen etwas passieren. Zudem ist Japan erdbebengefährdet, ein zusätzlicher Grund, vorsichtig zu sein. Köbi ist der Einzige, der mit sieben Originalen angereist kommt. Sein Stolz darüber ist immer noch spürbar: «Wir waren die Hauptattraktion mit unseren sieben Originalen.» Ein Film, den die Japaner auf der Grabungsstätte gedreht haben, zeigt in spektakulären Bildern die Arbeit auf der Howe-Ranch.

Die Ausstellung bricht alle Rekorde: In nur zwei Monaten zählt sie über eine Million Besucher. Doch damit nicht genug: Nach zwei Monaten werden die Skelette wieder abgebaut und mit dem Flugzeug nach Belgien geschickt – Dinosaurier im Flugzeug! In Brüssel werden sie während neun Monaten in einem der ältesten Dinosauriermuseen von Europa ausgestellt, danach nochmals während neun Monaten im Naturhistorischen Museum Basel. Zwei Jahre nach ihrer Abreise kehren «E.T.», «Big Al Two», «Victoria», «Max», «Moritz», «Toni» und «Barbara» wieder nach Aathal zurück. Sie haben ihre Schuldigkeit getan: insgesamt 2,5 Millionen Menschen fasziniert und damit den Weltruf des Dinosauriermuseums von Aathal begründet. «Ihre Präsenz in ‹The World's Greatest Dino Expo› hat mitgeholfen, uns national und international zu etablieren.» In Aathal haben die Weltenbummler nun ihre definitive Heimat gefunden.

«Plötzlich ist alles schnell gegangen. Das heisst, eigentlich war es ja gar nicht so schnell, denn immerhin hat es zehn Jahre gedauert, bis wir so weit gekommen sind. Mit dem starken Wind im Rücken stellte ich fest: Jetzt sind wir aber richtig schön in Fahrt gekommen! Wo geht es jetzt noch hin?» Nun ist der Moment gekommen, in dem Köbi etwas in Angriff nehmen kann, das er sich schon lange vorgenommen hat: Er möchte in Wyoming ein kleines Museum auf die Beine stellen. «Die Leute in Wyoming waren immer ein bisschen unzufrieden, dass ‹ihre› Dinosaurier ins Ausland gingen. Ich sagte ihnen deshalb: Ich helfe euch, ein Dinosauriermuseum einzurichten. Zahlen müsst ihr es selber, aber ich unterstütze euch beim Planen mit meiner Erfahrung.» Drei vergebliche Anläufe zu einem lokalen Dinosauriermuseum hat Köbi bereits hinter sich. Das Projekt für ein Kleinmuseum in einem alten Schulhaus von Shell, das mit lediglich 25'000 Dollar zu bewerkstelligen gewesen wäre, scheiterte schon im ersten Jahr der Howe-Ranch-Grabungen in der Bürgerversammlung. Denn für die nur 50 Einwohner wäre die Belastung pro Person zu hoch gewesen. «Natürlich hätte ich auf eigene Kosten das Museum hinstellen können, so wie ich das in Peru getan habe. Aber ich fand, wir sind hier schliesslich im reichen Amerika, nicht irgendwo im Busch. Hier fühlte ich mich nicht verantwortlich für die Finanzierung.» Auch in der nächstgrösseren Stadt Greybull mit 2500 Einwohnern wurden mal Pläne geschmiedet für ein lokales Museum und sogar Geld gesammelt für ein entsprechendes Projekt. Doch die Pläne wurden sang- und klanglos ein Jahr später wieder begraben.

Ende der 90er-Jahre bringt der Fund der beiden versteinerten Baumstämme auf der Howe-Ranch Köbi auf die Idee, einen dritten Anlauf für ein lokales Museum zu starten. Oder besser: eine Art Museumsfreilichtanlage. Er weiss, dass die Bergung der fossilen Baumstämme wegen des brüchigen Materials äusserst schwierig werden dürfte. «Das waren echte Kopfzerbrechenstücke. Man hätte sie nie als Ganzes ausgraben können, sondern hätte sie in kleinere Teile trennen müssen.» Diese Schwierigkeiten bringen Köbi auf die Idee, die beiden Baumstämme an Ort und Stelle liegen zu lassen und sie mit einer Konstruktion zu überdachen, um sie vor der Witterung zu schützen. Fertig wäre ein Openair-Visitor-Center, in dem die Besucher sich anhand von Fotos, Plänen und Beschreibungen über die Grabung orientieren und im Sommer den Grabenden bei der Arbeit zuschauen könnten. Eine Minimallösung, die wenig kosten würde und doch der lokalen Bevölkerung das geben würde, was sie sich immer gewünscht hat: eine touristische Attraktion.

Köbi lässt auch diesmal durch seinen Freund und Grafiker René Kindlimann Zeichnungen für das Projekt herstellen. In einer mehrseitigen Broschüre erläutert Köbi die Vorteile seiner Pläne. Mit gemeinsamen Kräften würden Landbesitzer, Fossilienrechtsinhaber und das Sauriermuseum Aathal hier eine für die Abgeschiedenheit der Lokalität angemesse Lösung finden, die Howe-Ranch-Funde und die Informationen dazu der Öffentlichkeit zugänglich zu machen. Sie benötigten dafür nur noch die Zustimmung des Bureaus of Land Management, das heisst, der Behörde, über deren Land die Zufahrtsstrasse angelegt werden müsste. «Letztlich wollte ich der Region etwas zurückgeben, als Dank dafür, dass wir hier graben und tolle Funde machen durften. Aber ich merkte bald, dass weder beim Landbesitzer noch bei den Inhabern der Fossilienrechte so richtig Enthusiasmus für dieses Projekt aufkam. Ich war der Einzige, der das toll fand.»

Köbi ist ernüchtert über die verhaltene Reaktion auf seinen Vorschlag. In die Ernüchterung mischt sich eine Spur Resignation: «Jeder von denen kochte sein eigenes Süppchen. Es ging ihnen gar nicht mehr darum, eine kulturelle Attraktion für die Region einzurichten – die wollten vor allem für sich selber etwas rausholen. Irgendwie hatten alle Geld gerochen, nachdem der T.rex ‹Sue›, für den mein Freund Peter Larson ins Gefängnis geschickt worden war, für 8,5 Millionen Dollar versteigert worden war. Dieser T.rex hat die Proportionen völlig verzerrt.» Wie sehr, sollte er schon bald am eigenen Leib erfahren.

Trotz der Ernüchterung nimmt Köbi noch einmal Anlauf für ein lokales Dinosauriermuseum im Big Horn Basin von Wyoming. Diesmal in Zusammenarbeit mit Clifford und Rowena Manuel. Die beiden Rentner bewohnen ein hübsches Landhaus in der Nähe von Shell und interessieren sich sehr für Geologie und Dinosaurierforschung. Ihr Haus wird zu einer Art Zentrum für durchreisende Geologen, Paläontologen und Dinosaurierbegeisterte. Auch Köbi logiert mehrmals bei den Manuels und schmiedet mit ihnen zusammen Pläne für ein weiteres Museumsprojekt. Clifford weiss, dass der Bundesstaat Wyoming in den Jahren 2004 bis 2008 Haushaltsüberschüsse verzeichnet. Die Einnahmen aus Kohle- und Erdöllizenzen sind stark angestiegen. Deshalb scheint für Clifford und Köbi der ideale Zeitpunkt gekommen, um ein Projekt für ein überregionales Geologie- und Paläontologiezentrum zu lancieren. Da auf der Howe-Ranch und einigen benachbarten Ranches kürzlich mehrere hervorragende Dinosaurierskelette gefunden worden sind, sollen die Informationen über diese Funde in einem Regionalmuseum gesammelt und dargestellt werden. Es ist von Anfang an klar, dass die Originale selbst dort nicht ausgestellt werden können, sondern vermutlich über die USA und die ganze Welt verstreut eine neue Heimat finden würden. Aber wichtig ist für Clifford und Köbi, dass die Fundgeschichten und Informationen erhalten und zugänglich gemacht werden.

Clifford und Rowena haben bereits vor einigen Jahren eine Organisation auf die Beine gestellt, die sie «Geoscience Enterprises» nennen. Diese Organisation offeriert Sommerkurse für Primar- und Highschool-Lehrer, die sich für Geologie und Paläontologie interessieren. Die Kurse werden von renommierten Fachkräften der grossen amerikanischen Universitäten und Museen durchgeführt, zum Beispiel von der Smithsonian Institution, der Harvard University oder dem Dartmouth College. Clifford und seine Frau stellen die Infrastruktur für die Kurse bereit: Unterkünfte, Fahrzeuge, Kurslokale, Mahlzeiten. Höhepunkt der Kurse sind natürlich die Dinosaurierfunde in der Umgebung. Schliesslich ist die Gegend der Big Horn Mountains und des Big Horn Basins von Wyoming eine der wichtigsten Dinosaurierregionen in ganz Nordamerika.

Um dem gemeinsamen Projekt eines Regionalmuseums eine Initialzündung zu verpassen, verspricht Köbi spontan, drei bis vier Dinosaurierskelette für eine temporäre Ausstellung in Wyoming zur Verfügung zu stellen, falls es Clifford gelänge, ein entsprechendes Ausstellungslokal zu finden. Clifford braucht nicht lange zu suchen: Der Besitzer des originellen Restaurants und Westernstore «Dirty Annie's», wenige Kilometer östlich von Shell gelegen, ist begeistert von der Idee, denn auch er hat ein Interesse daran, durch eine Touristenattraktion mehr Leute in sein Lokal zu ziehen. Deshalb stellt er kurzerhand ein riesiges Zelt auf seinen Parkplatz. Köbi bringt wie versprochen seine Dinosaurierskelette, den 17 Meter langen Diplodocus «H.Q.1», den 7 Meter langen Allosaurus «Big Al Two», ein Stegosaurierskelett und das Sauropodenbaby «Toni», alles originalgetreue Abgüsse. Und dies für eine nur zweiwöchige Ausstellung im Sommer 2006.

Die Ausstellung ist in erster Linie gedacht als Promotion für das geplante zukünftige Regionalmuseum. 5000 Besucher schauen sich die Ausstellung an. Damit ist kein Geld zu verdienen. Doch die Informationsveranstaltung für die lokale Bevölkerung, die Presse und die Politiker von Wyoming verfehlt ihre Wirkung nicht. Presse und Fernsehen berichten ausführlich über das Projekt, für das Köbi und Clifford bereits alle Details ausgearbeitet haben, vom Parkplatz bis zu den Schulungsräumen, von den historischen Funden von Barnum Brown bis zu den neusten Funden auf der Howe-Ranch und an anderen Stellen im Big Horn Basin. Der grösste Landbesitzer der Region sichert den Initianten ein passendes Landstück gratis zu. Alles scheint auf bestem Wege.

Doch drei Monate später platzt in den USA die Immobilienblase. Die Subprime-Krise greift um sich wie ein rasendes Feuer.

Allen teuren Kulturprojekten wird der Stecker gezogen. «Das war das Ende des Big Horn Basin Regional Dinosaur Museums. Wir waren verdammt nahe dran gewesen. Und es hat wieder nicht geklappt!» Die Enttäuschung bei Köbi ist gross. Doch kein Vergleich zu dem, was ihn nun erwartet …

Die Bombe platzt

Bevor das Unheil naht, gelingt es Köbi, den auslaufenden Vertrag mit den Inhabern der Fossilienrechte zu erneuern. Er hat grosse Pläne und will einen Zehnjahresvertrag abschliessen. Allerdings mit der Klausel «no bones, no lease» – also ohne Knochen auch keine Zahlungen. Bisher hat er für eine Grabungssaison (also für einen Monat) 5000 Dollar bezahlt. Beim damaligen Kurs von Fr. 1.80 entspricht dies fast 10'000 Franken. Für einen extraguten Fund zahlte Köbi den Lizenzinhabern zudem einen Bonus von 10'000 Dollar. Doch die hören von anderen Fundstellen, wie viel Geld für – wohlverstanden: präparierte – Dinosaurierknochen bezahlt werden und setzen Köbi unter Druck. Der hat kein Verständnis dafür: «Wir können doch für unpräparierte Knochen im Boden nicht gleich viel zahlen wie für fertig präparierte! Zudem bekommen wir ja kein Geld dafür, weil wir sie nicht verkaufen, sondern für unser eigenes Museum behalten!» Köbi unterbreitet deshalb den Inhabern der Fossilienrechte einen Vorschlag: Bonuszahlungen, die je nach Grösse des Skeletts und Vollständigkeit der Knochen variieren. Dabei ist er sich bewusst: «Falls wir nochmals einen guten Raubsaurier finden, der zu 80 Prozent erhalten ist, würde uns das 30'000 Franken kosten – das ist die Grenze dessen, was wir uns noch leisten können.»

Ein weiterer Punkt, bei dem Uneinigkeit herrscht, betrifft die beiden versteinerten Baumstämme, die auf der Howe-Ranch zum Vorschein gekommen sind. Köbi stellt sich auf den Standpunkt, dass in den Fossilienrechten, für die er jährlich bezahlt, auch die fossilen Stämme eingeschlossen sind. Die Gegenpartei sieht das anders und verlangt pro Stück 10'000 Dollar extra. Für 10'000 Dollar bekäme Köbi jedoch von anderen Fundstellen in den USA einen weit besseren versteinerten Baumstamm, und erst noch einen, den er nicht selbst ausgraben müsste.

Es ist offensichtlich: Die Inhaber der Fossilienrechte wollen mehr Geld sehen. Sie finden überraschend einen Interessenten, der ihnen ein verlockendes Angebot macht: 15 Prozent des Verkaufserlöses. Wenn ein Dinosaurierskelett im Verkauf eine Million Dollar einbringt, wären das 150'000 Dollar – fünf Mal mehr als die 30'000, die Köbi für ein 80-Prozent-Skelett bietet. Köbi erschrickt über solche Summen. «Wenn es dazu kommen sollte, dass die Grabungslizenz dem Meistbietenden vergeben wird, habe ich von Anfang an verloren. Ich habe bereits das uns mögliche Maximum geboten.» Er versucht, den Erben von Barker Howe klarzumachen, dass die Rechnung ihres Interessenten nicht aufgehen kann, dass die Knochen sehr schwierig auszugraben und zu präparieren sind, dass er nun über zehn Jahre Erfahrung verfügt, mit namhaften Wissenschaftlern zusammenarbeitet und dass er die Integrität des Orts als Naturplatz erhalten möchte. Dass der ausgelaufene Vertrag trotz des Konkurrenten um die Grabungsrechte erneuert wird, hängt an einem seidenen Faden. «Mit Rudern und Manövrieren nach allen Seiten brachte ich es doch noch fertig, einen unterschriebenen Vertrag für die nächsten zehn Jahre zu erhalten. Darauf sagte ich mir: So, jetzt gehts erst richtig los!»

Köbi lässt seinen Worten sogleich Taten folgen und rückt zu seiner 13. Grabungssaison mit einer grossen Mannschaft im Howe-Quarry an. Als er im Flugzeug sitzt und in Gedanken versunken irgendwo über den Wolken aus dem Fenster schaut, unter sich die flachen Gegenden des Mittleren Westens von Amerika, sieht er einen mäandrierenden Fluss. Ganz deutlich von oben sichtbar sind die abgeschnittenen Flussarme, die den früheren Lauf des Flusses markieren und teilweise als Auenseen mit Wasser gefüllt sind. Viele solcher Flussarme sieht er, links und rechts des fliessenden Gewässers. «Ich dachte mir: So oder ähnlich muss die Flusslandschaft ausgesehen haben zur Zeit der Dinosaurier. Bei Hochwasser war die ganze Ebene überschwemmt. Baumstämme und Tierleichen wurden mitgerissen und lagerten sich mit viel Sand und Lehm in den Auenseen ab. Und wenn die Dinosaurier mit genügend Schlamm zugedeckt worden waren, konnten sie sich über lange Zeit erhalten – bis heute, falls nicht die Raubdinosaurier oder andere Aasfresser an ihnen herumgebissen hatten. So ähnlich könnten sich die Howe-Ranch-Dinosaurier angesammelt haben, und zwar nicht in einer einzigen Flut, nein, über Tausend oder Zehntausend Jahre hinweg, immer wenn es eine grosse Überschwemmung gab.» Köbi ist bisher davon ausgegangen, dass das Howe-Ranch-Dinosauriervorkommen das Resultat einer einzigen grossen Überschwemmung war. Jetzt revidiert er seine Vorstellungen. «Die Howe-Ranch war vielleicht viel eher das Resultat einer Serie von Überschwemmungen, die sich im Abstand von Hundert oder Tausend oder Zehntausend Jahren ereignet hatten. Nun hatte ich das Gefühl, der Sache wirklich näher zu kommen. Trotzdem: Das war alles nur eine Theorie. Den Beweis dazu wollte ich wenn möglich erbringen.»

Aus diesen Überlegungen heraus beschliesst Köbi, in die Tiefe zu graben – «einfach senkrecht hinunter». Aus diesem Grund ändert er die Methode des Grabens und geht über zu «Mining for Dinosaurs»: Statt in mühsamer Kleinarbeit Schicht um Schicht freizulegen, wird der Bagger aufgefahren, der sich bergbaumässig in die Tiefe frisst. Und tatsächlich: Nach nur einer halben Stunde trifft das Team auf ein Stegosaurusskelett. «Schöner kann man sich das gar nicht wünschen.» Die Zwillingsschwestern Rabea und Nicola Lillich, beides Paläontologinnen, sind als erste auf die Serie von Schwanzwirbeln mit den charakteristischen langen Stegosaurierschwanzstacheln gestossen. Ihnen zu Ehren wird der Stegosaurus auf den Namen «Lilly» getauft. Das Team legt den Stegosaurus schrittweise frei. Selbst «Lillys» Schädel wird gefunden: Er liegt sogar direkt am Skelett. «Das ist einfach das Grösste! Ein absolutes Traumstück!»

Nicht nur ist das Team auf einen neuen guten Fund gestossen, nein, der neue Fund bestätigt in gewissem Sinn auch die neuen Vorstellungen von den Ablagerungsbedingungen. Die Dinosaurier liegen hier definitiv nicht in einer Schicht, die sich horizontal über eine weite Distanz zieht, sondern an gewissen

Orten konzentriert übereinander gestapelt, fast wie Sardinen in einer Sardinenbüchse, nur eben Dinosaurier an Dinosaurier, Dinosaurier über Dinosaurier.

Just in dem Moment, als «Lilly» gerade samt Schädel bilderbuchmässig im Steinbruch freigelegt daliegt, besucht einer der bekannten Dinosaurierpaläontologen der USA die Howe-Ranch und wird Zeuge dieses ausserordentlichen Funds. «Dem fielen schier die Augen aus, als er unseren Fund sah», erinnert sich Köbi. Der Paläontologe erkundigt sich bei Köbi, ob wohl noch andere solche Funde hier in der Gegend vorkämen und meint damit das Regierungsland, das sich in Sichtweite des «Lilly»-Funds erstreckt. «Ich wunderte mich über diese Frage und dachte, dass es eine Fangfrage sein könnte, denn schliesslich war mir nach dem verlorenen Fund von ‹Big Al› nur zu sehr bewusst, dass ich nicht das Recht hatte, auf Regierungsland zu prospektieren und zu graben. Allerdings wäre es für einen Amerikaner, der für ein öffentliches Museum arbeitet, mindestens theoretisch möglich, vom Bureau of Land Management eine Grabungsbewilligung zu erhalten. Aber offensichtlich wollte sich der erfolgsverwöhnte Herr die Mühe der Prospektion ersparen.» Köbi ahnt nicht, welch unangenehme Folgen dieser Besuch für ihn bald haben würde.

Immer mehr Besucher finden den Weg zur Howe-Ranch, unter ihnen berühmte Paläontologen und andere Wissenschaftler. Seit der Ausstellung in Japan ist der Bekanntheitsgrad von Köbis Fundstelle sprunghaft gestiegen. «National Geographic» und andere Magazine schicken Fotografen und Reporter vorbei. «Radio Zürichsee» berichtet zweimal täglich über die Fortschritte auf dem Grabungsfeld. Köbi hat verschiedene junge Forscher ins Team geholt, die Teilaspekte der Fundstelle untersuchen. Der Zehnjahresvertrag ist unter Dach und Fach. Was sollte jetzt noch passieren? ‹Think big!›, sagt sich Köbi und macht sich daran, seinen Traum zu verwirklichen: Er möchte in der Umgebung der Howe-Ranch ein günstiges Haus kaufen, sozusagen als Aussenstation, um Anreise und Logistik zu vereinfachen. Das geplante Openair-Visitor-Center soll endlich umgesetzt werden. «Ich dachte in alle Richtungen, wie man das Projekt auf eine weitere, höhere Stufe hinaufhieven könnte.»

Doch dann kommt alles anders. Es ist, als ob eine Bombe platzen würde, aus dem absoluten Nichts: «Wie ein Gewitter aus heiterhellem Himmel stürzte alles auf uns herein.» Kurz vor der Feldsaison 2003 erhält Köbi eine E-Mail von Mister Scotch, dem jetzigen Besitzer der Howe-Ranch. In knappen zwei Zeilen steht da: «Kirby, there is a problem. You cannot dig this year. Call my lawyer. – Köbi, es gibt ein Problem. Du kannst in diesem Jahr nicht graben. Kontaktiere meinen Anwalt.» Sofort ruft Köbi Mister Scotchs Anwalt an und verlangt eine Auskunft. Der informiert Köbi, dass sein Klient und er die rechtliche Lage unter die Lupe genommen und dabei herausgefunden hätten, dass der Vertrag mit den Inhabern der Fossilienrechte nicht rechtsgültig sei. Köbi dürfe ab sofort die Howe-Ranch nicht mehr betreten. «Der sagte das in einem so frechen und schnoddrigen Ton – ich war völlig platt, dass man so unglaublich frech sein kann.»

Köbi versteht die Welt nicht mehr. Schliesslich hatten doch die Inhaber der Fossilienrechte bei früheren Gelegenheiten mehrfach erwähnt, dass ihre Rechte im Grundbuch eingetragen sind. Nach einer «verdammt schlechten Nacht» bestellt Köbi ein Flugticket und steht drei Tage später in Wyoming im County-Courthouse, dem lokalen Gerichtsgebäude. Er lässt sich Kopien geben vom Verkaufsvertrag von 1942, als die Familie Howe die Ranch verkaufte. Und da steht es schwarz auf weiss: Beim Verkauf des Grundstücks wurden die Rechte zum Graben nach Öl, Mineralien und Dinosauriern zurückbehalten und blieben im Besitz der Familie Howe. Aus den Dokumenten geht hervor, dass Mister Scotch eben nur die Oberflächenrechte gekauft hat, ohne die Rechte auf die Bodenschätze. Mit diesen Dokumenten unter dem Arm fährt Köbi zur Hudson-Falls-Ranch und zeigt sie Mister Scotch. Doch der wirft gar keinen Blick darauf und sagt nur: «Die Anwälte sollen sich darum kümmern. Bleib von meiner Ranch weg, Kirby, bis das alles erledigt ist!»

Köbi ist verzweifelt. Er kontaktiert die Erben von Barker Howe, denn schliesslich sind sie es, die offensichtlich um ihre verbrieften Rechte betrogen werden. Doch die Familien sind nicht erpicht darauf, sich mit Mister Scotch anzulegen, der über ein ungleich grösseres finanzielles Polster verfügt als sie. Köbi aber will Mister Scotchs frechen Winkelzug anfechten. «Das Recht ist auf unserer Seite. Wir nehmen gemeinsam einen Anwalt. Ich kämpfe für Euch. Jetzt gehts um die Wurst.» Als Erstes aber versichert sich Köbi, dass niemand ihm die bereits ausgegrabenen Skelette wegnehmen kann. Nach der Sache mit «Big Al» ist er ein gebranntes Kind. Sein Schweizer Anwalt kann ihn beruhigen: Es müsste ein Auslieferungsbegehren gestellt und dessen Rechtmässigkeit vor einem Schweizer Gericht bewiesen werden, damit Mister Scotch die Dinosaurier zurückfordern könnte. Das dürfte sich für ihn als schwierig erweisen, denn Mister Scotch war von Anfang an über die Grabungsaktivitäten auf der Howe-Ranch vollumfänglich informiert. Kein Schweizer Richter würde ihm abnehmen, dass er nun, acht Jahre nach dem Kauf der Howe-Ranch, ein Rückforderungsrecht für die damals gemachten Funde geltend machen könnte. «Jetzt fühlte ich mich relativ sicher. Ich wusste, dass ich kaum verlieren würde, was ich bis jetzt ausgegraben hatte. Aber ich hoffte immer noch, dass sich alles aufklären und als Missverständnis herausstellen würde.»

Deshalb sagt er die geplante Grabung nicht ab, informiert aber die zwölf Teilnehmer, die ihre Tickets bereits gekauft haben und ihre Ferien mit Graben verbringen wollen, dass die Grabung gefährdet sei. «Ich sagte ihnen: Es sieht schlecht aus. Aber wer an mich glaubt und weiss, dass ich manchmal ‹zaubern› kann, der soll trotzdem kommen.» Bis auf zwei Grabungsteilnehmer reisen alle an. Die Mannschaft darf aber nicht auf der Howe-Ranch campieren, obwohl der Zugang zur Grabungsstelle durch den Lizenzvertrag gewährleistet sein sollte. Also bleibt Köbi und seinem Team nichts anderes übrig, als auf dem Campingplatz von Greybull zu übernachten. Die Stimmung sinkt auf den Nullpunkt. Die Leute lassen die Köpfe hängen. Da klingelt morgens um sieben Köbis Mobiltelefon. Es ist Bob Simon, der auf der Red-Canyon-Ranch nach Dinosauriern gräbt und Köbi beim Howe-Quarry schon mehrmals Besuche abgestattet hat. Bob Simon hat einen Stegosaurus gefunden, kommt aber allein nicht zurecht damit und bittet Köbi um Hilfe – «ausgerechnet in dem Moment, in dem ich keine eigene Fundstelle mehr hatte. Glück oder Vorsehung? Auf jeden Fall eine einmalige Konstellation, die fast wie ein Wunder wirkt.»

Auf der Red-Canyon-Ranch hat Bob Simon bereits die Hälfte eines Stegosaurierskeletts freigelegt. Die andere Hälfte befindet sich offenbar noch unter einer Sandsteinbank. Doch beim sichtbaren Teil liegt jeder Knochen am richtigen Ort. Köbi bestätigt Bob Simon, dass es sich bei seinem Fund um den besten Stegosaurier handelt, den er je gesehen hat. Bob Simon ist hocherfreut, kann es sich aber nicht leisten, Köbi und dessen Mannschaft fürs Graben zu bezahlen. Für Köbi kein Problem. Ein kleiner Vertrag besiegelt den Deal: Köbi gräbt den Stego aus und nimmt ihn mit zum Präparieren. Dafür erhält er die Abgussrechte, und wenn Simon den Stego verkaufen kann, bezahlt er Köbi den Lohn für die Arbeit des Teams. Nur einen Tag später beginnt das Team mit dem Ausgraben und fördert einen der schönsten Stegosaurier zutage, der jemals in den USA gefunden wurde. Der Fund wird zu Ehren der hübschen 18-jährigen Tochter des Ranchers «Sarah» genannt. Köbi lässt es sich nicht nehmen, in die Baggerschaufel zu steigen und sich in die Höhe hieven zu lassen, um den Fund von oben fotografisch zu dokumentieren. Die einmalige Sicht auf «Sarah» kommentiert er im Grabungsbericht schwärmerisch mit den Worten: «Hier lag sie in ihrer ganzen Herrlichkeit. Nach 150 Millionen Jahren im Boden hatten wir dieses Tier zu neuem Leben erweckt! Ein fantastisches Erlebnis!»

Eingewickelt in Gipsverbände tritt «Sarah» den Weg Richtung Aathal an, wo sie im Lauf von zwei Jahren vom Präparatorenteam des Sauriermuseums präpariert wird. Anschliessend wird das Skelett wieder in die USA geschickt, wo Peter Larson und seine Mannschaft in Süddakota Abgüsse der Knochen für Köbi herstellen. Köbi wird für seine Arbeit für Bob Simon erst Jahre später bezahlt werden, aber das gehört zum Geschäft: «Dinosaurier verkaufen sich eben nicht hopp, hopp, hopp. Man muss im Durchschnitt zehn Jahre auf sein Geld warten können.» Nach mehreren vergeblichen Anläufen, für «Sarah» ein Heim in einem US-amerikanischen Museum zu finden, landet sie schliesslich im renommierten Naturhistorischen Museum von London.

Die Episode mit «Sarah» bestätigt, was Köbi im Grunde immer schon gewusst hat: «Irgendwie bin ich doch einfach ein Wahnsinnsglückspilz. Wir waren genau im richtigen Moment am richtigen Ort. Wir reisten zu Tode betrübt an und kehrten himmelhochjauchzend nach Hause zurück. Aus einer Tragödie ist etwas ganz Tolles geworden.»

Nur: Das Hauptproblem ist noch nicht gelöst. Köbi versucht, eine superprovisorische Verfügung zu erreichen, um auf der Howe-Ranch weitergraben zu können. Sie wird abgelehnt – eine bittere Enttäuschung. Schliesslich reicht Köbi Klage ein gegen Mister Scotch, den Besitzer der Howe-Ranch, weil er seine vertraglich zugesicherten Grabungen nicht durchführen kann und fordert ganz nach amerikanischen Gepflogenheiten Schadenersatz. «Hätte ich gewusst, was ich mir mit dieser Klage alles aufhalse, hätte ich vielleicht nicht geklagt. Ich konnte nicht wissen, was ich meinem Bruder und mir damit für Arbeit bescheren würde.» Das amerikanische Rechtssystem sieht nämlich vor, dass der Beklagte 30 Fragen stellen kann, die der Kläger wahrheitsgetreu beantworten muss. Falls sich eine der Antworten als falsch herausstellt, wird dies als Meineid ausgelegt. So verlangt der Anwalt von Mister Scotch zum Beispiel eine Liste sämtlicher Knochen, die auf der Howe-Ranch ausgegraben worden waren – mit Wertangabe. Bei 2000 bis 3000 Fundstücken eine Herkulesarbeit. Des Weiteren werden Namen, Adressen und Telefonnummern aller Personen verlangt, die in all den Jahren auf der Howe-Ranch zu Besuch gekommen waren. Köbi erkennt den Hintergedanken in diesen

Schikanen: Sie sollen ihm die Angelegenheit verleiden, sodass er die Klage zurückzieht. Doch Köbi denkt gar nicht dran. Monatelang arbeiten er und sein Bruder Edy daran, die geforderten Unterlagen zusammenzustellen – nebst all der anderen Arbeit, die im Museumsalltag anfällt.

Doch auch der Kläger darf Fragen stellen, die der Beklagte beantworten muss. Köbi will von Mister Scotch wissen, aufgrund welcher Dokumente er behauptet, dass die Fossilienrechte ihm gehören und nicht den Howe-Erben. Das werde erst am Tag der Gerichtsverhandlung bekannt gegeben, lautet die lapidare Antwort aus Wyoming. «Als ich diese Antwort bekam, wurde es mir schlagartig bewusst: die bluffen. Die hatten nicht damit gerechnet, dass ich mich wehren würde und jetzt wollten sie mir das Leben schwer machen, damit ich von selbst aufgebe.» Von diesem Moment an ist Köbi ziemlich siegesgewiss. Mit Wut im Bauch liefert er alle geforderten Unterlagen. Während dreier Jahre werden zwischen Wyoming und Aathal Dokumente ausgetauscht und die Prozessunterlagen vorbereitet. Diese sind oft in einer juristischen Sprache abgefasst, die selbst ein amerikanischer Normalbürger kaum versteht. Die Korrespondenz füllt schliesslich zwei schwere Bundesordner. Aber Köbi gibt nicht auf.

Zehn Tage vor der Gerichtsverhandlung schlägt die Gegenseite unvermittelt eine Mediation vor, um einen Kompromiss zu suchen. Warum tut sie das? Vermutlich hat sie Angst vor dem Resultat der Gerichtsverhandlung und verspricht sich von einer Mediation zumindest einen Teilerfolg. Dabei stellt sich heraus: Mister Scotchs Seite hat nichts vorzuweisen, absolut gar nichts! Ihr Angriff auf die Fossilienrechte war nichts anderes als ein Riesenbluff. Mister Scotch wird vom Richter dazu verknurrt, das Landstück der Howe-Ranch zu verkaufen.

Köbi, der die Mediationsverhandlungen von seinem Ferienort auf einer griechischen Insel aus verfolgt, erhält von seinem Anwalt mehrmals telefonischen Zwischenbericht aus dem Gerichtssaal. Als der Richter Mister Scotch auffordert, die Howe-Ranch zu verkaufen, wird sie zuerst Köbi angeboten.

Doch der lehnt nach kurzer Bedenkzeit ab. Was hätte ihm das Land genützt? Das Fossilienrecht müsste er trotzdem weiter bei den Howe-Erben mieten. Am Land allein, so hübsch und attraktiv die Howe-Ranch auch ist, ist Köbi nicht interessiert. Abgesehen davon, dass die Ranch ja auch eine beachtliche Summe Geld kosten würde – in der Grössenordnung von 300'000 bis 500'000 Dollar. Dieses Geld hat er nicht. Und selbst wenn er es auftreiben könnte, liesse sich die Anschaffung ohne die Fossilienrechte nicht rechtfertigen. Dass die Erben der Howe-Ranch nicht bereit sein würden, diese Rechte günstig abzugeben, kann Köbi sich an den Fingern abzählen.

Zu Köbis Überraschung jedoch erklären sich die Howe-Erben noch während der Mediationsverhandlungen bereit, Mister Scotch die Howe-Ranch abzukaufen. Damit wären Land- und Fossilienrechte wieder vereint. «Soweit so gut», denkt sich Köbi, «solange die Howe-Erben meinen noch sieben Jahre gültigen Vertrag respektieren, bin ich zufrieden.» Zwei Wochen später fliegt er nach Wyoming, wo er hofft, im selben Jahr wenigstens noch eine Minigrabung auf der Howe-Ranch organisieren zu können. Die Howe-Erben wissen von Köbis Ankunft und organisieren ein Familientreffen.

Doch als Köbi die versammelten Howe-Erben trifft und mit ihnen freudig den Sieg feiern will, erlebt er eine böse Überraschung: Von Freude ist bei den Familien nichts zu spüren, im Gegenteil. Lange murksen und drucksen sie herum, bis sie schliesslich mit der Sprache herausrücken: Sie kaufen die Howe-Ranch nur, um sie dann zusammen mit den Fossilienrechten zu einem guten Preis an einen Interessenten zu verkaufen. Offenbar haben sie einen Kunden an der Angel, einen sehr potenten. Es wird von einem Preis von 10 Millionen Dollar gemunkelt.

Köbi, der gemeint hat, er könne seine Grabungen wie gewohnt fortsetzen, ist wie vor den Kopf gestossen. «Ich habe für euer Recht gekämpft. Und jetzt, wo wir gewonnen haben und zusammen auf unseren Sieg anstossen könnten, kommt ihr mit so was.» Die Nachkommen von Barker Howe, die finanziell nicht auf Rosen gebettet sind, bitten Köbi um Verständnis – es sei dies für sie die einzige Möglichkeit, zu Geld zu kommen und sich so einen anständigen Ruhestand leisten zu können. Die Offerte eines Käufers liege bereits vor.

Köbi schüttelt anfangs nur ungläubig den Kopf. Doch er muss sich schnell mit der neuen Situation auseinandersetzen. Er kontaktiert seine alten Freunde in der Umgebung der Howe-Ranch, und da sickert es durch: Der amerikanische Dinosaurierexperte, der vor drei Jahren die Howe-Ranch besucht und dort den Stegosaurierfund «Lilly» gesehen hat, hat offenbar eine amerikanische Stiftung gefunden, die bereit ist, für etliche Millionen die Howe-Ranch zu kaufen. Die Howe-Erben sehen sich schon ganz nah dran am Multimilllionen-Deal. Köbi realisiert, dass er jetzt nur noch im Weg ist, und ihn die Howe-Erben aus diesem Grund nicht sofort weitergraben lassen. Eine schwierige Situation – was soll er bloss tun? «Die können mich doch nicht einfach hinauswerfen», denkt Köbi und schlägt den Howe-Erben vor: «Baut mich in euer Konzept ein. Ich habe ja noch einen Zehnjahresvertrag, von dem ich erst drei Jahre verbraucht habe.»

Der amerikanische Dinosaurier-Experte, der Gründer der Stiftung sowie dessen Rechtsvertreter statten kurz darauf dem Sauriermuseum in Aathal einen Besuch ab. Sie zeigen sich beeindruckt von der Dinosauriersammlung, die Köbi hier mit den Howe-Ranch-Funden aufgebaut hat. Köbi überreicht den Herren ein schriftliches Konzept für die gemeinsame Entwicklung der Howe-Ranch als aktive Dinosauriergrabungsstelle und als Visitor-Center fürs interessierte Publikum. Dann hört er zwei Monate nichts mehr. «Das hat mich richtig hässig gemacht. Das war der Gipfel, einfach unhöflich. Offenbar hatte der amerikanische Dinoforscher sein Veto gegen meine Vorschläge eingelegt.»

Jetzt gibt es für Köbi nur noch eine Möglichkeit: Er schreibt dem Gründer der Stiftung einen persönlichen Brief. Die Stiftung hat sich zum Ziel gesetzt, im Andenken an den ums Leben gekommenen Sohn des Stifters, etwas für die Dinosaurierforschung in Amerika zu leisten. Offenbar war der Sohn ein grosser

Dinofan gewesen. Nun schreibt Köbi, dass mit dem Kauf der Howe-Ranch ohne Einhaltung von Köbis Lizenzvertrag ein Unrecht geschähe, und dass die Stiftung bestimmt kein Interesse daran habe, dieses gut gemeinte Projekt mit einem Makel zu behaften, indem ihm die Rechte verweigert würden. Köbis Intervention bei der Stiftung zeigt Wirkung: Sie verzichtet auf den Kauf der Howe-Ranch aus Gründen, über die sie sich ausschweigt.

Der aussichtsreiche Deal der Howe-Erben, die inzwischen Geld zusammengekratzt und die Ranch ihres Grossvaters zurückgekauft haben, ist damit geplatzt. Nun wäre eigentlich die Bahn frei für Köbi, seine Grabungen fortzusetzen. Doch nun sind es die Nachkommen von Barker Howe, die ihm Steine in den Weg legen. Sie fühlen sich von Köbi schlecht behandelt und wollen ihn loswerden, um leichter einen Käufer zu finden. In der Folge drangsalieren sie Köbi mit absurden Vorwürfen, zum Beispiel dem, dass er unautorisiert Wasser aus dem Bach entwendet habe. «Für mich war es ein Stich in den Rücken. Ich habe jahrelang für ihre Rechte gekämpft. Ich habe für sie gewonnen. Und jetzt behandeln sie mich so.» Er könnte prozessieren und gewinnen, davon ist er überzeugt. Doch sein Anwalt rät ihm davon ab. Bis es zum Prozess kommt, würden nochmals drei bis vier Jahre vergehen. Und selbst wenn er gewinnen sollte, könnten die neuen Besitzer der Howe-Ranch ihm das Leben schwer machen. Er müsste damit rechnen, wegen jeder Kleinigkeit streiten zu müssen. Will er das wirklich? «Nein. Ich habe jetzt vier Jahre gekämpft, das reicht. Ich habe die erste Runde gewonnen und am Schluss doch verloren. Jetzt ist es Zeit für eine neue Fundstelle.»

Köbi kündigt seinen Grabungsvertrag per sofort. In einem Schlussdokument verpflichtet er sich, nie mehr einen Fuss auf die Howe-Ranch zu setzen. All seine Werkzeuge muss er im Schuppen zurücklassen. Dafür verzichtet die Gegenseite auf die noch ausstehende Bonuszahlung von 30'000 Dollar. Damit nimmt die langjährige und erfolgreiche Beziehung zwischen

Köbi und der Howe-Ranch ein trauriges Ende. Es ärgert ihn, dass er all die wissenschaftlichen Fragen um die spezielle Fundstelle nun nicht mehr beantworten kann. «Das ist eine Tragödie, dass wir die nicht mehr sauber abklären konnten.» Solange niemand anderes im Howe-Quarry gräbt, wird Köbi auch nicht erfahren, welche Dinosaurierfunde und ihre Geheimnisse sich noch in den Gesteinsschichten verbergen. Ein kleiner Trost ist es ihm zu vernehmen, dass zehn Jahre nach den oben geschilderten Vorkommnissen die Nachkommen von Barker Howe immer noch auf ihrer Ranch und den Fossilienrechten sitzen. Auf der Howe-Ranch ist seither nie mehr gegraben worden und es sieht ganz danach aus, als würde es eine Zeitlang so bleiben, die Situation ist einfach zu verkorkst.

Für Köbi beginnt nun ein neues Kapitel. Immerhin ist es ihm beim Fund von «Lilly» auf Bob Simons Grabungsstelle durch den Kopf gegangen, dass es im Big Horn Basin von Wyoming Fundstellen geben müsste, die es in Sachen Qualität durchaus mit der Howe-Ranch aufnehmen könnten. Ein Gedanke, der für ihn gewöhnungsbedürftig ist. Aber schliesslich versteht er sich selber ja als «Wahnsinnsglückspilz». Weshalb also sollte ihm das Glück nicht auch auf der Suche nach einer anderen Grabungsstätte beistehen?

Rosarote Fussspuren, ein Bajonett und eine überraschende Wende

In den vier Jahren, in denen der Rechtsstreit mit Mister Scotch anhält, stellt Köbi für sich ein Alternativprogramm auf die Beine. Er will die Zeit im August, die er normalerweise mit Graben auf der Howe-Ranch verbringt, anderweitig nutzen. Eine erste Gelegenheit dazu ergibt sich dank Peter Larson. Der besitzt die Grabungsrechte auf einer Ranch in Sichtweite des berühmten Bergs und Naturmonuments «Devil's Tower», einer gewaltigen, 300 Meter hohen Säule aus sechseckigem Basalt. «Das sieht aus wie ein riesiger Zapfen, der von der Ebene senkrecht in die Luft ragt – einfach spektakulär. Wenn die Bergsteiger darauf herumkraxeln, sieht das aus, wie wenn Ameisen in einem Baum herumkrabbeln.» In Steven Spielbergs Film «Unheimliche Begegnung der dritten Art» dient der «Devil's Tower» als Landebasis für Raumschiffe von Ausserirdischen. Für mehrere Indianerstämme ist der auffallende Berg heilig, denn hier sind zahlreiche ihrer Mythen angesiedelt. Köbi interessiert sich sehr für Peter Larsons Fundstelle in der Nähe des «Devil's Towers», denn die geologischen Schichten sind dieselben wie diejenigen auf der Howe-Ranch. Doch damit enden die Gemeinsamkeiten bereits.

Die Grabung entpuppt sich als eine Art Sommer-Camp, in dem 12-jährige Kinder und 80-jährige Grossväter mit Begeisterung nebeneinander «schäfferlen». An Fundstücken mangelt es wahrhaftig nicht: Wo immer gegraben wird, kommen zerstreute Reste von Dinosaurierskeletten zum Vorschein, meist jedoch unzusammenhängende Einzelknochen. Ein kunterbunter Mix – für Köbis Ambitionen zu wenig. «Ein Skelett, das zu weniger als 50 Prozent erhalten ist, ist mir nicht gut genug. Für mich ist das wie eine Niederlage.» Schliesslich hat er einen Ruf zu verteidigen. Also sucht er eine vielversprechende Stelle, fängt dort an zu graben und stösst tatsächlich nach kurzer Zeit auf zwei riesige Beckenknochen. «Alle sagten: Wie hast du das wieder gemacht? Hast du einen Radarblick? Aber ich hatte einfach nur Glück.» Zudem handelt es sich bei den Beckenknochen auch wieder «nur» um lose Einzelteile.

Für das leibliche Wohl der 25 Teilnehmer sorgt eine Küchenequipe, die für die ganze Mannschaft kocht. «Um sechs Uhr mussten wir jeweils fürs Abendessen anstehen wie in einer Kantine. Und dann sass man da und plauderte gemütlich miteinander, während es draussen mindestens noch zwei Stunden hell war. Auf der Howe-Ranch hätten wir diese Zeit zum Graben genutzt. Schliesslich sind diese Stunden im Sommer die angenehmsten für die anstrengende Arbeit. Alles in allem war das ein ganz anderer Stil, als ich es gewohnt war. Ich spürte: Nein, das ist nichts für mich.»

Da kommt die Einladung aus Tübingen gerade recht: Die Universität unterhält seit Jahren eine Forschungsstation in der Taklamakan-Wüste im Nordwesten von China. Dr. Oliver Wings möchte auf seiner Dinosaurier-Expedition gerne Köbi mit seiner Erfahrung im Prospektieren dabeihaben. Köbi lässt sich natürlich nicht zweimal bitten, fliegt von Wyoming nach Zürich, verbringt eine Nacht in Aathal und fliegt sofort weiter nach Peking. Er fliegt unbehelligt um die halbe Welt, obwohl sich in seinem Koffer ein Schweizer Bajonett aus alten Armeebeständen befindet. Peter Larson hat es ihm zum Abschied geschenkt mit den Worten: «Das soll dir Glück bringen beim Suchen nach Dinosauriern.» Doch als Köbi in Peking zum Inlandflug nach Ürümqi einchecken will, wird sein Koffer durchleuchtet, und auf dem Bildschirm ist deutlich das Bajonett zu sehen. Der Sicherheitsbeamte will wissen, was das sei. «Das ist mein Messer, ich brauche es zum Graben», erklärt Köbi. Und das ist nicht einmal so falsch. Denn Peter Larson hat ihm erklärt, dass sich das Bajonett besonders in sandigen Schichten ausgezeichnet zum Graben eigne, fast wie eine Sonde. Der Sicherheitsbeamte macht ein finsteres Gesicht: «Waffe nicht erlaubt». Er will Köbi eine Strafe von 200 Dollar aufbrummen. Doch der verlangt den Vorgesetzten zu sprechen. Worauf der Sicherheitsbeamte etwas vor sich hin murmelt, das Bajonett konfisziert und Köbi durchwinkt – ohne Strafe, aber auch ohne das Glücksbringermesser. Was Köbi zu diesem Zeitpunkt noch nicht wissen kann: In Ürümqi kommt es immer wieder zu ethnischen Spannungen und handfesten Auseinandersetzungen zwischen der chinesischen Zentralregierung und den Minderheiten der Uiguren, was das Misstrauen des Sicherheitsbeamten erklärt.

Den anschliessenden Flug nach Ürümqi hat Köbi bis heute nicht vergessen: «Ich dachte, ich sei in der Schweiz – wir flogen in ein grünes Tal, das von schneebedeckten Bergen umringt war, einfach fantastisch.» Die Zwei-Millionen-Stadt veranlasst Köbi, seine Vorstellungen von chinesischen Städten am Rande der Wüste zu revidieren: «Alles war supermodern – die Hochhäuser und die Highways erinnerten mich an die USA. Und erst der gigantische Windpark: 200 Windräder liefern hier einen Drittel des Stroms für die ganze Stadt!» Am nächsten Tag gehts weiter, der alten Seidenstrasse folgend Richtung Osten. Von der Supermoderne der Stadt Ürümqi ist hier nichts mehr zu sehen: Unendlich weite Sanddünen und die Felsenwüste erinnern Köbi an arabische Länder. Gegen Abend erreicht die Expedition die Stadt Shanshan, wo einst ein Königreich blühte. Vor dem Hoteleingang steht als Attraktion ein riesiger versteinerter Baumstamm. «Hoppla, dachte ich, hier sind wir am richtigen Ort!»

Von Shanshan aus brechen die Expeditionsteilnehmer jeden Tag mit zwei Geländewagen auf, um in der Wüste nach Versteinerungen von Dinosauriern zu suchen. Die Fahrer sind von der Regierung gestellt. Der Fahrer des einen Wagens, ein blutjunger, etwas verschlafen wirkender Mann, hat offensichtlich wenig Erfahrung in diesem unwegsamen Gelände. Immer wieder landet er in einer Senke und bleibt darin stecken. Köbi wird ganz kribbelig: «Ich wäre am liebsten selber ans Steuer gesessen. Ich hatte ja in Peru gelernt, wie man in der Wüste fahren muss. Aber ich dachte, der soll ruhig seine Erfahrungen sammeln.» Es kommt, wie es kommen muss: Eines Tages verfährt sich die Gruppe, der Fahrer muss wenden. Und statt dass er dies auf dem sicheren trockenen Wüstenboden tut, fährt er in ein feuchtes, grünes Feld, wo er bis zum Chassis im Matsch einsinkt und stecken bleibt. «Das hast du dir selber eingebrockt, jetzt schau zu, wie du da wieder raus kommst», tadelt Köbi den Fahrer. Dieser muss wohl oder übel zu Fuss ins nächste Dorf latschen und dort einen Lastwagen auftreiben, der das havarierte Fahrzeug aus dem Dreck zieht. Unterdessen bleibt den Wageninsassen nichts anderes übrig, als die Schönheit der Landschaft zu betrachten und auf sich wirken zu lassen. Köbi gerät ins Schwärmen: «Die rosa- und kamelhaarfarbene Wüste leuchtete im Abendlicht unglaublich schön. Die rhythmisch angeordneten Hügel sahen aus wie magisch eingefrorene Wellen eines Urmeers – einfach sensationell! Es war eines der Erlebnisse, die man nie mehr vergisst.»

Mit ungebrochenem Optimismus fahren die Expeditionsteilnehmer durch die Wüste, Tag für Tag. Sie strömen aus und durchkämmen systematisch ganze Landstriche, stundenlang. Jeden Morgen motiviert Köbi die Gruppe mit den Worten: «Today is the day!» Aber der Tag, an dem etwas gefunden wird, will einfach nicht kommen. Nach zehn Tagen vergeblichen Suchens sagt Köbi: «So, ohne einen einzigen Knochen wollen wir doch nicht nach Hause gehen!» Und wieder schwärmt das Team «Tübingen-Aathal» aus, diesmal in einem Gebiet, das aussieht wie die Sahara. Senkrecht stehende Gesteinsschichten in Rosa und Orange bilden eine Serie von konzentrischen Viertelkreisen. «Das sieht jetzt aber richtig ‹fossilig› aus, hier muss doch etwas Interessantes liegen», denkt Köbi und stapft mit einem «Super-Enthusiasmus» davon. Doch bis zum Mittag hat er erst ein paar vergammelte Schildkrötenknöchelchen gefunden. Als er zu den anderen zurückkehrt, sieht er, wie sie gestikulieren und ihm zurufen: «Wir haben etwas gefunden!»

Tatsächlich: In einem ausgetrockneten Flussbett mit drei Meter hohen Seitenwänden ist die eine Wand voller Dinosaurierfussspuren. «Es war unglaublich. Die Fussspuren befanden sich in der rosafarbenen Gesteinsschicht. Die Sandschicht, welche die Spuren zudeckte, war von blaugrüner Farbe, eine natürliche Färbung durch Mineralien. Das sah absolut magisch aus, beinahe surreal.» Oliver Wings findet einen Trick, um die blaugrüne Schicht von der rosafarbenen zu trennen: Wenn sie nass gemacht wird, quillt sie auf, blättert ab und gibt so weitere Fussspuren frei.

Also verbringt das Team die letzten Tage in China damit, mit den Jeeps Wasser in 20-Liter-Kanistern zur Fundstelle zu bringen, wo das Nass mit einer Schöpfkelle an die Wand geschmissen wird. «Splash, Splash, Splash, und die blaugrünen Schichten lösten sich. Das machte Riesenspass.» Nach vier Tagen Arbeit hat sich die Zahl der Fussspuren verdoppelt: Es sind über 100, 40 bis 50 Zentimeter grosse, dreizehige Fussspuren, was auf Raubsaurier von 6 bis 8 Metern Grösse schliessen lässt. Sie stehen dreidimensional mehrere Zentimeter aus der Gesteinsschicht heraus. Sogar Krallen und die Pölsterchen zwischen den Zehen sind zu erkennen – «einfach superschön». Irgendwann, vor Urzeiten, muss eine Gruppe von Dinosauriern – Jungtiere und Erwachsene – durch die Gegend marschiert sein, und heute, nach Millionen Jahren, stehen ihre Fussabdrücke an einer senkrechten Wand. Geologische Kräfte haben im Laufe von Jahrmillionen die ursprünglich waagrecht abgelagerten Gesteinsschichten gefaltet, wie ein Tischtuch, das zusammengeschoben wird. Eine eindrückliche Vorstellung. Mitnehmen kann Köbi allerdings nichts, das war von Anfang an so abgemacht. Die Fundstelle dieser Dinosaurierfussspuren liegt nur wenige Kilometer abseits der historischen Seidenstrasse. Diese wird von China zur Touristenstrasse ausgebaut. Pläne reiften, die Fundstelle zu einer offiziellen Touristenattraktion auszubauen. Ob aus den Plänen, die Dinosaurierfussspuren ebenfalls zu einer Attraktion zu machen, etwas geworden ist, weiss Köbi nicht.

Es ist für Köbi kein Problem, auch in den nächsten Jahren «Lückenbüsser» für die entgangenen Grabungen auf der Howe-Ranch zu finden. Mal hilft er wieder Bob Simon, ein «spitzenmässiges» Skelett auszugraben – diesmal ist es ein 20 Meter langer Camarasaurus, der zu 95 Prozent erhalten ist. Ein anderes Mal unternimmt er mit Grabungsteilnehmer Emanuel Tschopp zusammen eine Museumstour, während der die beiden in den westlichen Staaten der USA ein Museum nach dem anderen abklappern und sich über die unterschiedlichen Ausstellungen, Organisationen, Finanzierungen und Trägerschaften informieren.

«Mit meinem Velo im Laderaum des Vans sind wir von Wyoming über Idaho und Utah bis nach Denver, Colorado, gefahren, ungefähr 3000 Kilometer in einer Woche. Wir besichtigten jedes Museum, als Inspiration für das Sauriermuseum. Unterwegs haben wir so ziemlich überall geschlafen, wo es möglich war, vor allem in Motels. Aber in Grand Junction war alles ausgebucht, nur auf dem Campingplatz hatte es noch Platz. Ich schlief dann neben meinem Velo im Laderaum und Köbi auf der gepolsterten Rückbank des Vans. Das Alter hat eben manchmal doch seine Vorteile… Die Reise hat mir viele Einsichten gewährt in die Denkweise von Köbi und seine Vorgehensweise als Museumsdirektor.» (Emanuel Tschopp)

Es ist wiederum Peter Larson, der Köbi eine spezielle Erfahrung ermöglicht. Köbi hat nämlich noch nie einen Tyrannosaurus rex ausgegraben, da Köbi in den Schichten der Jurazeit gräbt, der T.rex aber erst 80 Millionen Jahre später auftaucht. Als Peter Larson, der mehr T.rex-Skelette ausgegraben hat als jeder andere Mensch auf dieser Erde, einen Grabungsauftrag erhält, lädt er seinen Freund dazu ein. Köbi ist allerdings nicht der Einzige: Rund 40 Leute sollen an der Grabung teilnehmen. «Ich bin richtig erschrocken, als ich die alle sah. Aber die Larsons haben das super organisiert.» In einem Konvoi fahren die Teilnehmer mit ihren zwölf Autos, Trucks, Vans und Bussen von Hill City in

Süddakota zum Südostzipfel von Montana. «Es kam mir vor wie früher, als die Siedler mit ihren Planwagen quer durch Amerika fuhren.» Jeder bringt selber mit, was er für sich braucht. «Ich hatte einen Kastenwagen, in den ich meine Luftmatratze und den Schlafsack verstauen konnte.» Für die Verpflegung wird gesorgt, denn in einem Campingbus ist eine Kantine untergebracht.

In der leeren Weite der Prärie angekommen, stellen sich die Autos im Kreis auf – genau so, wie schon die amerikanischen Pioniere mit ihren Planwagen eine Wagenburg bildeten. An der etwa 500 Meter entfernt liegenden Fundstelle ist ein Teil des Skeletts bereits freigelegt. Drei Wochen lang gräbt die Mannschaft weiter. Und wieder muss Köbi feststellen, dass die Arbeitsweise nicht unbedingt seinen Vorstellungen entspricht: «Die Leute waren ein bisschen am ‹Gräbelen›. Viele getrauten sich nicht richtig an die Knochen heran.» Kommt hinzu, dass trotz der Abgeschiedenheit der Fundstelle immer noch mehr Leute auftauchen, die sich für die Grabung interessieren: ein japanisches Filmteam mit sechs Leuten, Nachbarn, Rentner, pensionierte Wissenschafter. Der Rancher, dem das Land gehört, auf dem der T.rex-Fund liegt, inszeniert sich als eine Art Hollywood-Inkarnation eines Ranchers. Er tritt mit Cowboyhut und Colt auf, begleitet von seiner Frau, auch sie mit Cowboyhut und sehr freizügig und sexy gekleidet im Countrystyle. «Es war eine richtige Schau. Der zusammengewürfelte Haufen von Leuten glich einem Ameisenhaufen, es gab ein Riesengeschnorr. Ich konnte mir gar nicht vorstellen, wie in diesem Chaos etwas Produktives herausschauen sollte. Ich habe Peter bewundert, dass er immer den Überblick behielt.»

Trotz Chaos und Geschnorr gräbt Köbi mit grossem Vergnügen den Schwanz des T.rex aus. Die ersten Wirbel nach dem Becken folgen in der richtigen Reihenfolge bis etwa zur Mitte des Schwanzes. Dann reisst die Serie plötzlich ab. Köbi sucht in der Umgebung nach weiteren Schwanzwirbeln. Vielleicht liegen Teile des Schwanzes abgedriftet? Nichts. Bei der Präparation des

T.rex stellt sich später heraus, dass die fehlenden Schwanzwirbel nicht irgendwo bei der Fossilisation oder bei der Grabung verloren gegangen sind – nein, der T.rex hatte sie schon zu Lebzeiten verloren. Ihm war der hintere Teil des Schwanzes abgebissen worden. Das ist deutlich zu erkennen an der Art, wie der letzte Schwanzwirbel verheilt war. Neben und zwischen den T.rex-Knochen kommen immer wieder Panzer von fossilen Schildkröten zum Vorschein, mehr als ein Dutzend in der Grösse eines Brotlaibs. Die Schildkröten waren offenbar zusammen mit dem T.rex in eine überraschende Flut geraten und wurden zusammen begraben, auf dem Bauch, dem Rücken oder sogar auf der Seite liegend. «Hier hatte sich vor 70 Millionen Jahren ein Unglück ereignet, dessen Dramatik sich jetzt in grossen Zügen rekonstruieren liess. Das war wirklich beeindruckend.»

Was Köbi besonders fasziniert, ist eine Russschicht, die ein paar Meter über dem T.rex-Fund liegt, in einer Schicht, welche die Grenze bildet zwischen der ausgehenden Kreidezeit und dem beginnenden Tertiär. Zwischen diesen beiden Erdzeitaltern schlug ein Meteorit in der Erde ein, worauf die ganze Welt brannte. Die Russschicht legt Zeugnis davon ab. «Hier fand ein epochemachendes Ereignis statt, bei dem der T.rex Zeuge war. Dies und sein zähnestrotzender Rachen macht wohl den Nimbus von T.rex. aus. Man hat weniger als ein Dutzend gute Skelette von T.rex gefunden. Er hat einfach eine Magie, die kein anderer Dinosaurier hat.»

Wie in Wyoming kann auch in Montana das Wetter schnell rau werden. Eben noch ist es schön und warm, dann fängt es an zu winden. Nieselregen setzt ein und es wird kalt. «Ich arbeitete mit klammen Fingern weiter, doch es wurde immer nässer und kälter. Schliesslich fing es an zu schneien. Die Schneeflocken wurden vom Wind horizontal über die Ebene getrieben. Es wurde obermühsam.» Da Köbi nicht für den Winter ausgerüstet ist, flüchtet er ins nächste Dorf und bezieht Quartier in einem Motel. Solange sein Fahrzeug nicht im Schnee oder im Schlamm stecken bleibt, ist alles gut, aber die Arbeit muss ruhen. Sobald sich das Wetter bessert, werden die Arbeiten an der Grabungsstelle zu Ende gebracht. Das Original des ausgegrabenen Skeletts steht heute im Museum of Nature and Science in Houston, Texas. Es wird bekannt unter dem Namen «Y.rex» oder als der «Tyrannosaurus rex mit dem abgebissenen Schwanz».

In den zwölf Jahren, in denen Köbi Grabungen auf der Howe-Ranch durchführte, fand er nie Zeit, sich bei den anderen Fundstellen im Big Horn Basin umzusehen, die nach seinen Erfolgen entstanden sind. Das will er jetzt nachholen, mit der Idee im Hinterkopf, zu den Funden eine Publikation zu veröffentlichen. Doch so weit kommt es nicht mehr. Denn bei seinen Besichtigungen landet er auf der Tanner-Ranch. Köbi kennt den Landbesitzer Kenneth Tanner bereits, einen Farmer und Geologen. Denn Tanner hat ihn zehn Jahre früher im Howe-Quarry aufgesucht, nachdem Köbi «Big Al» verloren hat. Tanner hat ihm damals angeboten, auf seiner Ranch zu graben. Doch damals hat sich das nicht ergeben. Jetzt aber landet Köbi nichtsahnend auf der Tanner-Ranch – und kommt aus dem Staunen nicht mehr heraus: «Ich hatte immer geglaubt, die Howe-Ranch sei der beste Platz der Welt. Aber was ich jetzt sah, war einfach wahnsinnig.»

Vier grosse Dinosaurierskelette liegen freigelegt da. Drei davon sind zu 80 bis 90 Prozent komplett. «Einfach unglaublich! So etwas hatte ich noch nie gesehen.» Es trifft sich, dass am Tag von Köbis Besuch zufällig beide Herren anwesend sind, die für die Ausgrabungen im sogenannten Dana-Quarry der Tanner-Ranch verantwortlich sind: Raimund Albersdörfer aus Deutschland, Initiant der Unternehmung mit dem Namen «Dinosauria International», und sein wissenschaftlicher Berater, Henry Galiano aus New York. Im Gespräch mit ihnen erfährt er, dass sie zu wenig erfahrene Leute zum Graben finden. Köbi ist elektrisiert: «Ich wusste, das ist für uns eine einmalige Chance!» Er rast zurück nach Shell, wo er bei Clifford Manuel und dessen Frau Rowena Gastrecht geniesst, und heckt bis in alle Nacht hinein einen Vorschlag für eine Kooperation aus. Sein Gastgeber Clifford tippt den Text ab, denn Köbi setzt sich aus Prinzip nie an eine Schreibmaschine oder einen Computer. Mit dem Schriftstück kehrt er zur Tanner-Ranch zurück und präsentiert seine Ideen für eine Zusammenarbeit zwischen dem Siber-Team und «Dinosauria International», der Firma von Albersdörfer und Galiano.

Köbis Konzept sieht vor, dass das Siber-Team auf eigene Kosten im Dana-Quarry graben darf. Wenn ein Stück für Köbi interessant ist, kauft er es Albersdörfer und Galiano als Rohfund ab. Ist ein Fund nicht interessant, weil das Sauriermuseum bereits ein ähnliches Skelett besitzt, bleibt das Stück dort, und Köbi wird für die Grabung entschädigt. Allenfalls können Albersdörfer und Galiano das Skelett auch Köbi in die Schweiz mitgeben, wo es präpariert wird, eine Arbeit, für die Köbi später bezahlt wird. Der Vorteil dieses Systems: Köbi muss sich nicht mit Dinoskeletten belasten, die er schon besitzt. Nach zwei Tagen Bedenkzeit wird der Deal per Handschlag besiegelt und Köbi hat wieder eine Fundstelle.

Köbi ist begeistert. Vier lange Jahre hat er daran geglaubt, wieder auf die Howe-Ranch zurückkehren zu können. Dort liegen die Fundstellen, die ihm und seinem Museum so viel gebracht haben. Seine grossen Erfolge sind unwiderruflich mit der Howe-Ranch verknüpft. Im Sauriermuseum in Aathal ist denn auch ein ganzer Raum den Howe-Ranch-Dinosauriern gewidmet. Es sind nicht nur praktische Gründe, die Köbi gerne zur Howe-Ranch zurückkehren liessen, sondern durchaus auch sentimentale: «Wir hatten gelernt, das Land zu lieben, die Berge, die Hügel, die Wüste, die Hitze und die Kälte, die Regenbogen und die Einsamkeit, die Grossherzigkeit der Menschen. Wir schätzten diese Gegend und seine Geschichte und waren selbst Teil seiner Geschichte geworden.» Köbi kann sich nicht vorstellen, dass sich die Dinge so ganz anders entwickeln würden, als er geglaubt hat. «Ich war absolut siegesgewiss. Und mein Anwalt hat mir jedes Mal bestätigt, dass ich zur Howe-Ranch zurückkehren könne.» Kaum hat er einsehen müssen, dass eine weitere

Zusammenarbeit mit den Howe-Erben unmöglich ist, findet er auf der Tanner-Ranch einen neuen Grabungsort. Einen mit gleicher Geologie und gleichen Dinosauriern, was es Köbi erlaubt, weiter nach Antworten zu suchen, weshalb die Dinoskelette hier in dieser Häufung vorkommen. Ein Fundort aber auch, der gegenüber der Howe-Ranch sogar wichtige Vorteile aufweist: Das Terrain der Tanner-Ranch liegt 250 Meter niedriger als die Howe-Ranch, was ein wesentlich angenehmeres Klima zur Folge hat. Die Zufahrt ist auch bei Regenwetter gewährleistet. Die geologischen Schichten sind weniger stark aufgefaltet, deshalb sind die Knochen weniger stark zerdrückt. Das «Abnabeln» vom Howe-Quarry fällt Köbi unter diesen Umständen relativ leicht.

Ein absoluter Glücksfall für Köbi sind die beiden Inhaber der Grabungslizenz: Sowohl Raimund Albersdörfer als auch Henry Galiano stammen aus der «Dinoszene». Albersdörfer ist Geologe und Fossilienhändler, Galiano freischaffender Paläontologe und Präparator. Falls Köbi also im Dana-Quarry ein Duplikat findet, muss er sich nun nicht mehr um dessen Verkauf kümmern. «Mir hat das Verkaufen nie zugesagt, ich war auch nicht gut darin. Ich musste es machen, damit die Finanzen stimmen, aber gerne habe ich es nie gemacht. Wenn ich jetzt etwas finde, das verkauft werden muss, findet Albersdörfer bestimmt einen guten Platz dafür, zu einem anständigen Preis.»

Seit 2010 kehren Köbi und sein Team nun jeden Sommer nach Wyoming zurück, um im Dana-Quarry zu graben. «Ich wollte dort weiterarbeiten, damit das Know-how, das wir uns angeeignet hatten, nicht einfach brach liegt. Wir, das Siber-Team, hatten zusammen etwas wirklich Tolles aufgebaut. Wenn ich noch länger nicht hätte graben können, hätten wir das alles verloren und wieder bei null anfangen müssen.»

«Köbi ist ein Super-Organisator. Er formuliert seine Projekte und will diese dann auch durchziehen. Aber es ist schwierig, Köbi von etwas zu überzeugen, das er anders sieht. Er arbeitet recht forsch und risikofreudig. Er verfügt über einen hohen

Wissensstand und versteht es immer wieder, gute Leute um sich zu scharen.» (Ben Pabst)

Statt bei null anzufangen, fördert das Team gleich einen Langhalsdino zutage – «ein Gewaltsviech» von 25 bis 28 Metern Länge. Er wird auf den Namen «Arapo» getauft, eine Abkürzung für «Arapahoe», einen Indianerstamm aus der Gegend. Ein weiteres Fundstück, ein kleiner Raubsaurier, wird «Washakie» genannt, nach einem Häuptling des Shoshone-Stammes – «wir haben es halt ein bisschen mit den Indianernamen.» Deshalb erhält auch das neuste Fundstück von 2013, wiederum ein Langhalsdinosaurier von 28 bis 30 Metern Länge, den Namen «Shoshone».

«Arapo» und «Shoshone» liegen nahe beisammen. Beides sind Langhalsdinos und ungefähr gleich gross. Sie unterscheiden sich also kaum. Beide Skelette sind leicht verspült, das heisst, die Knochen, besonders die Hals- und Schwanzknochen, liegen vermischt. Deshalb wird es schwierig, allein aus der Fundlage der Knochen die einzelnen Skelettteile richtig zuzuordnen. Trotz intensiver Bemühungen bei der Dokumentation der Funde ist eine eindeutige Zuordnung der Knochen fast unmöglich. Das Problem, mit dem Köbi hier zu kämpfen hat, ist nicht neu. So wurden besonders in der Anfangszeit der Dinosaurierforschung zwischen 1880 und 1920 verschiedene unvollständige Funde für museale Zwecke oft zu einem möglichst vollständigen ganzen Skelett zusammenkombiniert. Knochen, die nie zusammengehört hatten, wurden zusammengefügt – nicht nur solche von verschiedenen Individuen derselben Art, sondern sogar von zwar ähnlichen, aber nicht identischen Dinosaurierarten. Der berühmte Brontosaurus (ein heute unter dem Namen «Apatosaurus» bekannter Langhalsdinosaurier) musste während 80 Jahren einen falschen Schädel tragen, nämlich einen wesentlich massiver gebauten Camarasaurus-Schädel. Der Fehler konnte erst 1990 korrigiert werden. Der berühmte Diplodocus «Dippy» vom Carnegie-Museum in Pittsburgh, Pennsylvania, stand während vieler Jahre mit falschen Vorderbeinen im Museum – auch hier waren

Camarasaurus-Vorderbeine eingebaut worden, weil die Form der Diplodocus-Vorderbeine nicht ausreichend bekannt war. Für Köbi ist klar: «Diese Fehler dürfen uns nicht passieren. Wir müssen uns vergewissern, dass wir keine Chimären zusammenkombinieren. Als Nichtakademikerteam sind wir der Kritik noch stärker ausgesetzt als die Teams der grossen Museen der Welt.» Nun kommt Köbi zugute, dass er sein Knochenmaterial schon mehrfach für die wissenschaftliche Forschung zur Verfügung gestellt hat, besonders der in der Sauropodenforschung sehr aktiven Gruppe um Dr. Martin Sander von der Universität Bonn.

Diese Gruppe hat zahlreiche Knochen von der Howe-Ranch angebohrt, angeschliffen, geröntgt und gescannt. Aufgrund ihrer Erkenntnisse gelangten die Wissenschaftler zum Schluss, dass durch die Analyse der Knochenstruktur das individuelle Alter eines Tiers festgestellt werden könnte – ähnlich, wie man anhand der Baumringe das Alter eines Baums bestimmen kann. Mit dieser erst seit kurzer Zeit bekannten wissenschaftlichen Methode und weiteren Expertenmeinungen möchte Köbi nun seine Funde auseinanderhalten können. «Das wird bestimmt ganz spannend.»

Insgesamt hat der Dana-Steinbruch bereits 17 gut erhaltene Skelette freigegeben – zwei davon wurden vom Siber-Team ausgegraben – und ein Ende ist nicht abzusehen. «Ich freue mich darauf, an diese grossartige Fundstelle zurückzukehren. Wie viele weitere Dinosaurierskelette dort noch ihrer Entdeckung harren, ist nicht voraussehbar. Sofern wir die nötigen finanziellen und technischen Mittel einsetzen können, werden wir im Dana-Quarry oder seiner Umgebung wohl noch lange Zeit erfolgreich graben können.» Für den umtriebigen 72-Jährigen eine beruhigende Vorstellung.

Als Autodidakt unter Wissenschaftlern

Manchmal wird Köbi gefragt: «Was sind Sie eigentlich? Forscher, Abenteurer, Wissenschaftler, Geschäftsmann, Sammler, Ausstellungsmacher oder Museumsdirektor?» Köbi hat echt Schwierigkeiten, solche Fragen zu beantworten. «Ich kann und will mich nicht auf eine Berufsbezeichnung festlegen oder festlegen lassen. Irgendwie bin ich eine Kombination aus all diesen Berufsgattungen. Keine davon möchte ich missen.»

Wer in so vielen Berufsgattungen tätig ist, gerät schnell in Verdacht, dass er zwar viel, aber viel nicht recht macht. Deshalb überlegt Köbi manchmal, ob es vielleicht nicht besser gewesen wäre, eine Berufslehre zu absolvieren und abzuschliessen oder einen akademischen Titel zu erwerben. Ausser der A-Maturität und einem Studienjahr in den USA hat er ja nichts vorzuweisen. Doch jetzt ist es zu spät, einen Abschluss nachzuholen. In vieler Hinsicht hat Köbi den Mangel an Berufsausbildung wettgemacht durch seine Beharrlichkeit im Erreichen seiner Ziele, durch seine Ideen und seinen Einfallsreichtum und durch seinen geschickten Umgang mit Personen, die er für seine Projekte begeistern kann. Damit hat er beachtliche Erfolge erreicht.

Trotz aller Erfolge, die Köbi Siber mit seinen Grabungen und dem Sauriermuseum verbuchen kann, nagt eines immer wieder an ihm: Die unterschwellige Geringschätzung, die er vor allem vonseiten der akademisch geschulten amerikanischen Paläontologen seiner Arbeit gegenüber verspürt. «Ich könnte einen Abend lang Geschichten erzählen, die zeigen, wie vergiftet das Klima in den USA ist.»

Es ist nicht so, dass Köbi von vornherein ein akademisches Studium abgelehnt hätte. Als 20-Jähriger begann er, an der Universität Zürich Phil. I zu studieren. «Aber ich bin ein bisschen frustriert weggegangen, weil mir der Betrieb zu akademisch war. Ich wollte etwas Praktisches machen im Leben.» Ein zweiter Anlauf zu einem Studium in den USA scheiterte, da sein Vater sich 1979 aus der gemeinsamen Firma Siber+Siber zurückzog und Köbi die Geschäftsleitung übergab. Köbi eignete sich deshalb seine Kenntnisse in Paläontologie zum grössten Teil nicht in Hörsälen an, sondern in der Praxis. Auf seinen unzähligen Ausflügen in die unwirtlichen Gegenden von Süddakota, Utah und Wyoming schärfte er seinen Blick für fossilienträchtige Gesteinsschichten. Er beschaffte sich Informationen, arbeitete sich in die einschlägige Literatur ein, organisierte Ausstellungen zu Spezialthemen und fragte Experten um Rat. Auf diese Weise eignete sich Köbi in der Paläontologie ein breites und tiefes Fachwissen an.

«Köbi hat als Autodidakt breite Kenntnisse in der Paläontologie erworben. Er hat sich immer mehr auf die Dinosaurierforschung spezialisiert. In unserem Institut lag und liegt das Schwergewicht nicht auf Dinosauriern, sondern auf anderen Reptilgruppen, Säugetieren und Ammonoiden und deren evolutionärer Entwicklung. An der Universität erhält man eine Grundausbildung in Paläontologie, aber ohne eigenes Studium der Literatur kommt man kaum weiter. Gleichzeitig sollte man Beziehungen zu erfahrenen Fachleuten der Paläontologie knüpfen können. Gerade Letzteres beherrscht Köbi, vor allem bei seinen Arbeiten in den USA. Man merkt, dass er aus dem Vollen schöpfen kann.» (Heinz Furrer)

Und trotzdem: «Immer, wenn ich an wichtige Orte kam, um ein Ausgrabungsprojekt zu präsentieren und eine Grabungslizenz zu beantragen, musste ich dies ohne akademischen Titel tun. Natürlich fragten sich die zuständigen Leute: Welche Qualifikationen hat der denn?» So muss Köbi in Bolivien und im Niger unverrichteter Dinge wieder abziehen. In Peru verliert er nach sieben Jahren als «kommerzieller» Gräber die Lizenz an die Franzosen. Im American Museum of Natural History in New

York wird sein Angebot zur Zusammenarbeit schnöde abgelehnt. Sein bis dahin grösster Fund, «Big Al», wird ihm weggenommen, nicht zuletzt auch deshalb, weil die Grabung nicht im Auftrag eines renommierten Museums stattfand. Stiche, die ihre Narben hinterlassen.

Die fehlende akademische Schulung erklärt bis zu einem gewissen Grad, warum vor allem die ältere Generation von Dinosaurierpaläontologen in Amerika den Finder des Allosauriers «Big Al» totschweigt. Der Fund wird heute im Museum of the Rockies in Bozeman, Montana, aufbewahrt, ohne Erwähnung des Finders. Bei Greybull an der Hauptstrasse nach Cody steht bei einer Raststelle eine Gedenktafel an den «Big Al»-Fund – ohne Namen des Finders. Im Buffalo-Bill-Dam-Information-Center sind Bilder vom «Big Al»-Fund ausgestellt, ohne die Finder zu nennen. In wissenschaftlichen Publikationen über «Big Al» heisst es höchstens «Was exported to Switzerland». Weitere Nadelstiche, denn normalerweise ist es gute amerikanische Gepflogenheit, selbst einem Kind Anerkennung dafür zu zollen, dass es einen wissenschaftlich interessanten Fund gemacht hat. «Den Amerikanern war und ist es teilweise immer noch peinlich, dass ein Schweizer den besten Allosaurus-Fund von Amerika gemacht hat, auch wenn ich mir jede erdenkliche Mühe gegeben habe, gute Beziehungen auch zu den amerikanischen Offiziellen aufzubauen.»

An der Wurzel des Übels sieht Köbi die Missgunst und den Neid der akademisch geschulten Paläontologen gegenüber freiberuflichen Gräbern. Paläontologie als Studienrichtung gilt als sogenanntes «Orchideenfach» – interessant und spannend, aber ohne grossen praktischen Nutzen. Jobs sind äusserst rar, ausser für Mikropaläontologen, welche die Geologen bei der Suche nach Erdöl unterstützen. Falls ein Paläontologe tatsächlich eine Arbeitsstelle findet, sieht sein Job meist anders aus, als er sich das vermutlich erträumt hat: Statt im Feld schöne Fossilien zu entdecken oder nach Dinosauriern zu graben, sitzt er in einem Museum oder Institut, schreibt Abhandlungen für wissenschaftliche Publikationen, unterrichtet Studenten, organisiert Ausstellungen und müht sich mit administrativen Arbeiten ab. Es fehlt ihm oft die Zeit, im Feld zu arbeiten. Es fehlt ihm an Gelegenheiten, seine Spürnase für mögliche Fundstellen zu trainieren. Vor allem aber fehlt ihm das Geld dazu. Denn wie soll er eine Ausgrabung finanzieren, wenn niemand weiss, ob es überhaupt etwas zu finden gibt? Wenn er ein Gesuch zur Finanzierung einer Grabung einreicht, müsste er ehrlicherweise formulieren: «Ich glaube, ich könnte dort eventuell einen Dino finden, aber ich bin mir nicht sicher, ob tatsächlich etwas da liegt.» – Ein solcher Antrag tönt scheusslich und hat bei keiner Uni und keinem Museum eine Chance. Mit dem Resultat, dass Paläontologen viel zu wenig Gelegenheit bekommen, im Feld zu arbeiten. «Natürlich sind sie frustriert darüber. Und dann kommen wir, Aussenstehende, Private, Nichtakademiker, und schnappen ihnen mit unserer Spürnase die schönsten Funde weg. Und verkaufen die Fossilien erst noch, was sie nicht dürfen. Kein Wunder, sind wir für sie Grabräuber, Schänder, Erzfeinde, Schmutzkonkurrenz, die ihnen die Arbeit kaputt machen. Kurz: Wir sind einfach alles Böse.»

Es ist ein heikles Thema, eines, das Köbi offensichtlich stark beschäftigt und bei dem er sich ganz schön in Rage reden kann. Er spricht sogar von «Krieg» zwischen zwei Gruppen, die sich bis aufs Blut bekämpfen. Im Visier hat er dabei vor allem die amerikanischen Paläontologen, die ihm schon allzu oft Steine in den Weg gelegt haben und ihn bei jeder sich bietenden Gelegenheit schneiden. In Europa hingegen ist eine Kooperation zwischen Wissenschaftlern und den Freischaffenden eher möglich. «Ich bilde mir sogar ein bisschen etwas darauf ein, dass ich es fertiggebracht habe, mit den Paläontologen der Uni Zürich, des Naturhistorischen Museums Neuchâtel sowie zahlreicher Universitäten und Museen in Deutschland eine Vertrauensbasis aufzubauen, sodass eine gute Zusammenarbeit möglich ist. Zusammen können wir Grossartiges erreichen, das ist doch für beide Seiten von Vorteil.»

«Unser Paläontologisches Institut organisiert regelmässig öffentliche Vorträge an der Universität Zürich. Köbi Siber kam schon früh als Hörer an diese Veranstaltungen. Ich habe ihn als offen, interessiert und zugänglich erlebt. Mit der Zeit hat sich ein Stamm von Interessierten herausgebildet, die nach einem Vortrag gemeinsam zu Nacht essen. Köbi gehört zu diesem Kreis, der sowohl Akademiker als auch Laien umfasst. Wir kennen an unserem Institut und bei unseren Forschungen kaum Akademikerdünkel, sodass ein reger Austausch möglich ist. Gerade mein früherer Chef, Professor Hans Rieber, war gegenüber Köbi sehr offen und interessiert, vor allem, als Köbi mit eigenen Grabungen begann. 1991 konnten wir unser umgebautes Museum feierlich eröffnen. Köbi hatte als Leihgabe fossile Wirbeltiere aus den White-River-Badlands beigesteuert. Drei Jahre später hat die Universität Zürich die ursprüngliche Leihgabe käuflich erworben. Der Kauf der Sammlung ist auch eine Wertschätzung gegenüber der jahrelangen Sammlertätigkeit von Köbi. Der Schauwert der tollen Stücke ist gross. Sie können heute noch in zwei grossen Vitrinen bewundert werden. Köbi war und ist so mit dem Museum verbunden und bei Anlässen immer wieder als gern gesehener Gast dabei.» (Heinz Furrer)

Für den Unternehmer Siber ist es eine Überlebensfrage, dass er hin und wieder die Früchte, beziehungsweise Knochen, seiner Grabungen verkaufen kann. Er braucht für sein Museum nicht sieben Diplodocusskelette, da kann er doch bequem eines verkaufen und ein zweites tauschen und damit die Sammlung des Museums ausbauen. Doch mit dem Verkauf von Fossilien und Dinosaurierskeletten verstösst er gegen die Richtlinien der «American Society of Vertebrate Paleontology». Diese verlangen, dass die Objekte, die wissenschaftlich beschrieben werden, der Wissenschaft für immer zugänglich sein müssen, damit die Forschungsergebnisse überprüft oder Vergleiche angestellt werden können. Bei Objekten in Privatbesitz ist dies nach Meinung der Gesellschaft nicht gewährleistet. Das Sauriermuseum in Aathal wird aber als Privatsammlung eingestuft. Der wissenschaftliche

Bannstrahl trifft zudem auch Personen und Firmen, die mit Fossilien handeln. Dies bedeutet, dass es Köbi verwehrt ist, in die Gesellschaft aufgenommen zu werden. «Wichtig ist doch, dass den Fundstücken Sorge getragen wird. Ich habe öffentliche Sammlungen gesehen, die ihre Ausstellung vernachlässigen. Es ist also überhaupt nicht garantiert, dass ein Fund in öffentlichem Besitz besser behandelt wird.»

Die Ausstellung in Aathal ist reich an einmaligen Funden. Viele davon sind wissenschaftlich noch nicht oder noch wenig erforscht. Es ist Köbi deshalb ein Anliegen, Forscher für seine Funde zu interessieren und ihnen die Möglichkeit einzuräumen, seine Objekte wissenschaftlich zu untersuchen.

«Köbi ermuntert die Wissenschaftler immer wieder, ins Sauriermuseum zu kommen. Er hat auch offiziell erklärt, dass die Referenzstücke, die sogenannten ‹Holotypen›, immer im Museum zur Verfügung stehen werden und nie verkauft werden können. Damit hat er eine grosse Verantwortung gegenüber der Wissenschaft übernommen.» (Emanuel Tschopp)

Unter «Holotyp» versteht man ein Referenzstück einer neuen Art. Wenn ein Forscher eine bisher unbekannte Art entdeckt, muss er einen Holotypen auswählen, der diese neue Art am besten repräsentiert. Dieser Holotyp gilt dann als Referenz für diese Art. Mit der offiziellen Deklaration des Sauriermuseums, dass solche Referenzstücke unverkäuflich sind und für immer allen Wissenschaftlern zur Verfügung stehen werden, hat Köbi einen grossen Schritt getan, die Wissenschaft in sein privates Museum einzubinden.

Die Deklaration des Sauriermuseums ermöglicht es dem jungen Paläontologen Emanuel Tschopp, in den Beständen des Museums Knochen für seine Doktorarbeit zu untersuchen. Während der detaillierten Studien erkennt Tschopp, dass sich unter den Dinosaurierknochen solche einer bisher unbekannten Art befinden! Da Tschopp und sein portugiesischer Doktorvater als Erste die neue Art beschreiben, dürfen sie ihr auch einen

Namen geben. Für Tschopp ist klar: Der «neue» Dinosaurier soll «Kaatedocus siberi» heissen. «Kaate» bedeutet in der Indianersprache «Der Kleine», «Kaatedocus siberi» bedeutet somit «der kleine Diplodocus von Siber». Mit diesem Namen soll Köbis unermüdlicher Einsatz im Dienste der Dinosaurierforschung anerkannt werden. In einem Artikel in der wissenschaftlichen Fachzeitschrift «Journal of Systematic Paleontology» wird die Studie über die neue Art publiziert. Köbi freut sich riesig über diese Ehrung, die seinen Namen nun auch in Kreisen der Wissenschaftler «salonfähig» macht. Doch er gibt sich keinen grossen Hoffnungen hin: «Die Amerikaner werden vermutlich schon Mittel und Wege finden, die neue Dinosaurierart wenn immer möglich zu ignorieren.» Dies umso mehr, als ein Stück der gleichen Art im American Museum of Natural History in New York aufbewahrt wird. Die Paläontologen des Museums hatten sich aber seit den 30er-Jahren nie die Zeit genommen, das Stück genauer zu untersuchen und hatten deshalb all die Jahrzehnte nicht erkannt, dass direkt vor ihrer Nase eine bisher unbekannte Art herumstand... «Ich bin jedenfalls gespannt, wie sie nun darauf reagieren werden.»

Eine noch grössere Ehrung bahnt sich im Darwinjahr 2009 an. Alle Zürcher Institutionen im naturhistorischen Bereich werden eingeladen, eine gemeinsame Aktion zu planen – dazu gehören der Zoo Zürich, der Botanische Garten, das Biologische und das Molekularbiologische Institut der Universität Zürich und das Landesmuseum. Irgendjemand kommt auf die Idee, auch das Sauriermuseum zum Brainstorming über einen gemeinsamen Darwin-Event einzuladen. «Ich war der einzige Nichtakademiker unter den rund 20 Leuten. Ich hielt mich während der Diskussion im Hintergrund, weil ich dachte, ich bin ja erst in letzter Minute auf den Karren gesprungen.» Doch nachdem Köbi der Diskussion eine ganze Weile still gefolgt ist, bringt er seine Idee vor, gemeinsam eine grosse Ausstellung in der Halle des Zürcher Hauptbahnhofs zu organisieren. Er, Köbi Siber, würde drei Dinosaurierskelette zur Verfügung stellen. «Die einen haben wahrscheinlich gedacht: Der spinnt. Aber andere wollten prüfen, ob die Bahnhofshalle überhaupt frei und bezahlbar wäre.» Wenige Wochen später ruft ein Biologieprofessor an und informiert Köbi, dass es mit der Ausstellung klappe, denn die Universität Zürich besitze das Recht, die Bahnhofshalle während dreier Tage im Jahr gratis zu nutzen: «Jetzt können Sie Ihre Dinos bringen!»

Das Konzept sieht vor, in einer mit «Der Baum des Lebens» betitelten Ausstellung die Vielfalt und Einheit darzustellen, mit der sich das Leben auf unserer Erde entwickelte – vom Einzeller bis zu den heutigen Lebewesen. «Wir geben alle genetischen Informationen von Generation zu Generation weiter, ob daraus nun eine Ameise wird oder ein Elefant. Das ist absolut faszinierend.» Köbi und sein Team stellen in kurzer Zeit die Dinosaurier auf: einen 6 Meter langen Stegoaurus, einen 8 Meter grossen Allosaurus sowie einen 17 Meter grossen Diplodocus. Die mächtigen Saurier kommen aus dem Pflanzendickicht auf die Besucher zu – einprägsam und wuchtig: die Attraktion der Ausstellung.

Köbi freut sich über die gelungene Präsentation seiner Dinos und findet die Ausstellung «einfach toll». Jetzt habe er sich ein Bier verdient, denkt er sich, und sucht sich einen Platz in der nahen Brasserie. Plötzlich kommt ein ihm unbekannter Herr auf ihn zu und stellt sich als Walter Schaffner, Professor am Molekularbiologischen Institut der Universität Zürich, vor. Er kenne das Sauriermuseum und finde es bemerkenswert, was Köbi bisher geleistet habe. Deshalb würde er ihn gerne zum Ehrendoktor der Universität Zürich vorschlagen. «Ich dachte: Das ist jetzt aber ein Witz? Ich muss ziemlich zweifelnd ausgeschaut haben.» Doch der Professor bestätigt, dass er es durchaus ernst meine. Aber er brauche Köbis Einverständnis, um ihn dem Komitee vorschlagen zu können, die Entscheidung liege dann allein beim Komitee.

Köbi kann es kaum fassen. «Ich dachte: Das gibts ja nicht! Jetzt habe ich schon meinen Glücksmoment erlebt, als ich meine drei Dinos in der Bahnhofshalle aufstellen durfte – und jetzt soll ich noch einen Ehrendoktortitel bekommen! Das ist einfach unglaublich toll. Es ist doch am schwierigsten, in der eigenen Stadt zu Ehren zu kommen. Wie heisst es so schön: Der Prophet gilt nichts im eigenen Land.» Nach all den Jahren wird Köbi zum Ehrendoktor vorgeschlagen. Jetzt, wo er es eigentlich gar nicht mehr nötig hat, da er sich bereits einen Namen gemacht hat als Dinosaurierforscher. «Aber nur schon die Aussicht auf einen akademischen Titel hat mich wahnsinnig gefreut.»

Köbi hat Professor Schaffner Stillschweigen versprochen. Aber es fällt ihm schwer, seine Freude nicht mit seiner Familie zu teilen. Nur seinem Bruder Edy vertraut er sich an, bei ihm weiss er das Geheimnis gut bewahrt. Die Spannung hält an bis zum Dies academicus, dem Ehrentag der Verleihung. Vor den versammelten akademischen Würdenträgern hält der Rektor der Universität Zürich die Laudatio und überreicht Köbi die Ehrenurkunde. Köbi ist überwältigt von der eindrücklichen Zeremonie und den herzlichen Gratulationen von allen Seiten. Nun darf er sich «Dr. h.c.» nennen, er, der Nichtakademiker und Autodidakt. Auch wenn er heute ohne grosse Emotionen davon erzählt, spürt man: Das war die Krönung seiner bisherigen Arbeit als Forscher, Grabender und Paläontologe im Selbststudium.

Beim anschliessenden Essen will der frischgebackene Ehrendoktor es genau wissen: Wie kommt ein Molekularbiologe auf die Idee, einen Laienpaläontologen zum Ehrendoktor vorzuschlagen? Da outet sich Professor Schaffner als verkappter Dinosaurierfan, der selber gerne Paläontologe geworden wäre. Doch man riet ihm davon ab, da dies ein brotloser Beruf sei. Von einem Besuch im neu eröffneten Sauriermuseum sah er ab, obwohl sein Interesse an den Dinos während all der Jahre lebendig geblieben war. Ganz offen gesteht Professor Schaffner, dass er im Sauriermuseum eine Spielerei für Kinder mit einem Anstrich von Disneyland vermutete. Erst auf die Schwärmerei eines Assistenten hin besuchte Schaffner doch noch das Museum in Aathal und war absolut begeistert von der Ausstellung. Ganz besonders beeindruckte ihn, dass ein Mann dies mit privater Initiative zuwege gebracht hat und beschloss, ihn zum Ehrendoktor vorzuschlagen. Köbi ist froh darüber, dass Schaffners Besuch sich so lange verzögert hat: «Es war mein Glück, dass Schaffner erst später kam, als wir bereits einen besseren Ausstellungsstil hatten und keine Brockenhausvitrinen mehr. Das Niveau unserer Ausstellungen war nach fast 20 Jahren Auf- und Ausbau deutlich höher als zu Beginn.»

Der akademische Ehrentitel hat für Köbi den Vorteil, dass damit auch das Prestige seines Museums steigt. Die Anerkennung durch die Universität Zürich vereinfacht den Zugang zu den Medien. «Für die Medien war es immer ein bisschen ein Hemmschuh, dass wir eine AG sind und nicht eine Non-Profit-Organisation. Der Ehrendoktortitel ist nun wie ein Gütesiegel der Universität Zürich. Nun kann niemand mehr behaupten, wir würden alles nur des Geldes wegen zur Schau machen.»

Ein Glück kommt selten allein, könnte man eine alte Weisheit umkehren. Denn ein halbes Jahr später doppelt die Schweizerische Paläontologische Gesellschaft nach und verleiht Köbi die Amanz Gressly-Auszeichnung. Diese wird unregelmässig vergeben an Personen mit besonderen Verdiensten für die Schweizer Paläontologie. Köbi ist gerührt, ausgerechnet von der eigenen Zunft anerkannt und geschätzt zu werden für seine Beiträge zur Paläontologie. «Ich bin oft angeeckt und manchmal den Berufskollegen auch in deren Gärtchen hineingetrampelt. Und trotzdem kamen von ihnen die herzlichsten Gratulationen – das hat mich riesig gefreut.»

Neue Lieben, neues Glück

Nicht nur im beruflichen Leben erfährt Köbi zahlreiche «Ups and Downs», auch sein Privatleben durchläuft turbulente Zeiten. In diesem Zusammenhang erinnert sich Köbi an ein seltsames Ereignis. Er ist damals 26 Jahre alt und noch unverheiratet. Eine feste Beziehung scheint in weiter Ferne. Er ist mit einem Mitarbeiter der Firma Siber+Siber in der nordindischen Edelsteinstadt Jaipur, der Stadt mit grossen rosa Stadtmauern, zu einem Edelsteinlieferanten unterwegs, als ihn – unaufgefordert – ein aufdringlicher junger Mann begleitet. Der Mann will unbedingt Köbi aus der Hand lesen, obwohl der signalisiert, dass er jetzt keine Zeit hätte. Doch der Mann lässt nicht locker, bis Köbi schliesslich seinem Drängen nachgibt. Er streckt dem jungen Mann seine Hand hin. Was er zu hören bekommt, vergisst er – trotz aller Skepsis für die Handlesekunst – nie wieder: «Du wirst sieben Kinder haben, sechs Mädchen und einen Buben.» Da kann Köbi nur lachen. «Vielleicht sind sieben Kinder für einen indischen Vater nichts Aussergewöhnliches, aber in der Schweiz haben wir höchstens zwei bis drei Kinder.»

Als Köbi allerdings etwas später in der Schweiz die aus Basel stammende Gaby trifft und die beiden sich blendend verstehen, ändert sich seine Perspektive. Nun kann er sich durchaus vorstellen, in und mit einer Familie zu leben. Schliesslich stammt er aus einer Familie mit vier Kindern. «Da ist immer etwas los. Das gefällt mir, da fühle ich mich wohl.»

Mit 30 Jahren wird Köbi zum ersten Mal Vater. Zuerst kommt Tochter Yolanda zur Welt, etwas mehr als ein Jahr später Maya. Geheiratet wird trotzdem nicht. Köbi und Gaby erachten die Heiratsurkunde trotz elterlicher Bedenken als eine unnötige Formalität. Köbi und Gaby unternehmen auch mit der gewachsenen Familie immer wieder Reisen in Europa und nach Nord- und Südafrika. Auch in den USA sind sie längere Zeit unterwegs.

Das geht prima, solange die Kinder noch nicht schulpflichtig sind. Sie werden an zahlreiche Rockkonzerte, Filmfestivals und Mineralienmessen mitgeschleppt und nehmen am etwas zigeunerhaften Leben der Eltern rege teil. Es ist die Zeit der Hippies, die Zeit von Sex, Drugs and Rock 'n' Roll. Nach sieben Jahren geht die Beziehung zwischen Köbi und Gaby in die Brüche. «Vielleicht stand es nicht in den Sternen geschrieben. Vielleicht war es auch ein Seitensprung zu viel.» Die beiden trennen sich und suchen sich neue Lebenspartner. Die Kinder werden erst aufgeteilt. Yolanda wächst mehrheitlich bei Vater Köbi und dessen neuer Frau Karen auf, Maya mehrheitlich bei Mutter Gaby und deren Lebenspartner Jacques. Die beiden Familien sehen sich anfangs nur gelegentlich, nach einem Jahr jedoch immer öfter. Das Verhältnis entspannt sich, und so kommt es, dass schon bald beide Familien miteinander Wochenenden im Tessin oder Ferien in Italien verbringen.

1981 heiratet Köbi die Amerikanerin Karen. Dieser Ehe entspringen wiederum zwei Töchter, Cécile und Alicia, die in Peru zur Welt kommt. Alicia ist die Einzige der Familie, die über drei Pässe verfügt: den roten Schweizer-Pass vom Vater, den blauen USA-Pass von der Mutter, und den grünen peruanischen Pass vom Geburtsort in Lima, Peru. Auch mit Karen und der erweiterten Familie reist Köbi viel. Er ist ohnehin mindestens zweimal im Jahr beruflich in den USA unterwegs, hauptsächlich in Arizona, Colorado, Utah, Wyoming und Süddakota. Mit der Familie reist er im Sommer mit Vorliebe nach Griechenland, und zwar ohne fixe Hotelbuchungen, einfach so aufs Geratewohl. So finden die Sibers oft die besten und charmantesten Unterkünfte.

«Obwohl unsere Familie aus sechs Personen bestand, hielt Köbi es nie für notwendig, mitten in der Hochsaison ein Hotelzimmer im Voraus zu buchen. Außer das eine Mal, als griechische Freunde auf Kreta zwei Zimmer für uns reservierten. Wir schafften es aber nicht, an einem Tag vom Flughafen zum Hotel zu fahren und verbrachten deshalb die Nacht in einem kleinen

Hafenstädtchen. Weil es uns dort so gut gefiel, blieben wir gleich noch eine weitere Nacht. Am nächsten Tag quetschten wir uns alle in ein Taxi und fuhren auf die andere Seite der Insel, wo die Hotelzimmer für uns gebucht waren. Dort wurde uns aber mitgeteilt, dass unsere Zimmer bereits am Vortag vergeben worden waren und das Hotel ausgebucht war. Weit und breit war kein freies Zimmer mehr zu finden. Eine Hotelbesitzerin hatte Erbarmen mit uns und lud uns ein, in ihrer Privatwohnung auf dem Balkon zu übernachten. Also haben wir es uns auf Luftmatratzen und Strandtüchern bequem gemacht und die schwüle Nacht unter freiem Himmel verbracht. Diese aussergewöhnlich schöne Sternenhimmelnacht werde ich mein Leben lang nicht vergessen! Köbi war danach nur noch mehr überzeugt davon, dass es eben nicht nötig ist, im Voraus irgendwelche Buchungen zu tätigen. Somit freuten wir uns jeden Sommer auf abenteuerliche Reisen!» (Maya Siber)

17 Jahre nach seiner Hochzeit mit Karen ist die Ehe am Ende. «Wir hatten ein schönes Familienleben. Aber es ist wie mit allem: Nichts dauert ewig.» Sagt einer, der in Jahrmillionen denkt und forscht. Die Scheidung kostet ihn eine Stange Geld. Der grösste Teil seines Vermögens steckt in der Firma, über Ersparnisse verfügt er fast nicht. Deshalb muss Köbi beinahe seine ganze Barschaft für die Scheidung lockermachen. Ein Umstand, der ihn ärgert und der ihn einen Entschluss fassen lässt: «Ich heirate nie mehr. Das ist ein blödes System.» So ganz ohne Frau an seiner Seite möchte er aber doch nicht durchs Leben gehen. «Es gibt ja noch viele schöne Frauen auf dieser Welt.» Und Köbi beginnt, sich wieder nach einer Frau umzusehen.

Als Erste läuft ihm eine junge Amerikanerin mexikanischer Abstammung über den Weg, beziehungsweise sitzt auf einem Flug neben ihm. «Wir unterhielten uns bestens. Wenn ich 20 Jahre jünger gewesen wäre, hätte ich mich wohl sofort in sie verliebt.» Bei dem grossen Altersunterschied aber rechnet er sich keine Chancen aus. Hingegen öffnet ihm die Begegnung die Augen für einen Typ Frau, den er anziehend findet: «Mir hat die

Mischung gefallen. Ich wusste nun: Ich muss eine Latina-Frau finden, einfach in meinem Alter.»

Wie es für Köbi typisch ist, fackelt er nicht lange, sondern macht sich auf, seinen Plan in die Tat umzusetzen. Der Weg führt ihn ins «El Cubanito», ein Salsa-Lokal in Zürich. Die Musik zieht ihn sofort in Bann. Köbi lässt sich mitreissen vom Rhythmus und der tollen Stimmung und mischt sich unter die Tanzenden. Aus den Augenwinkeln beobachtet er vier Frauen, die an der Bar stehen. Er nimmt allen Mut zusammen und fordert eine von ihnen zum Tanzen auf. «Ich habe nie gelernt, richtig Salsa zu tanzen. Ich kann mich einfach ein bisschen im Rhythmus bewegen, das reicht, um mitzumachen.» Während einer Pause erfährt Köbi, dass seine Tanzpartnerin Gloria heisst und aus Peru stammt. Da er selber während seiner «Waljahre» in Peru gelebt hat, finden die beiden viel Gesprächsstoff bis in den frühen Morgen hinein. Als er gegen sechs Uhr nach Hause kommt, stehen Feuerwehrautos und Löschgeräte auf dem Gelände des Sauriermuseums. «So früh am Morgen schon eine Feuerwehrübung?», staunt Köbi. Von wegen Feuerwehrübung: Im Sauriermuseum ist nachts um zwei Uhr Feuer ausgebrochen. Köbis Freund und Nachbar René Kindlimann hat zum Glück die Flammen rasch entdeckt und die Feuerwehr alarmiert. Sonst wäre das ganze Gebäude abgebrannt. Heute kann Köbi darüber schmunzeln: «Das war eine ganz heisse Nacht...!»

Köbi bleibt mit Gloria in Kontakt. Ihm imponiert, wie die alleinerziehende Mutter zwei Jobs innehat – wochentags in einer Uhrenfabrik und am Wochenende in einem Hotel –, um sich und ihre drei Kinder Vanessa, Fiorella und Stéphane durchzubringen. Langsam und sachte entwickelt sich die Beziehung zwischen Köbi und Gloria. Da Gloria in Genf wohnt, erwacht in Köbi der Wunsch, sie und ihre Kinder näher zu Aathal zu holen. Zuerst wohnt Gloria mit ihrer Familie ein paar Häuser weiter an der Zürichstrasse. Nach fünf Jahren beschliessen sie, in eine gemeinsame Wohnung zu ziehen. Köbi, gerade 65 Jahre alt geworden, lässt sich das Pensionskassengeld auszahlen und leistet sich damit eine Eigentumswohnung in Uster. Hier soll seine neue Familie ein Zuhause finden. Glorias Kinder, Fiorella und Stéphane, sind zu diesem Zeitpunkt noch in der Volksschule. Glorias älteste Tochter Vanessa ist seit längerer Zeit bereits selbstständig. Sie ist verheiratet und hat eine eigene Tochter – Naomi. Aber Fiorella und Stéphane sind gewissermassen Köbis Stiefkinder, seine Kinder Nummer fünf und sechs, für die er sorgt und um die er sich kümmert.

Doch Gloria wird nicht glücklich: Sie findet in der Deutschschweiz keinen Job und ihre Versuche, sich mit einem Spezialitätenrestaurant und einer Kleiderboutique für Latinos selbstständig zu machen, scheitern. Zudem erweist sich ihr südamerikanisches Temperament als nicht kompatibel mit den uhrengenauen schweizerischen Tagesabläufen und den strikten Regeln des Stockwerkeigentums. «Die Nachbarn waren furchtbar pingelig. Man durfte nichts im Gang stehen lassen, nicht Fussball spielen, keine Musik hören, ja, selbst, wenn beim Kochen Gerüche aus der Wohnung drangen, gabs Reklamationen.» Gloria eckt immer häufiger an, die Kinder haben Probleme in der Schule. Da wächst in Köbi der Wunsch, sich einen zweiten Wohnsitz aufzubauen, irgendwo im Süden, wo es warm ist und die Menschen spanisch sprechen.

Auf Reisen durch südamerikanische Länder suchen Köbi und Gloria nach dem geeigneten Land für ihren Zweitwohnsitz. Schnell wird klar: Kuba kann es nicht sein. Denn Gloria wird in Kuba von ihrem Aussehen her als Kubanerin betrachtet. Da der Staat Kontakte zwischen Touristen und Kubanern unterbinden will, wird Gloria beim Hoteleingang angehalten und muss einem Wachmann ihre Papiere vorlegen; im Café wird sie nicht bedient; Einladungen zu Einheimischen können nur nachts und bei abgedunkelten Vorhängen stattfinden, weil die Gastgeber Probleme bekommen könnten, wenn sie Kapitalisten zu Gast haben. In so einem Land kann und will Köbi nicht leben.

In Santo Domingo hingegen findet er, was er sucht: freundliche und aufgeschlossene Menschen, gute Schulen für Glorias

Kinder und vor allem: mitreisssende Musik im Merengue- und Bachata-Stil – «Musik ist dort das wichtigste Element im Alltagsleben. Das bringt einen so richtig in Ferienstimmung!» Auf der Suche nach einer geeigneten Wohnung stossen Köbi und Gloria auf einen 24-stöckigen Neubau direkt am Meer. Köbi fühlt sich an Peru erinnert. Die Wohnung im 17. Stock ist noch frei und kann besichtigt werden. «Ausgerechnet der 17. Stock! 17 ist die Zahl, die mich immer begleitet hat im Leben und die mir Glück gebracht hat.» In dem Moment, in dem Köbi über diesen Zufall nachdenkt, fliegt ein Pelikan an der noch offenen Fensterfront vorbei. «Das war für mich ein Omen. Der Pelikan ist mein Lieblingsvogel. Er hat etwas Urweltliches an sich, denn er sieht ein bisschen aus wie ein Flugsaurier. Ich könnte den Pelikanen stundenlang zusehen, wie sie sich wagemutig ins Wasser stürzen, um Fische zu fangen. Als ich den Pelikan sah, wusste ich: Das ist es!» Ein Bauchentscheid wie so oft bei Köbi: Zuerst setzt er sich jeweils gedanklich mit den verschiedenen Möglichkeiten auseinander und prüft sie auf ihre Machbarkeit hin. Doch dann sind es Kleinigkeiten, Zufälle, die seine inneren Saiten zum Klingen bringen – wie eben ein vorbeifliegender Pelikan – und er weiss es ohne Wenn und Aber: Wow, das ist es!

Trotz seinem Vorsatz, nie mehr heiraten zu wollen, geben sich Köbi und Gloria nach mehreren Jahren des Zusammenlebens das Ja-Wort. Seine Patchwork-Familie ist um drei weitere Mitglieder vergrössert – um Ehefrau Gloria und die beiden Kinder Fiorella und Stéphane.

Die Abmachung besteht darin, dass Gloria mit den Kindern in Santo Domingo lebt, aber zwei Mal im Jahr für je einen Monat nach Aathal kommt. Köbi seinerseits will jeweils ein halbes Jahr in Santo Domingo verbringen. Was anfangs wie eine ideale Lösung tönt, entpuppt sich in der Praxis als nicht durchführbar. «Ich merkte bald: Ich konnte gar nicht so lange dort bleiben, wie ich gedacht hatte. Ich hatte naiverweise angenommen, ich würde nach der Pensionierung weniger arbeiten. Aber dabei gings mit dem Museum erst so richtig los.» Die Ehrungen, die Köbi entgegennehmen durfte, steigern den Bekanntheitsgrad des Sauriermuseums weiter. Zwar kann er die Geschäftsführung von Siber+Siber an den langjährigen Mitarbeiter Andi Stucki abgeben und sich so etwas entlasten. Doch an den Grabungen und im Museum ist seine Präsenz weiterhin erforderlich.

Für die Aufenthalte in Santo Domingo bleibt immer weniger Zeit. Und so kommt es, wie es kommen muss: Das Ehepaar Siber entfremdet sich. Zudem verliebt Köbi sich Hals über Kopf in Georgette, eine in der Schweiz wohnhafte Operationsschwester. Georgette ist 41 Jahre alt, stammt aus Kamerun und hat ihrerseits zwei Kinder, einen erwachsenen Sohn, der selbstständig ist, und eine 9-jährige Tochter, Jeanne-Maeva. Köbi findet sich jetzt noch einmal in der Vater-, beziehungsweise Stiefvaterrolle, auch wenn für ihn im täglichen Leben da kein grosser Unterschied besteht. Damit ist die Weissagung des indischen Handlesers aus Jaipur nach 40 Jahren auf unerwartete Weise Realität geworden: Köbi zieht insgesamt sieben Kinder gross, sechs Mädchen und einen Jungen. «Ob ich in den turbulenten Zeiten immer alles richtig gemacht habe mit meinen eigenen und angenommenen Kindern, das müssen diese selbst beurteilen. Mir jedenfalls haben die Kinder Spass gemacht. Und mein Familienleben ist immer noch eine willkommene Herausforderung.»

Die Scheidung von Gloria wird eingeleitet. Köbi liegt viel daran, dass es ihr und ihren Kindern weiterhin gut geht, denn sein ausgesprochener Familiensinn lässt gar nichts anderes zu.

«Er ist ein richtiger Patriarch, der gerne alle seine Angehörigen, Freunde und Bekannten um sich hat.» (Elizabeth Siber)

Die Bande in Köbis grosser Familie sind eng, und sie bleiben es auch nach Trennungen oder Scheidungen. Gaby, Köbis erste Lebenspartnerin und Mutter der beiden älteren Töchter, bleibt eine enge Freundin und Vertraute von Köbi, aber auch von Karen und Georgette, und arbeitet weiterhin bei Siber+Siber im Verkauf. Die Bande innerhalb der Patchwork-Familie sind so freundschaftlich, dass die verschiedenen Sibers an Familienfesten alle zusammenkommen oder auch mal die Ferien gemeinsam verbringen. Ein gemeinsamer Ferienaufenthalt verläuft allerdings tragisch:

> *«Ich war bereits mit Jacques, meinem neuen Lebenspartner, verheiratet, als wir zusammen mit Köbi, Yolanda, Maya und Köbis Bruder Edy einen Ausflug in die Kakteenwüste von Arizona unternahmen. Wir waren eine gute Gruppe. Köbi unterhielt sich mit Jacques, wir anderen marschierten einige Meter voraus. Plötzlich rief Köbi uns zurück. Wir drehten uns um. Ich war erstaunt, meinen Mann in den Armen von Köbi liegen zu sehen. Wir eilten zu den beiden hin. In diesem Augenblick realisierte ich, dass mein Mann in Köbis Armen an Herzversagen starb. Jede Hilfe kam zu spät, auch eine Herzmassage. Köbi spürte zum ersten Mal, wie nahe man dem Tod sein kann und meinte: ‹Jetzt habe ich keine Angst mehr vor dem Tod.› Wir konnten dann meinen Mann in der Wüste von Arizona der letzten Ruhestätte übergeben. Wir organisierten dafür unser eigenes Ritual und nahmen für immer Abschied. Dieses traurige Ereignis hat uns noch mehr zusammengeschweisst.» (Gaby Pittner)*

Inzwischen ist Köbi auch Grossvater von zwei Enkelkindern. «Das ist einfach das Grösste für mich», sagt Köbi voller Stolz. Yolandas Kinder Lucy und Lenny sollen auch bereits Forscherdrang zeigen. «Die Nachfolge Siber ist damit hoffentlich gesichert, wer weiss?»

Zwei Seelen in einer Brust

«Der Siber kann sich ja ein solch teures Hobby wie ein Dinosauriermuseum leisten, in einer reichen Familie ist das kein Problem.» Solche und ähnliche Sprüche kommen Köbi immer wieder mal zu Ohren. Sie ärgern ihn masslos, denn: «Das ist sehr, sehr weit weg von der Wahrheit.»

Köbi und sein Vater haben praktisch bei null angefangen. Als der Entschluss reift, eine eigene Firma zu gründen und in den Mineralienhandel einzusteigen, lässt Vater Hans Siber sich seine Lebensversicherung auszahlen – 80'000 Franken. Köbi kann für 50'000 Franken seine seit früher Jugend aufgebaute Mineraliensammlung in die neu gegründete Firma einbringen. Zusammengelegt ergibt das ein Startkapital von 130'000 Franken. «Mit dem haben wir angefangen. Sonst hatten wir nichts, gar nichts, ausser unsere Arbeit.» Die ersten zehn Jahre von Siber + Siber sind hart. Köbi und sein Vater stecken die Gewinne aus dem Mineralienhandel immer wieder in die Firma, damit diese wachsen kann. Sich selbst bezahlen sie einen unterdurchschnittlichen Lohn, nur gerade so viel, wie sie zum Leben brauchen.

Ein erster Schritt zu einer grösseren finanziellen Unabhängigkeit gelingt mit dem Verkauf der Green-River-Sammlung an die Smithsonian Institution in Washington D. C. Der Erlös der Green-River-Fossilien gibt Köbi Kapital in die Hand, das er in ein Wagnis investieren kann: dem Graben nach Dinosauriern. «Ich hätte nicht aus der Mineralienfirma ein Dinosaurierabenteuer finanzieren können, das am Schluss nichts bringt. So hätte ich die Substanz der Firma gefährdet.» Tatsächlich entpuppt sich die erste Grabung als Flop, da der gefundene Edmontosaurus nicht wie geplant ans Naturhistorische Museum in Wien verkauft werden kann. Drei Jahre später wird das Exemplar ans Naturhistorische Museum in Belfast in Nordirland geliefert, allerdings mit einem beträchtlichen Preisnachlass. Das

Museum hat nur einen fixen Betrag zur Verfügung. Es hiess: «Entweder akzeptiert ihr den Preisnachlass, oder wir lassen es bleiben.»

Köbi muss einsehen, dass die Suche nach Dinosauriern heikel ist und er mit finanziellen Verlusten rechnen muss. Also konzentriert er sich wieder aufs Kerngeschäft, den Verkauf von Mineralien. «Es gab Jahre, in denen wir Schwierigkeiten hatten und nicht vorwärtskamen. Aber wir sind nie rückwärtsgegangen, weil wir die Substanz nie riskiert haben.»

Der Aufenthalt in Peru soll nicht nur dazu dienen, dem prophezeiten Unheil für seine Tochter zu entgehen, sondern auch, um günstig neue «Steine» für Siber + Siber einzukaufen. Dass er dabei auf versteinerte Wale stösst, bezeichnet Köbi als «glücklichen Zufall». Es ist eine jener Gelegenheiten, auf die zu warten er im Verlauf der Jahre lernt. «Das Leben bietet Gelegenheiten. Wenn sie da sind, muss man sie erkennen und zugreifen.» Dem Sprichwort «Ohne Fleiss kein Preis» mag er nicht recht trauen. «Es ist gar nicht so sicher, dass nach dem Fleiss auch wirklich ein Preis wartet. Erfolg lässt sich nicht erzwingen, man darf sich nicht zu fest darin verbeissen, sondern muss warten können, bis die richtige Gelegenheit kommt.» Mit dem Aufenthalt in Peru stellt sich eine solche Gelegenheit ein: Der Verkauf von vier Walskeletten spült das Geld in die Kasse, das Köbi braucht, um seinen Traum vom eigenen Museum verwirklichen zu können. Inzwischen ist die Universität Zürich bereit, seine Fossiliensammlung aus den Badlands zu kaufen. Dieses Geld ist hochwillkommen, um damit eine Anzahlung zu leisten für die alte Textilfabrik in Aathal, wo Köbi sein Sauriermuseum errichten will. Der Rest des Kaufs wird mit Bankkrediten finanziert. Der Lotteriefonds des Kantons Zürich unterstützt das Sauriermuseum, damit es das Skelett des Stegosauriers «Moritz» präparieren kann. Der Profit aus dem Sauriermuseum wird jedes Jahr in eine neue Ausstellung investiert, was wiederum mehr Besucher nach Aathal lockt, eine eigentliche Erfolgsspirale. «Jeder, der hier reinläuft, staunt, was wir aus dem Nichts aufgebaut haben.

Niemand hat uns dafür eine Million geschenkt, jeden Franken, der in diesem Museum steckt, mussten wir zuerst verdienen.»

Köbi nennt seine Methode zum Aufbau des Unternehmens ein «Schneeballprinzip», das einfach funktioniert, aber konsequent durchgezogen werden muss: «Es braucht einen Betrieb, der die Basis bildet. Bei uns ist dies das Mineraliengeschäft. Erst, wenn die Basis gut aufgestellt ist, kann etwas ‹Spielgeld› erübrigt und eingesetzt werden. Von dem, was ich verdiene, lege ich fünf oder zehn Prozent zur Seite, das ist mein ‹Spielgeld›. Aber ich gehe damit nicht ins Casino, ich gehe Fossilien suchen. Das Finden kommt später, wenn überhaupt. Die Basis darf deshalb nie angetastet und mit Spekulationen in Gefahr gebracht werden. Auch wenn es vielleicht manchmal verlockend wäre, alles auf eine Karte zu setzen, um mit Sieben-Meilen-Stiefeln vorwärtszukommen.»

Köbi zieht es vor, keine grossen Sprünge zu machen, sondern Schritt für Schritt vorwärtszugehen, mit kalkulierbarem Risiko. Für Köbi ist nicht die Grösse der Schritte ausschlaggebend, sondern die Begeisterung, mit der sie gemacht werden. Und zwar nicht nur von ihm, sondern von allen Mitarbeitern. Begeisterung für die Arbeit und Mitarbeit ist eine unabdingbare Voraussetzung für ihn. Denn Arbeit soll seiner Ansicht nach in erster Linie Freude bereiten und nicht des Geldes wegen geleistet werden. «Ich zahle keine Starhonorare, weder den Mitarbeitern noch mir selber. Die Arbeit wird normal entlöhnt. Aber ich erwarte dafür überdurchschnittlichen Einsatz. Dafür garantiere ich, dass es eine tolle Arbeit ist, die Spass macht und auf die man stolz sein kann.» Aus diesem Grund schätzt Köbi es nicht, wenn seine Tätigkeit als «Knochenarbeit» bezeichnet wird, was sie im wahrsten Sinne des Wortes ja eigentlich ist. «Das tönt für mich zu sehr nach Anstrengung und zu wenig nach Freude.»

«Der Grabungsalltag ist hart. Oft sitzt man bei brütender Hitze lange Zeit zusammengekauert auf dem Boden und löst sorgfältig Fossilien aus dem Boden. Da kann es schon mal vorkommen, dass einige aus dem Team an ihre physische Grenze gelangen. In

solchen Augenblicken ist Köbi ein hervorragender Motivator. Er selber ist ein Arbeitstier und erwartet das auch von allen, die mit ihm zusammenarbeiten.» (Yolanda Schicker-Siber)

«Köbi hat ein grosses Talent, andere mit seiner Begeisterung anzustecken und sie mitzureissen. Deshalb musste er uns beim Graben nie mit ‹Hü› antreiben, wir konnten selber gar nicht mehr aufhören.» (Esther Premru)

Bei aller Begeisterung für seine Arbeit muss Köbi aber auch der Geschäftsmann bleiben, der kalkulieren muss, damit die Rechnung aufgeht. «Für meine Mineralienfirma muss ich betriebswirtschaftlich denken und mich darüber freuen, am Ende des Jahres ein gefülltes Konto zu haben. Aber bei meinen Ausgrabungen komme ich mit einer solchen Einstellung nirgends hin. Aus all dem Geld, das ich hierfür ausgebe, wird vielleicht erst in zehn oder zwanzig Jahren mal etwas, vielleicht aber auch gar nicht, dann ist es auch egal. Die Mentalität ‹Ich investiere ein Fränkli und will dafür ein Fränkli zurück›, entspricht mir nicht. Das dünkt mich eine kleinbürgerliche Einstellung. Der Ausgleich muss nicht sofort da sein. Ich will arbeiten, weil ich Freude daran habe. Ob ich 10, 100 oder 1000 Stunden an einer Sache arbeite, ist mir egal, am Schluss möchte ich einfach ein gutes Resultat sehen.»

In Köbis Brust wohnen zwei Seelen: die des knallharten Geschäftsmanns und die des freigeistigen Abenteurers. Beide kann er voneinander unterscheiden und trennen – wohl ein Geheimnis seines Erfolgs. Und doch sind die Übergänge manchmal fliessend, zum Beispiel dort, wo die beiden Seelen in seiner Brust sich vereinen und für alle sichtbar sind: im Sauriermuseum. Hier sind die Skelette ausgestellt, die er als Abenteurer und ohne Garantie auf Erfolg ausgegraben hat. Doch das Museum verdankt seine Existenz nicht nur Köbis Abenteuerlust und seinem Mut zum Risiko, sondern vor allem seinen unternehmerischen Fähigkeiten. «Als mein Vater sich aus der Mineralienfirma zurückzog, musste ich mich plötzlich mit strategischen Überlegungen befassen: Wie entwickelt man eine Firma weiter?

Wie kann man eine Firma durch die natürlichen Schwankungen des Markts lenken? Was ich bei Siber + Siber lernte, half mir nachher, das Museum auf die Beine zu stellen. Trotzdem hatte ich es mit einer riesigen Unbekannten zu tun: Wie verhält sich ein Museum im freien Markt? Das konnte mir niemand sagen. Deshalb betrachte ich es als meine grösste Leistung – grösser als die wissenschaftliche –, ein privates Museum von Weltniveau aufgebaut zu haben, dessen Ausstellungsstücke wir selber ausgraben. Vor mir hat das noch niemand gemacht. Es ist für mich das grösste Wunder, dass das geklappt hat!»

Dass das Sauriermuseum nicht ein gewöhnliches Unternehmen ist, sondern ihm der Hauch von Abenteuer anhaftet, ist für Köbi durchaus Programm: «Wir verkaufen hier nicht nur das Dinothema, sondern eines der heute noch möglichen Abenteuer. Und einen Lebensstil, der nicht auf Prestige, Sicherheit und Berechnung beruht, sondern auf dem wahren Leben. Nur wenn du etwas wagst, riskierst, stolperst, mit der Nase in den Dreck fällst, dir die Hände und Kleider schmutzig machst, dich aufrappelst und dich selber zum Loch heraushost – nur dann hast du wirklich etwas erlebt.» Köbi ist überzeugt davon, dass Schwierigkeiten einen nicht hindern, sondern weiterbringen. Er verschwendet deshalb keine Energie damit zu jammern oder sich zu ärgern – «Don't sweat the small stuff – vergeude deinen Schweiss nicht für Kleinigkeiten», heisst seine Devise. Stattdessen arbeitet er beharrlich an einer Lösung, bis sie gefunden ist.

> *«Kirby ist sehr einfallsreich, wenn es darum geht, Probleme zu lösen. Er bringt dadurch vieles fertig. Kirby zweifelt nie an sich selbst, er ist sich immer sehr sicher. Anders wäre es auch gar nicht möglich, etwas Grosses zu erreichen. Mit Zweifeln kommt man nirgends hin.» (Peter Larson)*

Schwierigkeiten und Löcher, in die man hineinfallen kann, gehören für Köbi genauso zum Leben, wie Gipfel, die es zu erklimmen gilt. Doch Köbi ist nicht der Typ, einen Gipfel zu erklimmen und sich dann dort oben auszuruhen, obwohl er schon oft Gelegenheit dazu gehabt hätte. «Für mich ist es wichtig, immer einen nächsten Gipfel zu sehen. Solange ich dazu in der Lage bin, werde ich mir immer wieder neue Herausforderungen suchen.» So beschäftigt sich der über 70-Jährige mit den Vorbereitungen für eine Wanderausstellung, in der die Erkenntnisse aus 20 Grabungsjahren und über 50 Forschungsprojekten zusammengefasst werden sollen – eine eigentliche Bilanz seiner Arbeit. Lebensgrosse Dinosaurierskelette sollen so ausgestellt werden, wie Köbi glaubt, dass die gigantischen Echsen wirklich ausgesehen haben. «Es gibt so viele Details, über die wir heute, nach 20 Jahren, viel mehr wissen. Zusammen sollen sie ein exakteres Bild ergeben. Das ist für mich wie ein Vision Quest, eine Visionssuche.»

«Vision Quest» ist ein Begriff der Indianer, auf dessen Bedeutung Köbi erst kürzlich gestossen ist. In der Nähe seiner neuen Grabungsstätte in Wyoming sind an einer trockenen Felswand Hunderte magischer Zeichen geritzt. An diesen Ort kamen nach dem Verständnis der heutigen Anthropologen die Jünglinge hin, um zum Mann zu werden. Durch Fasten und Entbehrungen sollten sie Visionen entwickeln über ihre persönliche Aufgabe in diesem Leben, ihre gesellschaftliche Stellung, ihre Zukunft. «Als ich das hörte, dachte ich: Was wir machen, ist gar nicht so viel anders. Unsere Grabungsstätte ist doch auch ein solcher Vision-Quest-Platz. Nur suchen wir nicht unseren persönlichen Weg, sondern nach Spuren, die uns zeigen, wie die Welt vor 150 Millionen Jahren ausgesehen hat. Wir haben nur die versteinerten Knochen. Das ist wenig, aber genug, um Visionen zu entwickeln zu dieser längst vergangenen Welt.»

Die geografische Nähe der letzten Ruhestätte von Dinosauriern und der Kultstätte der Paläoindianer bringt Köbi auf eine Idee: Warum nicht die Kultur und Geschichte der Prärieindianer einfliessen lassen in die geplante Dinoausstellung? Schliesslich haben sie ja in derselben Gegend gelebt, wenn auch zu verschiedenen Zeiten. «Ich möchte dieser Ausstellung ein ganz neues Gesicht geben, eines, das man noch nie zuvor gesehen hat: Ich möchte Archäologie, Ethnologie und Paläontologie miteinander verbinden.» Einen ausgestopften Büffelkopf als Maskottchen für die geplante Ausstellung hat Köbi bereits erstanden. Dadurch, dass das Sauriermuseum in Aathal ein privates Museum ist, fühlt Köbi sich frei, ein Thema auch mal weiter zu fassen, über die Paläontologie hinaus. Köbi bezeichnet dies als «über die eigene Schublade hinaus denken». «Deshalb macht unsere Arbeit ja auch so viel Spass: Wir können kreativ sein und manchmal auch etwas Gewagtes ausprobieren. Ich bin überzeugt: Das wird die Besucher überraschen und sie stimulieren, über das Leben jetzt und in vergangenen Zeiten nachzudenken.»

Dies ist letztendlich Köbis Absicht: Seine Begeisterung über die Wunder des Lebens auf unserer Erde auf die Besucher zu übertragen. «Wenn ich mir überlege, wie grossartig die Natur ist, beeindruckt mich das immer wieder von Neuem. Für mich hat die Natur etwas von einem absolut gigantischen und dramatischen Theater. Man denke nur ans Universum, mit seinen Sternen und Galaxien. An die unvorstellbaren Zeiträume der Entwicklung von Leben auf unserer Erde. An all die Tierarten, die kommen und wieder gehen. An die einzelnen Tierarten, die so perfekt an ihre Umgebung und Lebensweise angepasst sind! Das Leben ist extrem kreativ. Es sucht sich Tausend Wege, nein, Hunderttausend Wege, und entwickelt immer noch verrücktere Varianten. Zum Beispiel Fledermäuse, die mit Echolot fliegen können – das ist doch einfach der Wahnsinn! Das ist für mich die wahre Natur des Lebens – kreativ sein, Neues ausprobieren, unbekannte Wege gehen. Menschen, die ihr ganzes Leben verplanen, in engen Grenzen, das ist mir ein Gräuel. Ich brauche meine Freiheit, muss neue Horizonte ansteuern können. Immer mehr vom Gleichen – nein, das will ich nicht. In meinem Leben ist nicht alles fix, ich trudle von einem zum anderen. Das Leben ist doch so spannend. Es ist ein Abenteuer. Und zwar nicht ein Abenteuer, das man nur im Dschungel oder in der Wüste erleben kann. Das Abenteuer Leben wird täglich gelebt. Ich freue mich auf die nächsten zehn Jahre Abenteuer. Die Spinnweben sind noch längst nicht alle gewoben.»

Plädoyer
für ein respektvolles Miteinander

Ein Nachwort von Max Meyer

Das Interesse an erdgeschichtlichen Abläufen und damit am steten Wandel von Flora und Fauna ist ungebrochen. Es ist faszinierend, dem Werden, Sein und Vergehen auf unserer Erde nachzuspüren. Noch harren aber viele Fossilien der Entdeckung, der Bestimmung, der Konservierung, der Präparation und schliesslich der Zugänglichkeit in Museen.

Die vorliegende Biografie zeigt an vielen praktischen Beispielen, welche vielfältigen Voraussetzungen erfüllt sein müssen, damit ein möglichst vollständiges Skelett gefunden und so zumindest das Gerippe eines ausgestorbenen Tieres einem breiten Publikum gezeigt werden kann. Kenntnisse in Geologie und Paläontologie sind unerlässlich. Köbi hat bewiesen, dass man sich diese weitgehend als Autodidakt aneignen kann. Zusätzlich braucht es für den Erfolg handwerkliches Können, Organisationstalent, Vertrautheit mit Finanzierungsfragen und den rechtlichen Rahmenbedingungen, aber auch Mut zum Risiko und Ausdauer bei Grabungsarbeiten.

Voraussetzung für die wissenschaftliche Erforschung von Fossilien ist die Feldarbeit. Diese ist mühsam und erfordert viel Geschick und Erfahrung. Eigens entwickelte Grabungs-, Sicherungs-, Transport- und Präparationsmethoden dürfen in einem weiten Sinn als wissenschaftlich ausgerichtet bezeichnet werden. Bei all diesen Schritten ist Professionalität, kombiniert mit Forscherethik, notwendig, ja unerlässlich.

Die Arbeit der akademisch geschulten Wissenschaftler und die der Feldforscher unterscheiden sich beträchtlich. Erstere forschen vorwiegend im Labor, verfassen wissenschaftliche Artikel, unterrichten Studenten und können eher selten eigene Grabungsteams zusammenstellen und finanzieren. Die Feldforscher hingegen sind darauf spezialisiert, nach Fossilien zu graben und diese fachmännisch dem Erdboden zu «entreissen», damit ein Fund für Generationen zum Anschauungsobjekt werden kann.

Köbi beobachtet mit Sorge die weltweite Tendenz, autodidaktische Feldforscher an ihrer Arbeit zu hindern und die Paläontologie ausschliesslich für akademisch Geschulte zu «reservieren». Kommt hinzu, dass, gemessen am Bedarf, zu wenige Paläontologen ausgebildet werden. Die Sicherung wertvoller Skelette, die in vielen Weltgegenden vermutet werden oder schon nachgewiesen sind, gelingt aber nur, wenn die Objekte durch Ausgrabung und Präparation rechtzeitig vor Verwitterung und Zerstörung geschützt werden.

Für Feldforscher wird es immer schwieriger zu wissen, ob sie bei ihrer Arbeit alle einschlägigen gesetzlichen Bestimmungen einhalten oder nicht. Diese sind oft nicht klar formuliert und lassen einen risikobehafteten Spielraum. Es gibt aktenkundige Fälle, in denen Funde von erfolgreichen Grabungsequipen konfisziert und die Verantwortlichen mit Gefängnisstrafen belegt wurden. Köbi sieht in dieser Entwicklung eine drohende Gefahr für die langfristige Sicherung noch nicht gehobener paläontologischer Schätze. Protektionistisches Gedankengut und falsches Konkurrenzdenken unter den Museen erschweren die Grabungsbedingungen zusätzlich.

Natürlich gilt es, das Herausschmuggeln wertvoller Funde in Verletzung nationaler Gesetze zu verhindern, ebenso das wilde, unkoordinierte und unprofessionelle Graben und Sammeln von Skeletten. Köbi setzt sich deshalb ein für ein System, das erlaubt, dass Grabungsteams mit dem notwendigen handwerklichen Können und nachgewiesenen Erfahrungen weiterarbeiten können. Wenn solche Teams, wie dasjenige von Köbi, Wissenschaftler miteinbeziehen, ohne dass deren Universitäten finanziell belastet werden, gelingt eine harmonische Zusammenarbeit im Interesse aller, insbesondere einer interessierten Öffentlichkeit. Köbi kennt eine Reihe seriöser Feldforschungsteams, die über die nötigen Kenntnisse verfügen, sich strikt an ethische Werte halten und Wissenschaftlern den Zugang zu ihren Funden für Forschungszwecke ermöglichen.

Damals, als der Knabe Köbi, ausgerüstet mit einem Hammer, in Steinbrüchen kleine Fossilien suchte, schritt niemand ein. Sein Blick für mögliche Fundstellen und die Aufmerksamkeit für die Feinarbeit wurden so in frühen Jahren geschärft. Heute hindert eine Flut von Gesetzen, Vorschriften und Versicherungsfragen junge Leute am Einstieg in die Fossiliensuche. Aber gerade erste Erfolge in Jugendjahren, zum Beispiel das Finden von Ammoniten oder kleinen Haifischzähnen, können das Feuer der Leidenschaft für die Feldarbeit entfachen.

Köbi ist es deshalb ein Anliegen, den Leserinnen und Lesern dieses Buchs eine Botschaft auf den Weg mitzugeben: Helft mit, dass nicht unnötige Gesetze ein System errichten, in dem sich akademische Arbeit und seriöse Feldforschung ausschliessen! Sonst besteht seiner Ansicht nach die Gefahr, dass der Nachwelt viele wertvolle, noch unentdeckte paläontologische Schätze vorenthalten werden. Um die aufwendigen Feldforschungen finanzieren zu können, muss auch der Verkauf von Fossilien möglich sein. Die Universitäten verfügen in der Regel nicht über genügend Mittel, um professionelle Grabungsteams wie diejenigen von Köbi Siber oder Peter Larson bezahlen zu können. Da oft mehrere Skelette derselben Dinosauriergattung gefunden werden, macht der Verkauf einzelner Funde an Museen durchaus Sinn.

Köbi ist Vorstandsmitglied einer amerikanischen Vereinigung von Anbietern paläontologischer Funde, der «American Association of Paläontological Suppliers». Deren Mitglieder haben sich an einen Ethikkodex zu halten. Obwohl das Risiko der Grabungen bei Privaten liegt, sollen Wissenschaft und Öffentlichkeit einen Nutzen davon haben. So stellt die Vereinigung unter anderem sicher, dass zukünftige Generationen auf wissenschaftlich auswertbares Material zurückgreifen können. Sich für dieses Konzept einzusetzen, ist eine der grossen Aufgaben, die sich Köbi Siber für die nächsten Jahre gesetzt hat.

Personenverzeichnis

Zahlreiche Personen aus Köbis familiärem und beruflichem Umfeld haben dem Autor von ihren Begegnungen und Erlebnissen mit Köbi erzählt. Ihre Schilderungen tragen bunte Mosaiksteinchen bei zum Bild von Köbi als Bruder, Geschäftsmann, Vater, Partner, Kollege oder Abenteurer. In alphabetischer Reihenfolge:

Thomas Bolliger

Der Geologe und Paläontologe hat an der Universität Zürich studiert und doktoriert. Vor seiner Anstellung im Sauriermuseum leitete er während vieler Jahre die Sukkulentensammlung der Stadt Zürich. Heute ist der Vizedirektor des Dinosauriermuseums und in dieser Eigenschaft Köbis Stellvertreter.

Heinz Furrer

Heinz Furrer ist seit 1994 als Kurator des Paläontologischen Instituts und Museums der Universität Zürich tätig. Das Museum hat zahlreiche Objekte von Köbis Funden aus den Badlands käuflich erworben und in die Ausstellung integriert. Heinz Furrer unterstützte Köbi bei seiner Sonderausstellung über Dinosaurier in der Schweiz. Er ist ein wichtiges Bindeglied zwischen der Wissenschaft sowie dem Unternehmer und privaten Saurierforscher Siber.

Vreni K.

Besuchte zusammen mit Köbi und dem Autor dieses Buchs die vierte bis sechste Klasse der Primarschule im Schulhaus Scherr in Zürich-Oberstrass. Noch heute organisiert sie jeden Monat einen Stammtisch der damaligen Klasse Kolb.

René Kindlimann

Grafiker von Beruf, gestaltet René Kindlimann jeweils die Museumsarchitektur und die möglichst realitätsnahe Darstellung bei Ausstellungen. René ist ein Spezialist für Haifischzähne, von denen er eine ansehnliche Sammlung besitzt.

Peter Larson

Peter Larson wurde 1952 als Sohn deutscher und schwedischer Einwanderer auf der Rosebud Indian Reservation in South Dakota geboren. Schon als kleiner Bub sammelte er Ammoniten, als Achtjähriger stellte er seine Sammlung in einer Scheune aus. Peter Larson führte Köbi durch die Badlands, weihte ihn in die Grabungstechniken von Wirbeltierfossilien ein, grub mit ihm zusammen das erste Dinosaurierskelett aus, unterstützte ihn bei Präparationen und half beim Ausgraben der Wale in Peru. Die Wege von Köbi und Peter Larson kreuzten sich immer wieder, sodass eine tiefe Freundschaft entstand.

Karin Lenzlinger

Karin Lenzlinger war ursprünglich Primarlehrerin in Seegräben, wo auch die Sibers stark verwurzelt sind. Über eine gemeinsame Bekannte lernte sie Köbi Siber kennen. Während Köbis Aufenthalt in Peru übernahm Karin Lenzlinger seine Stellvertretung in Aathal und schmiss mit Edy zusammen das Geschäft. Als ihr Vater sich vom aktiven Geschäftsleben zurückzog, übernahm sie zusammen mit ihrer Schwester die Leitung der Firma Lenzlinger Söhne AG. Als Delegierte des Verwaltungsrats und CEO der Firma Lenzlinger Söhne AG zählt Karin Lenzlinger heute zu den bekanntesten Unternehmerinnen der Schweiz.

Barbara Meienberger-Siber

Die Zweitgeborene der vier Geschwister Siber ist nur eineinhalb Jahre älter als Köbi und hatte zu ihrem jüngeren Bruder eine enge Beziehung. Beide besuchten das Gymnasium und verkehrten zum Teil in den gleichen Freundeskreisen. Sie war Primarlehrerin und gründete später ein Berufsberatungsbüro für wieder in das Berufsleben einsteigende Mütter.

Gaby Pittner (geb. Käch)

Gaby Pittner war Köbis Lebenspartnerin von 1971 bis 1978; sie ist die Mutter seiner beiden Töchter Yolanda und Maya. Sie blieb eine gute Freundin und Köbi auch nach der Trennung eng verbunden. Gaby Pittner liess sich zur Goldschmiedin ausbilden und vertiefte sich in die Kenntnisse wertvoller Steine. Während vieler Jahre führte sie das Geschäft von Siber+Siber an der Spiegelgasse im Zürcher Niederdorf. Auch heute arbeitet sie noch dort und begleitet Köbi auf seinen Einkaufstouren an die weltweit grösste Mineralien-, Stein- und Schmuckmesse in Tucson, Arizona.

Esther Premru

Schon als Kind vom Fossilienfieber infiziert, erhielt Esther Premru in der Schule den Übernamen «Dinosaurier». Auf ihrer ersten Grabung in Frick lernte die Paläontologiestudentin Köbi Siber kennen und begann später, in seiner noch kleinen Werkstatt zu präparieren. Daraus entstand eine über 20 Jahre dauernde Zusammenarbeit: Esther Premru begleitete Köbi auf fünf Grabungen in Wyoming, half in den Geburtsstunden des Sauriermuseums mit und präparierte für ihn einige seiner schönsten Fundstücke.

Ben Pabst

Der Biologe und Paläontologe, der an der Universität Zürich studiert und promoviert hat, teilt mit Köbi die Leidenschaft für Fossilien, insbesondere für Dinosaurier. Er war für Köbi eine unentbehrliche Hilfe, sei es bei den Grabungen, wo Ben Pabst mit seinem Spürsinn immer wieder neue Fundstellen entdeckte, sei es bei der Identifikation und Präparation der gefundenen Knochen. Heute konzentriert sich Ben Pabst auf mögliche

Funde in der Schweiz, vor allem in Frick, wo er seit einigen Jahren als Grabungsleiter tätig ist.

Yolanda Schicker-Siber

Köbis älteste Tochter wurde 1972 geboren. Sie erlernte zunächst den Beruf Damenschneiderin, half dann aber schon bald bei Siber+Siber mit, Geoden aufzusägen, Steine zu schleifen und Schmuck herzustellen. Sieben Mal begleitete sie ihren Vater auf Grabungsexpeditionen. Heute besitzt sie ein kleines Labor für Präparationen und arbeitet als Präparatorin am Sauriermuseum. Sie ist die Mutter von Köbis Enkelkindern Lucy und Lenny.

Alicia Siber

Köbis jüngste Tochter wurde 1985 in Peru geboren, als Köbi und seine Familie während rund eines Jahrs dort Wohnsitz hatten. Sie absolvierte eine Lehre als Pharmaassistentin. Alicia nahm bisher zweimal an Ausgrabungen ihres Vaters teil. Zurzeit wohnt sie in den USA und bildet sich an einer Kunstschule in Philadelphia in Filmwissenschaft aus.

Cécile Siber

Köbi Sibers dritte Tochter wurde 1984 geboren. Sie absolvierte eine Lehre als Hotelrezeptionistin, arbeitete anschliessend in einer grossen Treuhandfirma und ist heute tätig als Schulleitungsmitglied an einer Montessori-Schule in Zürich. In ihrer Freizeit engagierte sie sich jahrelang in einer Tanzgruppe mit halbprofesionellen Auftritten. 2013 nahm sie auch an einer vom Vater organisierten Dinosauriergrabung in Wyoming teil.

Edy Siber

Edy ist Köbis Bruder, fünf Jahre jünger als Köbi und damit nach Elizabeth, Barbara und Köbi der Jüngste der vier Geschwister. Als der Vater und Köbi 1964 die Firma Siber+Siber gründeten, absolvierte Edy noch seine Lehre in einem amerikanischen Reisebüro. Erst einige Jahre später stiess auch er zur Firma. Heute ist er Mitinhaber der Firma, die beiden Brüder sind zusammen Mehrheitsaktionäre. Edy bezeichnet sich selber als Köbis «ersten Sekretär», der Köbi den Rücken freihält und sich während Köbis langen Abwesenheiten ums Geschäft kümmert. Er ist der Einzige, der Köbis Handschrift lesen kann.

Elizabeth Siber

Sie ist Köbis älteste Schwester, die Erstgeborene der vier Kinder und drei Jahre älter als Köbi. Elizabeth verbrachte 45 Jahre ihres Lebens in Amerika, wo sie in der Gastronomie- und Hotelbranche eine beeindruckende Karriere machte.

Karen Siber

Karen lernte Köbi 1980 auf der Jungferninsel St. Thomas kennen. Auf Einladung von Köbi reiste sie in die Schweiz. Zwei Jahre später wurde geheiratet, 1984 kam Cécile zur Welt, 1985 folgte die Geburt von Alicia. Karen Siber arbeitet und lebt heute in Zürich.

Maya Siber

Köbis zweitälteste Tochter, geboren 1974, hat eine Lehre als Hotelrezeptionistin absolviert. Sie nahm fünfmal an Grabungen mit ihrem Vater teil. Während zweier Jahre war sie im Sauriermuseum Aathal als Museumssekretärin tätig und hat dort als Projektleiterin den «Dinogiardino» eingerichtet. Maya lebt heute in Biarritz, wo sie die Exportabteilung einer Sportartikelfirma leitet.

Emanuel Tschopp

Emanuel Tschopp ist in Rapperswil, also in der Nähe des Sauriermuseums, aufgewachsen. Schon als kleiner Bub war er von Dinosauriern fasziniert und beschloss, Paläontologe zu werden – ein Ziel, das er mittlerweile erreicht hat. Er arbeitete als Führer im Sauriermuseum, beteiligte sich an Grabungen und beschrieb im Rahmen seiner Doktorarbeit eine neue Dinosaurierart, die er nach Köbi Siber benannte.

Esther Wolfensberger

Die gelernte Primarlehrerin meldete sich auf Köbis Aufruf im «Zürcher Oberländer» und war als freiwillige Gräberin auf mehreren Ausgrabungen dabei. Vom «Dinofieber» gepackt, initiierte sie ein museumspädagogisches Programm für das Sauriermuseum. Heute leitet sie den Stab von Museumsführerinnen und Museumsführern und organisiert Workshops und weitere Veranstaltungen.

Zeittafel

1942	4. September: Geburt von Hans-Jakob «Köbi» Siber als drittes Kind von Marguerite und Hans Siber-Stähli in Zürich. Die Familie wohnt zuerst an der Blümlisalpstrasse im Quartier Oberstrass und zieht später an die Goldauerstrasse.
1948	Primarschule im Schulhaus Scherr. Sammeln von ersten Mineralien und Fossilien.
1954	Besuch des Literargymnasiums Schanzenberg mit Abschluss in Latein und Altgriechisch. Während einer Filmwoche erste Begegnung mit dem Medium Film.
1963/64	Nach der Maturität Stipendium des International Institute of Education für ein Auslandjahr an der Universität von Montana in Missoula, USA; Studium der Liberal Arts mit Film, Theater und Literatur.
1964–66	Gründung der Mineralienfirma Siber + Siber mit Vater Hans Siber als Partner und Köbi als Chefeinkäufer. Eröffnung des Ladens an der Spiegelgasse in der Zürcher Altstadt. Von jetzt an jährlich zwei Reisen in die USA und Organisation der jährlichen Sonderschauen in Seegräben, ab 1970 in Aathal. Gründung des Film-Forums des jungen Schweizer Films an der Platte 27 in Zürich. Erste Experimentalfilme.
1968/69	Mehrere Reisen nach Indien und Sri Lanka.

1970	Die Mineralienfirma Siber+Siber eröffnet neue und grössere Verkaufsräume mit Schleifereiatelier an der Zürichstrasse in Aathal. Köbi wohnt von nun an auf dem Areal des neuen Geschäftsdomizils.
1972	Geburt der ersten Tochter Yolanda von Mutter Gaby Käch aus Basel.
1973	Ausgedehnte Nordafrikareise mit Gaby Käch und Tochter Yolanda.
1974	Geburt der zweiten Tochter Maya von Mutter Gaby Käch.
1977	Die grösste fossile Schildkröte der Welt mit viereinhalb Metern Länge kommt nach Aathal und wird anschliessend ans Naturhistorische Museum in Wien geliefert.
1979	Hans Siber wird vom Tod überrascht. Köbi und Edy Siber führen die Firma Siber+Siber weiter. Verkauf der Fossiliensammlung mit den Funden aus der Green-River-Formation an die Smithsonian Institution in Washington, USA.
1980	Erste Dinosauriergrabung nach Edmontosauriern (früher Anatosaurier) auf der Ruth-Mason-Ranch in Süddakota zusammen mit Peter Larson von Hill City.
1981	Der Edmontosaurier von Faith in Süddakota wird in Aathal ausgestellt. Es ist das erste originale Dinosaurierskelett, das in der Schweiz ausgestellt wird.
1982	Heirat mit Karen Quartarone aus Islip, New York.

1984	Geburt der Tochter Cécile von Mutter Karen Siber-Quartarone.
1984/85	Peruaufenthalt mit Besuchen zahlreicher Minen und erste Besichtigungen an der Fundstelle von fossilen Walen.
1985	Geburt der Tochter Alicia von Mutter Karen. Die Familie Siber nimmt wieder Wohnsitz in Aathal.
	Sonderschau mit dem Thema: «Ein Wal aus der Wüste» (5000 Besucher).
1986–89	Jährlich zwei Expeditionen nach Peru. Ausgrabung von vier weiteren fossilen Walskeletten.
1990	
Frühjahr:	Eröffnung des von Köbi gegründeten «Museo de Sitio de Sacaco» direkt über einer Walfundstelle bei Kilometer 540 des Panamericana Highway Süd.
Herbst:	Erste Dinosauriergrabung bei der historischen Fundstelle auf der Howe-Ranch bei Shell in Wyoming, USA.
1991	Die Howe-Dinosaurier-Fundstelle ist erschöpft. Sibers Team findet abseits ein sehr gut erhaltenes Allosaurusskelett. Die Fundstelle liegt jedoch 80 Meter auf Regierungsland. Der Fund muss abgegeben werden. Der als «Big Al» bekannte Fund wird in ganz Amerika bekannt.
1992	Eröffnung des Sauriermuseums mit der grossen Ausstellung «Dinosaurier in Aathal» (90'000 Besucher).

1993–2003	Es folgen weitere Dinosaurierfunde auf der Howe-Ranch, so unter anderem Camarasaurus «E.T.», Diplodocus «Dino Quattro», Apatosaurus «Max», Stegosaurus «Moritz», Allosaurus «Big Al Two», Stegosaurus «Victoria», Othnielosaurus «Barbara», Sauropodenbaby «Toni», Stegosaurus «Lilly».
1997	Grosse Ausstellung von Dinosauriern der Howe-Ranch im Naturhistorischen Museum von Neuchâtel (100'000 Besucher).
1998	Ausstellung von drei Originalskeletten an den Mineralientagen München (40'000 Besucher).
2001/02	Ausstellung von sieben Originaldinosauriern in Tokio, Brüssel und Basel (über 1,5 Mio. Besucher).
2003	Präsentation des Konzepts für ein Openair-Visitor-Center auf der Howe-Ranch.
2004	Im Frühjahr Tyrannosaurus-rex-Ausgrabung mit Peter Larson in Montana, USA; im Sommer Ausgrabung des Stegosaurus «Sarah» auf der Red-Canyon-Ranch bei Shell, Wyoming.
2004–07	Rechtsstreit um die Fossilienrechte der Howe-Ranch: der neue Landbesitzer gegen die Erben von Barker Howe.
2007	Dinosauriergrabung im Turfan-Becken von China mit Paläontologen der Universität Tübingen.
2008	Heirat mit Gloria Razzetto aus Lima, Peru.

2009	Vermessungsarbeiten bei den Dinosaurierfussspuren von Glenrose in Texas, USA, mit Prof. Jim Farlow.
2010–14	Ausgrabungen im Dana-Quarry bei Ten Sleep, Wyoming. Zwei sehr grosse Diplodocusskelette, «Arapahoe» und «Shoshone», werden geborgen.
2010	Verleihung der Ehrendoktorwürde durch die Universität Zürich.
2010	Verleihung der Amanz Gressly-Auszeichnung durch die Schweizerische Paläontologische Gesellschaft.
2012	Eine neue Dinosaurierart und Gattung wird nach Siber benannt: Kaatedocus siberi, «der kleine Diplodocide von Siber».
ab 2013	Lebt zusammen mit Georgette Onana aus Kamerun und deren 9 Jahre alten Tochter Jeanne-Maeva.
2014	Die Mineralienfirma Siber + Siber AG feiert ihr 50-jähriges Bestehen.

Köbis Welt: wichtige Stationen

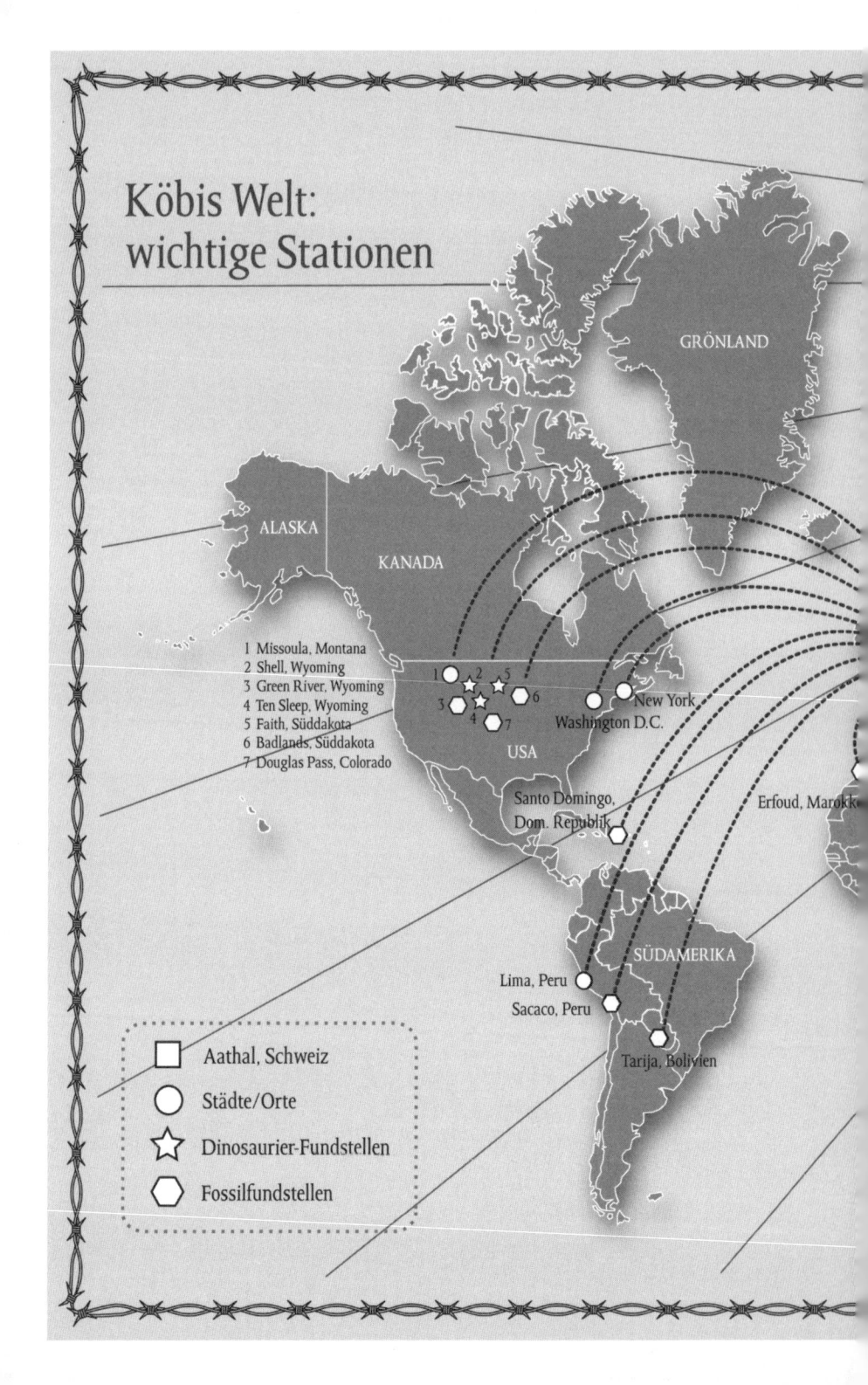

1 Missoula, Montana
2 Shell, Wyoming
3 Green River, Wyoming
4 Ten Sleep, Wyoming
5 Faith, Süddakota
6 Badlands, Süddakota
7 Douglas Pass, Colorado

- Aathal, Schweiz
- Städte/Orte
- Dinosaurier-Fundstellen
- Fossilfundstellen

GRÖNLAND
ALASKA
KANADA
New York
Washington D.C.
USA
Santo Domingo, Dom. Republik
Erfoud, Marokko
SÜDAMERIKA
Lima, Peru
Sacaco, Peru
Tarija, Bolivien

hat, Schweiz

Ägäis, Griechenland

Ürümchi

CHINA

Kathmandu, Nepal

Jaipur, Indien

AFRIKA

Negombo, Sri Lanka

RUSSLAND

AUSTRALIEN

Im gleichen Verlag erschienen

Judith Arlt:

Die Fölmis
Eine Schuhmacherfamilie
ISBN 978-3-9523218-3-6
CHF 31.80

«Die Fölmis» stellt einhundert Jahre und drei Generationen von Schuhmachern in Menznau vor. Liebevoll zeichnet die Autorin die realen Vorbilder mit einer Mischung aus Tatsachen und schriftstellerischer Phantasie. Neugierig blickt sie ihnen über die Schulter und lässt sich in die Geheimnisse des Schuhemachens einweihen. Literarisch verdichtet und doch detailgenau beschreibt sie Leben und Landschaft im Napfbergland.

Eine faszinierende Mischung aus Schuhen und Schreiben, aus Fakten und Fiktion. Spannend und mit tiefen Einsichten in das menschliche Leben.

Bestellungen: www.wartmann-natuerlich.ch

CLAUDIA WARTMANN NATÜRLICH

Im gleichen Verlag erschienen

Claudia Wartmann:

Spurwechsel
Dem Leben eine Wende geben
ISBN 978-3-9523218-0-5
CHF 21.80

Was tun, wenn die Unzufriedenheit am Arbeitsplatz wächst und langsam unerträglich wird? Was tun, wenn eine Krise oder ein Schicksalsschlag zur Neuorientierung auf dem Lebensweg zwingt? Die Menschen, die in diesem Buch ihre persönliche Geschichte erzählen, haben gehandelt und ihrem Leben eine Wende gegeben: Sie berichten von ihrem Wandel vom Herzchirurgen zum Lastwagenfahrer, vom Computerfachmann zum Tierpsychologen, von der Familienfrau zur Theologin. Sie schildern, wie sie das Grand-Hotel eingetauscht haben gegen die Suchthilfestation oder den Schreibtisch gegen ein Schiff in der Arktis.

Ein ermutigendes, lebensnahes Buch: Es zeigt, wie ein Spurwechsel zu einer tiefen inneren Befriedigung führen kann.

Bestellungen: www.wartmann-natuerlich.ch

CLAUDIA WARTMANN NATÜRLICH

Im gleichen Verlag erschienen

Claudia Scherrer:

Damals in Davos
Kindheitserinnerungen
ISBN 978-3-9523218-4-3
CHF 28.00

Sechs Davoserinnen und Davoser im Alter von 84 bis 91 Jahren erinnern sich an ihre Kinder- und Jugendjahre. Sie erzählen von Menschenschmuggel im HCD-Bus und von einem verlorenen Sarg auf der Bobbahn. Sie verraten, weshalb Alois Carigiet auf der Strela-Alp eine Kuh auf dem Rücken zeichnete und warum sich das «Dschungelbuch» nicht zum Kühehüten eignet.

Bestellungen: www.wartmann-natuerlich.ch

CLAUDIA WARTMANN NATÜRLICH

Im gleichen Verlag erschienen

Brigitta Wider:

Späte Rosen
Mein Vater, das Leben und ich
ISBN 978-3-9523218-5-0
CHF 28.00

Was bedeutet es, seine Mutter oder seinen Vater im Pflegeheim «abzugeben»? Brigitta Wider kennt die Schuldgefühle, die Zweifel und die Trauer über das Zurücklassenmüssen eines Elternteils. Bei ihren regelmässigen Besuchen in der entschleunigten Welt des Heims durchlebt sie ein Wechselbad der Gefühle und stösst an die Grenzen ihrer Belastbarkeit. Doch allmählich entdeckt sie bisher unbekannte Seiten an ihrem Vater und kann ihm – endlich – neu begegnen.

Ein berührendes Zwiegespräch einer Tochter mit ihrem Vater. Eine kluge Auseinandersetzung mit dem Älterwerden und Altsein. Ein leidenschaftliches Plädoyer für das Leben.

Bestellungen: www.wartmann-natuerlich.ch

CLAUDIA WARTMANN NATÜRLICH